Georg Hentschel
Saul

Biblische Gestalten

Herausgegeben von
Christfried Böttrich und Rüdiger Lux

Band 7

EVANGELISCHE VERLAGSANSTALT
Leipzig

Georg Hentschel

Saul

Schuld, Reue und Tragik eines Gesalbten

EVANGELISCHE VERLAGSANSTALT
Leipzig

Die Deutsche Bibliothek – Bibliographische Informationen

Die Deutsche Bibliothek verzeichnet diese Publikation in der
Deutschen Nationalbibliographie; detaillierte bibliographische
Daten sind im Internet über <http://dnb.ddb.de> abrufbar.

ISBN 3-374-02044-5
www.eva-leipzig.de

INHALT

A. Einführung 11
  1. Die »literarische Biographie« Sauls 11
  2. Die Entstehung der Saultradition 16
    2.1. Von der Einzelerzählung zur Sammlung 16
    2.2. Zwei Sammlungen 17
    2.3. Redaktion und Komposition 19
  3. Der geschichtliche Hintergrund der Saulerzählungen 20
    3.1. Israel um 1000 v. Chr. 21
    3.2. Daten aus dem Leben Sauls 22
    3.3. Der frühe Staat 24
    3.4. Das biblische Geschichtsverständnis 26
  4. Die biblische Botschaft: Erwählung und Schuld,
     Umkehr und Tragik 27
  5. Hinweise zur Lektüre 29

B. Darstellung 31
  1. Das Verlangen des Volkes und die Erwählung Sauls 31
    1.1. Die Forderung nach einem König (1 Sam 8) 32
      1.1.1. Gliederung 32
      1.1.2. Urteile und Warnung 32
      1.1.3. Das Rollenspiel: Samuel und das Volk 35
      1.1.4. Zur Entstehung der Erzählung 36
      1.1.5. Zurück zur Gegenwart 37
    1.2. Die Eselinnensuche (1 Sam 9,1–10,16) 38
      1.2.1. Die Handlung 38
      1.2.2. Die Rollen Samuels und Sauls 41
      1.2.3. Beobachtungen zur Gattung 43
      1.2.4. Zur Entstehung der Erzählung 45
      1.2.5. Ehre, Führung und Charisma 48
    1.3. Die Wahl Sauls zum König (1 Sam 10,17–27) 49
      1.3.1. Die Handlung 50
      1.3.2. Die Rollen 52
      1.3.3. Die Entstehung der Erzählung 53
      1.3.4. Erwählung und Verwerfung 55
    1.4. Die Befreiung der Stadt Jabesch (1 Sam 11,1–15) 56
      1.4.1. Der Kampf gegen die Ammoniter
             und seine Folgen 56
      1.4.2. Sauls Strategie und die Hilfe des Herrn 59
      1.4.3. Zur Entstehung der Erzählung 60
      1.4.4. Die Botschaft: Solidarität im
             Geist des Herrn 62

2. Kämpfe, Siege und – Verwerfung (1 Sam 13–15)   63
  2.1. Die Vormacht der Philister (1 Sam 13,1–22)   64
    2.1.1. Die Handlung   64
    2.1.2. Ohnmacht, Anmaßung und
           Ungehorsam Sauls   68
    2.1.3. Die Szene in Gilgal und ihr Kontext   70
    2.1.4. Ämtertrennung und Legitimation Davids   71
  2.2. Jonatans Heldentat und Israels Sieg
     (1 Sam 13,23–14,46)   72
    2.2.1. Jonatans Heldentat   72
    2.2.2. Die Hilfe des Herrn (14,16–23)   75
    2.2.3. Der Schwur (14, 24–30)   77
    2.2.4. Die Schlachtung der erbeuteten Tiere
           (14,31–35)   78
    2.2.5. Jonatans Verschonung (14,36–46)   80
    2.2.6. Die Rollen Sauls und Jonatans   82
    2.2.7. Die Erweiterung der Erzählung   84
    2.2.8. Der geschichtliche Hintergrund   87
    2.2.9. Ein Sieg des Herrn   88
  2.3. Sauls Herrschaft (1 Sam 14,47–52)   88
  2.4. Die Verstoßung Sauls nach dem Amalekitersieg
     (1 Sam 15)   91
    2.4.1. Der Sieg und seine Folgen   91
    2.4.2. Die Rollen   97
    2.4.3. Früher Sieg, Kritik am Opfer und
           Verwerfung Sauls   99
    2.4.4. Schuld und Schicksal   102
3. Der Konflikt zwischen Saul und David (1 Sam 16–26)   103
  3.1. Davids Weg an den Hof Sauls (1 Sam 16,14–23)   104
    3.1.1. Davids Aufstieg als Musiktherapeut
           und Waffenträger   104
    3.1.2. Saul und der böse Geist   106
    3.1.3. Die Rollen Davids und Sauls   107
  3.2. Saul und der Kampf gegen Goliat
     (1 Sam 17,1–58)   108
  3.3. Jonatans Freundschaft und Sauls Feindschaft
     (1 Sam 18,1–16)   110
    3.3.1. Die große Wende zwischen Saul
           und David   110
    3.3.2. Zwei Fassungen der Erzählung   112
    3.3.3. Die Rollen Davids, Jonatans und Sauls   114
  3.4. Michals Heirat (1 Sam 18,17–30)   116
    3.4.1. Sauls listige Angebote und Michals Liebe   116
    3.4.2. Vater, Töchter und Schwiegersohn   117

3.4.3. Eine kürzere und eine längere Fassung 119
3.4.4. Der Wagemut des Mannes und die
Freiheit der Frau 121
3.5. Jonatans erste Vermittlung (1 Sam 19,1–7) 122
3.5.1. Jonatans Überzeugungsarbeit 122
3.5.2. Offene Fragen 123
3.5.3. Mehr als ein Lob der Freundschaft 124
3.6. Davids Flucht und Michals Hilfe (1 Sam 19,8–17) 124
3.6.1. Erneuter Anschlag und Flucht 125
3.6.2. Das Bild Sauls und seiner Tochter Michal 127
3.6.3. Eigenständige Tradition 128
3.6.4. Verfolgung ohne Erfolg 129
3.7. Die Verfolgung in Rama (1 Sam 19,18–24) 129
3.7.1. Eine vergebliche Verfolgung 129
3.7.2. Die Themen: Verfolgung und Ekstase 131
3.7.3. Die ursprüngliche Erzählung 132
3.7.4. Das Bild Sauls 133
3.8. Jonatans vergeblicher Beistand
(1 Sam 20,1–42; 21,1) 134
3.8.1. Die letzten vier Tage in der Nähe Sauls 134
3.8.2. Saul, David und Jonatan 140
3.8.3. Der rote Faden und die Erweiterungen 142
3.8.4. Freundschaft in höchster Gefahr 144
3.9. Sauls Rache an den Priestern von Nob
(1 Sam 21,11–10; 22,6–23) 145
3.9.1. David bei Ahimelech (21,2–10) 145
3.9.2. Sauls Rache an den Priestern von Nob
(22,6–23) 147
3.9.3. Charaktere und Rollen 149
3.9.4. Die Herkunft der Erzählungen 151
3.9.5. Schuld und Strafe 154
3.10. David in Keïla und in der Steppe Sif
(1 Sam 23,1–28) 155
3.11. Davids Achtung vor Sauls Leben
(1 Sam 24,1–23) 157
3.11.1. Die Verschonung des Verfolgers 157
3.11.2. Ältere Überlieferung und jüngere
Gestaltung 159
3.11.3. Die größere Gerechtigkeit 162
3.12. Die zweite Verschonung Sauls (1 Sam 26,1–25) 163
3.12.1. Davids Abenteuer und die Versöhnung
mit Saul 163
3.12.2. Der Vergleich mit der Parallelerzählung
(1 Sam 28,3) 168

7

3.12.3. Indizien für eine ältere Fassung 170
3.12.4. Die Verschonung Sauls und dessen
Reaktion 172
4. Das Ende Sauls 173
4.1. Der Besuch der weisen Frau in En-Dor
(1 Sam 28,3–25) 174
4.1.1. Die Befragung der Frau in En-Dor und
die Unterredung mit Samuel 175
4.1.2. Die unterschiedlichen Rollen Samuels
und der Frau 178
4.1.3. Die Rückfrage nach dem Werdegang
der Erzählung 179
4.1.4. Saul und die Mantik 184
4.2. Der Tod auf dem Gebirge Gilboa
(1 Sam 31,1–13) 185
4.2.1. Das Ende auf dem Gebirge Gilboa (V. 1–7) 186
4.2.2. Der Triumph der Philister (V. 8–10) 189
4.2.3. Die ehrenvolle Beisetzung (V. 11–13) 190
4.2.4. Ursprung und Bearbeitung der Erzählung 191
4.2.5. Zum historischen Hintergrund 193
4.2.6. Respekt vor dem tragisch Gescheiterten 194
4.3. Davids Reaktion auf den Tod Sauls
(2 Sam 1,1–16) 195
4.3.1. Nachricht, Klage und Urteil (V. 2–16) 195
4.3.2. Die Frage nach der Einheitlichkeit
der Erzählung 197
4.3.3. Der Vergleich mit der vorangegangenen
Erzählung (1 Sam 31,1–6) 199
4.3.4. Die glaubwürdigere Tradition 200
4.3.5. Ehrfurcht und Trauer 201
4.4. Davids Klage über Saul und Jonatan
(2 Sam 1,17–27) 202
4.4.1. Struktur und Inhalt der Klage 202
4.4.2. Das Bild Sauls und Jonatans in der Klage 204

C. Die Wirkungsgeschichte 206
1. Saul in der Chronik 206
2. Saul in der Septuaginta 208
3. Saul bei Josephus 211
3.1. Die Stärken Sauls 212
3.2. Vergehen und Reue 213
4. Saul in der Sicht der Rabbinen 217
4.1. Die Gründe für die Erwählung Sauls 217
4.2. Sauls Wirksamkeit in rabbinischer Sicht 218

4.3. Schuldig und doch erwählt 220
5. Saul bei den Kirchenvätern 221
6. Saul in Kunst und Literatur 224
    6.1. Saul in Ikonographie und Malerei 225
    6.2. Saul in der Musik 228
    6.3. Saul in der Literatur des 20. Jahrhunderts 228
7. Kreative Lektüre 231

D. Verzeichnisse 233
    1. Literaturverzeichnis 233
    2. Abbildungsverzeichnis 240

A. EINFÜHRUNG

Wer die biblischen Erzählungen über Saul aufmerksam liest, wird einem Wechselbad der Gefühle unterworfen. Eben noch hat man den erwählten König emphatisch gefeiert. Doch schon wenige Tage später äußert Samuel, der »große alte Mann«, harte und unerbittliche Kritik. Von da an gilt Saul als der verworfene König, der dem jungen, strahlenden David weichen muss. Bleibt das Bild des biblischen Saul aber wirklich so düster? Die Einführung in die entsprechenden Erzählungen soll helfen, den Saul zu entdecken, der nach Argwohn und Zorn zur Reue bereit ist, Davids Größe anerkennt und tapfer sein Schicksal akzeptiert. Einige wenige Urteile über Saul aus späterer Zeit können nicht verhindern, dass der Respekt der biblischen Erzähler vor der tragischen Gestalt Sauls immer noch zu erkennen ist. Auch das nachbiblische Judentum hat noch lange mit großer Achtung vom ersten König Israels gesprochen.

1. DIE »LITERARISCHE BIOGRAPHIE« SAULS

Es gilt zunächst, die literarische Biographie Sauls nachzuzeichnen und dabei darauf zu achten, wo Sauls Weg mit Sympathie verfolgt oder wo er kritisch beurteilt wird. In den ersten drei Erzählungen steht eindeutig die Freude an der Erhebung Sauls zum König über Israel im Vordergrund. Es beginnt damit, dass Saul auszieht, seines Vaters Eselinnen zu suchen und statt dessen eine »Königskrone« findet (1 Sam 9,1–10,16). Saul wird allerdings zunächst nur heimlich gesalbt (10,1) und verrät davon auch den Seinen nichts

11

(10,13–16). Während der Volksversammlung in Mizpa wird er aber in aller Öffentlichkeit ausgelost; Samuel bezeichnet ihn vor allen als den »Erwählten des Herrn« (10,17–27). Nach der gelungenen Befreiung der Stadt Jabesch im Ostjordanland erhebt schließlich das Volk Saul zum rechtmäßigen König Israels (11,1–15).

Aber sehr bald verdüstert sich der Himmel über Saul. Nachdem Jonatan die Philister ein erstes Mal angegriffen hat, erscheinen sie mit einem übermächtigen Heer, so dass sich viele Israeliten in Höhlen und Schlupflöchern verbergen oder jenseits des Jordans Zuflucht suchen. Saul muss mit 600 Männern ohnmächtig zusehen, wie die Philister das Land plündern (1 Sam 13,1–22). In Gilgal kommt es zu einem ersten Konflikt zwischen Saul und Samuel. Saul bringt gegen Samuels Weisung (vgl. 10,8) selbst ein Opfer dar und greift damit in die priesterlichen Vorrechte Samuels ein. Samuel kündigt Saul an, dass seine Herrschaft bald ein Ende haben werde (13,7b–15a).

Wenn der Leser aber erwartet, Saul würde schnell seine Macht einem anderen überlassen müssen, wird er eines Besseren belehrt. Nach einer Attacke Jonatans auf einen Posten der Philister (13,23–14,15) stiftet der Herr im Lager der Philister eine solche Verwirrung, dass die Israeliten unter Saul ihre Feinde bezwingen können (14,16–23). Saul achtet darauf, dass die Israeliten nichts vom Blut der erbeuteten Tiere verzehren und erweist sich so als Hüter israelitischer Tradition (14,31–35). Seine konservative Einstellung offenbart sich auch angesichts des Schwures, den er allen Israeliten auferlegt (14,25–46*). Das Summarium über seine militärischen Erfolge (14,47.48) lässt alle Zweifel an seiner tatkräftigen Herrschaft verfliegen.

Doch schon in der nächsten Erzählung (15,1–35) ändert sich das Bild wieder. Nach dem Sieg über die

Amalekiter drängt Saul nicht hinreichend darauf, dass alle erbeuteten Tiere sofort vernichtet werden. Obwohl das Volk maßgeblichen Anteil daran hat, macht Samuel allein Saul verantwortlich (V. 26): »Da du das Wort des Herrn verworfen hast, hat dich der Herr verworfen, damit du nicht mehr König über Israel bist.«

Nachdem David von Samuel gesalbt worden ist (16,1–13), scheinen die Würfel endgültig gefallen zu sein. Tatsächlich heißt es, dass der Geist des Herrn von Saul gewichen sei und ein böser Geist ihn quäle, der vom Herrn kommt (16,14). Doch wenn wir genauer hinsehen, hellt sich der Himmel über Saul wieder auf. Seine Diener finden in David einen geeigneten »Musiktherapeuten«, der Sauls düstere Stimmungen mit dem Spiel seiner Leier vertreibt und dem König so gefällt, dass dieser ihn bei sich behält und zu seinem Waffenträger macht (16,14–23). Saul unterstützt den jungen David auch beim Kampf gegen Goliat. Er warnt ihn zunächst vor dem gut gerüsteten Hünen, überlässt ihm dann jedoch die eigene Rüstung, auch wenn sich David darin nicht bewegen kann (17,31–40). Die genauen Erkundigungen nach dem Kampf zeigen noch einmal mehr, dass sich Saul für den jungen Mann aus Betlehem lebhaft interessiert.

Wer aber erwartet hat, dass die beiden Männer gemeinsam das Joch der Philister abschütteln, sieht sich schon im anschließenden Kapitel getäuscht. Die Erfolge Davids wecken die Eifersucht und den Argwohn Sauls (18,5–9). Unter dem Einfluss des bösen Geistes Gottes gerät Saul außer sich und schleudert zweimal seinen Speer auf David, der allerdings auszuweichen vermag (18,10.11). Heuchlerisch bietet Saul David an, erst seine ältere und dann seine jüngere Tochter heiraten zu können, wenn er nur genügend

Philister erschlage. Saul beabsichtigt, dass David durch die Hand der Philister getötet werde (18,17–29). Zweimal nacheinander versucht Jonatan, Vater und Freund miteinander zu versöhnen (19,1–7; 20,1–42). So bleibt David nur die Flucht. Saul muss es erleben, dass seine eigene Tochter David dazu verhilft, der Verfolgung zu entkommen (19,10–17). Als sich David zu den Propheten von Rama flüchtet, gerät Saul auf dem Weg dorthin in Ekstase und verfehlt sein Ziel völlig (19,18–24). Aber Saul lässt nicht locker. Er bestraft die Priester von Nob auf grausamste Weise, weil einer von ihnen David unterstützt hat (21,1–10; 22,6–23). Die Hand Sauls reicht noch weit. Die Bewohner der Stadt Keïla sind bereit, David auszuliefern, obwohl er für sie gegen die Philister gekämpft hat (23,1–13). Auch die Sifiter sind willens, David zu verraten (23,19–28).

Nachdem sich der Leser an die Vorstellung gewöhnt hat, dass Saul dem jungen David beständig nachstellt, kommt es erneut zu einer überraschenden Wende. Zweimal nacheinander wird davon erzählt, dass Saul David ohnmächtig ausgeliefert ist (24,1–23 und 26,1–25). Jedes Mal weist David aber das Ansinnen seiner Begleitung energisch zurück, den »Gesalbten des Herrn« auch nur anzutasten. Als Saul davon erfährt, sieht er jeweils seine Schuld ein und erkennt David als legitimen künftigen König an (24,18–22; 26,21.25). Vor uns ersteht das Bild eines geläuterten Saul, der durch Davids Verhalten zu Umkehr bewegt worden ist.

Man versteht danach kaum noch, warum David weiterhin Angst vor Saul hat und zu den Philistern ausweicht (27,1–7; vgl. 21,11–16). Hat sich Saul nicht grundlegend geändert? Das ist keineswegs der Fall, wie uns in einer anschließenden Erzählung versichert wird. Da Saul den Herrn nicht zu einer Auskunft bewegen kann, sucht er eine Totenbeschwörerin in En-Dor auf (28,3–25). Sie lässt Samuel aus der Unterwelt heraufkommen, der noch einmal seine geballte Kritik an Saul äußert: Der Herr habe Saul die Herrschaft entrissen und sie David übergeben. Und im Übrigen werde Saul mit seinen Söhnen schon morgen bei Samuel in der Unterwelt sein (V. 15–19). Ist also Saul weiterhin der verworfene König?

Am nächsten Morgen ist das Schicksal Sauls besiegelt (31,1–7). Doch die beherzte Aktion der Leute aus Jabesch in Gilead, die ihren Retter ehrenvoll bestatten (V. 11–13), lässt die Sympathie des Lesers für den ersten König Israels wieder aufleben. Die tiefe Trauer Davids und seiner Männer (2 Sam 1,1–4.11.12), die harte Behandlung des vermeintlichen Freudenboten (V. 5–10.13–16) und das ergreifende Klagelied Davids (V. 17–27) weisen alle in die gleiche Richtung. Sie zeugen von »einer tiefen menschlichen Anteilnahme und entrollen eine Tragödie, die sich in ihrem letzten Akt zu feierlicher Größe erhebt.«[1]

Doch wie kommt es, dass das Bild Sauls in den Erzählungen immer wieder wechselt, dass Licht und Schatten so oft aufeinander folgen? Die überraschenden Veränderungen sind sicher geeignet, das Interesse des Lesers an Saul wachzuhalten.[2] Besteht das Ziel aber nur darin, Aufmerksamkeit zu wecken? Lässt sich über die Begeisterung wie über die Kritik an Saul noch etwas mehr erfahren?

---

1 G. von Rad, Theologie I, 337.
2 Vgl. dazu die Ausführungen von M. Sternberg, Poetics, 190–222, zur »ambiguity« in 2 Sam 11.

2. Die Entstehung der Saultradition

Wer ist für das abwechselnde Pro und Contra verantwortlich? Steht dahinter der Plan eines einzelnen Autors, Sammlers oder Redaktors? Oder müssen wir mit einem längeren Prozess rechnen, für den mehrere Erzähler, Sammler und Bearbeiter verantwortlich waren? In einer kurzen Skizze soll die Entstehung der Saultradition nachgezeichnet werden, ohne dass dafür ausreichende Beweise vorgelegt werden können.

2.1. Von der Einzelerzählung zur Sammlung

Eine Reihe von einzelnen Erzählungen lassen sich klar als Variationen erkennen. Es wird dreimal erzählt, dass Saul zum Fürsten bzw. König seines Volkes erhoben worden sei (9,1–10,16; 10,17–27; 11,1–15). In zwei verschiedenen Versionen hören wir davon, wie David an den Hof des Saul kommt (16,14–23 und 17,1–58). Zweimal versucht Jonatan, Vater und Freund miteinander zu versöhnen (19,1–7 und 20,1–42). Zwei unterschiedliche Fassungen erzählen davon, wie David darauf verzichtet hat, Hand an den »Gesalbten des Herrn« zu legen (24,1–23 und 26,1–25). Selbst über die Todesstunde Sauls gibt es zwei verschiedene Erzählungen (31,1–7 und 2 Sam 1,1–16). Was lässt sich aus dieser Beobachtung folgern? Am Anfang der Überlieferung standen offenbar einzelne Erzählungen, die natürlich auch variabel weitergegeben werden konnten. Später hat man die unterschiedlichen Versionen geschickt miteinander verknüpft. Da Saul niemandem etwas von seiner heimlichen Salbung durch Samuel erzählt hat (10,13b–16), war ein erneuter Losentscheid auf der Volksversammlung in Mizpa möglich (10,17–27). Wenn das Volk Saul dann noch einmal in Gilgal zum König erhoben hat (11,15), dann ließ sich das als »Erneuerung« der Königsherrschaft verstehen (11,14).[3] Gern nutzen die Sammler die Chance, andere Überlieferungen zwischen zwei Varianten zu stellen. Nachdem es Jonatan fürs Erste gelungen ist, David zu seinem Vater zurückzubringen (19,1–7), hören wir von einem weiteren Anschlag (19,10) und weiteren Verfolgungen Davids (19,11–17.18–24), bevor ein zweiter Versuch der Versöhnung einsetzt (20,1–42). Zwischen die beiden Erzählungen, in denen David Saul verschont (24,1–23 und 26,1–25), wird die Episode eingefügt, in der die kluge Abigajil David davon abhält, grausame Gewalt auszuüben (25,1–44).

2.2. Zwei Sammlungen

Die Erzählungen über Saul gehören aber nicht einer einzigen Sammlung an. Das tritt bei den beiden Traditionen über seinen Tod am klarsten zu Tage. Nach einer ersten Erzählung hat sich Saul selbst in sein Schwert gestürzt (1 Sam 31,4). Nach einer zweiten Version hat ein Amalekiter, der zufällig auf dem Schlachtfeld war, Saul den erlösenden Todesstoß versetzt, Stirnreif und Armspange an sich genommen und David überbracht (2 Sam 1,5–10). Es ist klar zu erkennen, dass 2 Sam 1 aus dem Blickwinkel des Aufstiegs Davids verfasst ist, während in 1 Sam 31 David überhaupt nicht in den Blick kommt. An der Grenze vom ersten zum zweiten Samuelbuch stoßen also zwei Sammlungen aufeinander, die zurückverfolgt werden können: eine eigenständige Saultradition (1 Sam 9,1–11,15; 13,1–15,35; 28,3–25; 31,1–13) und die

---

3 D. V. EDELMAN, Saul, 148, sieht allerdings in den drei Erzählungen eine Einheit. Saul werde designiert (1 Sam 9.10), militärisch getestet (1 Sam 11,1–11) und endlich gekrönt (1 Sam 11,14.15). Das sei ein altorientalisches Schema zur Installation eines Königs.

ursprüngliche Aufstiegsgeschichte Davids (1 Sam 16,14–28,2; 29,1–30,31; 2 Sam 1,1–27). Der unterschiedliche Charakter der beiden Sammlungen wird noch deutlicher werden, wenn wir sie etwas näher betrachten.

Die judäische Aufstiegsgeschichte Davids beginnt mit einem friedlichen Einvernehmen zwischen Saul und David (16,14–23; 17,1–58), schildert dann die Verfolgung Davids durch Saul (18,6–23,28), hebt die Bekehrung Sauls und seine Legitimation der Herrschaft Davids hervor (24,1–23; 26,1–25) und führt schließlich hin zu Davids Trauer (2 Sam 1,1–4.11.12.17–27) und zum Beweis seiner Unschuld am Tod Sauls (1,5–10.13–16). Im Mittelpunkt steht der Aufstieg Davids. Sauls Verfolgung bietet die Entschuldigung dafür, dass David zu den Philistern geht (1 Sam 21,11–16 und 27,1–12).[4] Auf Saul fällt dadurch ein dunkler Schatten. Ihn quält in dieser Sammlung ein böser Geist (1 Sam 16,14–23; 18,10; 19,9). Aber selbst das Massaker an den Priestern von Nob (1 Sam 22,18.19) bleibt für Saul folgenlos; wir hören von keiner Strafankündigung. Es geht eben um Davids Schicksal und nicht um Saul. Die Legitimation Davids hat allerdings auch positive Folgen für das Bild Sauls. David lässt nicht zu, dass jemand Hand an den Gesalbten des Herrn legt (1 Sam 24,5–8; 26,8–11; vgl. 2 Sam 1,5–10.13–16). Saul bekehrt sich dadurch (24,18.19; 26,21) und sieht in David bereits den kommenden Herrscher (24,20.21; 26,25). Streng genommen müsste er dann sogar aufhören, David nachzustellen.[5]

Die eigenständige Saultradition erzählt von grandiosen Anfängen (9,1–11,15*), spricht von erstaunlichen

---

4 Vgl. S. KREUZER, Saul, 68–70.
5 Hier zeigt es sich, dass wir in 1 Sam 24 und 26 sowie in 2 Sam 1,5–10.13–16 mit einer jüngeren Erzählschicht rechnen müssen.

Erfolgen Sauls und Jonatans (13,1–14,48*), aber auch von der heftigen Kritik Samuels in Gilgal (13,7b–15a*) und nach dem Sieg über die Amalekiter (1 Sam 15,1–35*) und schildert schließlich das tragische Ende Sauls (28,4–14.19–25; 31,1–13*). Bezeichnend ist hier, dass Samuel nicht nur Saul gesalbt und proklamiert hat, sondern dass er auch sein schärfster Gegner geworden ist (1 Sam 13,7b–15a*; 15,1–35*). Das disparate Bild Sauls verlangt nach einer Erklärung: War Saul nur tragisch gescheitert oder wurde er ausdrücklich verworfen?

2.3. Redaktion und Komposition

Die heftige Kritik Samuels an Saul in der eigenständigen Saultradition ruft eine Reihe von Fragen hervor: War es wirklich ein so großes Vergehen, dass Saul nicht hinreichend lange auf Samuel gewartet und das Opfer für den Herrn selbst dargebracht hat (1 Sam 13,7b–15a)? Hat David nicht viele Tiere geopfert, als er die Lade nach Jerusalem geholt hat (2 Sam 6,13)? Warum wird ihm nach dem Sieg über die Amalekiter zum Vorwurf gemacht, dass das Volk einen Teil der erbeuteten Tiere verschont hat, um sie wenig später zu opfern (1 Sam 15,14.15.24)? Durfte David nicht nach seinem Erfolg über die Amalekiter die Beute behalten oder unter seinen Leuten verteilen (1 Sam 27,9; 30,24.26–31)? Wir müssen mit einer Bearbeitung im Sinne des Deuteronomiums rechnen, die Saul das Recht abspricht, Opfer darzubringen (1 Sam 13,7b–15a; vgl. Dtn 18,1–8) und ihn verantwortlich macht, wenn das Volk das Banngebot gegenüber den Amalekitern nicht vollständig einhält (1 Sam 15,23b–28; vgl. Dtn 20,10–18 und Dtn

25,17–19).[6] Damit ist ein Urteil verbunden, das mehrmals wiederholt wird (1 Sam 13,13.14; 15,23b–28; 28,16–18): Saul hat durch eigene Schuld das Ende seiner Herrschaft herbeigeführt; darum wird ein anderer an seine Stelle treten, der am Ende mit David identifiziert wird (28,17). Diese »deuteronomistische« Redaktion hat wohl auch die eigenständige Saultradition der Aufstiegserzählung vorangestellt. Der Tod Sauls (1 Sam 31) und der Besuch in En-Dor in der Nacht zuvor (1 Sam 28,3–25) mussten allerdings an der richtigen Stelle in die judäische Sammlung eingefügt werden.

An zwei Stellen vertritt ein Redaktor eine noch radikalere Position: Wenn die Israeliten einen König gefordert haben, dann haben sie damit Gott als ihren Herrn abgelehnt (1 Sam 8,7.8; 10,18.19a). Die souveräne Herrschaft eines Königs und die Bindung an Gott verhalten sich wie Feuer und Wasser. Einige Zeit nach dem Ende Judas (587 v. Chr.) lehnte man die Staatsform der Monarchie ab.

3. Der geschichtliche Hintergrund der Saulerzählungen

Die biblischen Erzählungen über Saul beziehen sich etwa auf die Wende vom zweiten zum ersten vorchristlichen Jahrtausend. Das bedeutet natürlich nicht, dass sich diese Zeit in der Saulüberlieferung einfach widerspiegeln würde. Vieles ist erst später entstanden, gesammelt oder bearbeitet worden. Aber eine gewisse

---

6 Nach P. Mommer, Samuel, 154, könnte das Banngebot allerdings schon aus prophetischer Überlieferung stammen (vgl. 1 Kön 20,35–43).

geschichtliche Erinnerung ist nicht auszuschließen. Daher ist es sinnvoll, sich mit der geschichtlichen Situation Israels zu jener Zeit, mit einigen Daten aus dem Leben Sauls und mit der Entwicklung eines frühen Staates vertraut zu machen.

3.1. Israel um 1000 v. Chr.

»Alle Israeliten zogen zu den Philistern hinab, wenn jemand seine Pflugschar, seine Hacke, seine Axt oder seine Sichel schmieden lassen wollte. Der Preis für das Schärfen der Pflugscharen, der Hacken, des Dreizacks und der Äxte sowie für das Einsetzen des Ochsenstachels betrug ein Pim.« (13,20.21).

Diese biblischen Verse bieten uns einen guten Anhaltspunkt, um die Situation Israels in dieser Zeit zu beschreiben. Die Philister gehörten offenbar zu den sog. »Seevölkern«, die in Anatolien das Reich der Hetiter zerstörten (1180 v. Chr.) und mit denen sich auch das Pharaonenreich unter Ramses III. (1184–1153 v. Chr.) auseinander setzen musste.[7] Gegen Ende des 12. Jahrhunderts siedelten sich die Philister im Südwesten Palästinas an. Sie verfügten über ein Monopol in der Eisenverarbeitung und waren in dieser Hinsicht den Israeliten eindeutig überlegen.[8] Offenbar fand aber ein reger Austausch zwischen den Israeliten und den Philistern statt. Für die Israeliten lohnte es sich, gute Werkzeuge zu besitzen, um mit ihnen den Boden bearbeiten zu können. Damit waren die Voraussetzungen dafür gegeben, dass sich die Bevölkerung vermehren konnte. Tatsächlich hat die Zahl der Siedlungen im Zeitraum zwischen 1200 und 1000 v. Chr. auf dem Bergland Efraim und Juda erheblich zugenommen.

---

7 Vgl. O. MARGALITH, Philistines, 101–109.
8 Vgl. T. und M. DOTHAN, Philister.

Einzelne Familien scheinen es zu einem beträchtlichen Reichtum gebracht zu haben (Ri 5,9.10; 10,4; 12,9.14). Die einzelnen Stämme Israels standen nur in lockerer Verbindung. Israel war eine »akephale« Gesellschaft. Falls aber ein einzelner Stamm oder eine Sippe angegriffen wurde, fand sich meist sehr bald ein charismatischer Führer, der die Aggressoren zurückschlug. So verteidigte Ehud die Interessen Benjamins gegen die Moabiter (Ri 3,12–30), Gideon setzte sich mit seiner Sippe der Abiesriter (Ri 6,34) gegen die Midianiter zur Wehr, Jiftach besiegte die Ammoniter, die die Region Gilead bedrängt hatten (Ri 11,5.6). Selbst wenn sich einmal mehrere Stämme zum Kampf gegen die Kanaaniter zusammenschlossen, wie das im Fall der sog. Debora-Schlacht der Fall gewesen sein soll (Ri 4.5), änderte das nichts an der dezentralen Ordnung der Israeliten. Allerdings hören wir auch von dem Versuch eines gewissen Abimelech, »König« in der Stadt Sichem und ihrem unmittelbaren Umfeld zu werden (Ri 9,1–57). Die Zeit war also durchaus reif dafür, an eine wenn auch noch so bescheidene staatliche Struktur zu denken.

3.2. Daten aus dem Leben Sauls

Was wissen wir über den geschichtlichen Saul?[9] Leider gibt es über ihn und seine Regierung keinerlei außerbiblische Zeugnisse. Darf man daraus folgern, dass es Saul als historische Gestalt gar nicht gegeben hat? Dann würde man den Fehler begehen, auf ein »argumentum e silentio« zurückzugreifen, d. h. die dürftige Quellenlage mit der Geschichte selbst zu verwechseln. »Es gilt, die biblischen Texte nicht pauschal als hi-

---

9 Das ist auch die Ausgangsfrage für D. V. EDELMAN, Saul ben Kish, 142–159.

storisch unbrauchbar zu verwerfen, sondern sie sorgsam und Schritt um Schritt auf ihre historische Aus-
sagekraft zu untersuchen.«[10]

Saul wird bei seiner ersten Vorstellung auf ein
Geschlecht aus dem Stamm Benjamin zurückgeführt
(1 Sam 9,1). Als Heimatstadt wird Gibea angegeben
(1 Sam 10,26; 11,4.5). Da er dort auch residiert haben
soll (1 Sam 15,34; 22,6), ist die Stadt auch später noch
mit seinem Namen verbunden (Jes 10,29). Gibea wird
heute mit tell el-ful identifiziert.[11] Saul ist nach der
Überlieferung durch eine entschlossene Reaktion auf
einen Hilferuf aus der ostjordanischen Stadte Jabesch
bekannt geworden. Er kam den Jabeschitern zu Hilfe,
die von Ammonitern belagert worden waren (1 Sam
11,1–11*). Durch diese Aktion wurde Saul bekannt und
im besten Sinne »prominent«. Ohne die Befreiung der
Stadt Jabesch wären die Israeliten kaum auf den
Gedanken gekommen, ihn in Gilgal am Unterlauf des
Jordan zum König zu erheben (11,15). Damit waren die
Grundlagen für einen frühen Staat geschaffen. Saul
war offenbar in der Lage, Angreifer zurückzuschlagen.
Eine Erzählung, die von einem Sieg über die Amalekiter spricht (15,4–8), ist schon deshalb glaubwürdig,
weil sie in ihrer gegenwärtigen Form äußerst kritisch
gegenüber Saul eingestellt ist. Ob Saul aber auch
Moabiter und Aramäer in die Schranken gewiesen hat,
wie kurze Notizen besagen (14,47), ist unsicher.

Hat Saul auch versucht, die Hegemonie der Philister
(vgl. 2 Sam 8,1) zu brechen? Die biblische Überlieferung
legt diese Annahme nahe. Wir müssen aber bedenken,

---

10 W. DIETRICH, Königszeit, 142.
11 P. M. ARNOLD, Gibeah, 45–54, hat diese Gleichsetzung
    durch amerikanische Archäologen allerdings wieder in Fra-
    ge gestellt.

dass Saul in Gibea »residierte«, in einer Stadt, die eine Garnison der Philister beherbergte (1 Sam 10,5). Daraus kann man nur folgern: »Diese Herrschaft Sauls war von den Philistern akzeptiert und zugleich durch die philistäischen Posten in der Nähe seiner Residenz auch beaufsichtigt.«[12] Seine Lage war durchaus mit derjenigen Davids in Ziklag unter der Aufsicht des Philisterfürsten von Gat vergleichbar (vgl. 1 Sam 27,6). Die Philister konnten sogar mit ansehen, dass Saul der ostjordanischen Stadt Jabesch zu Hilfe eilte und die Ammoniter in die Flucht schlug (11,1–11*).

Saul kann Israel für eine geraume Zeit stabilisiert haben. Eines Tages kam es aber doch zum Konflikt. »Möglicherweise war es die Ungeduld des Kronprinzen Jonatan, die den Stein ins Rollen brachte.«[13] Uns ist eine Erzählung erhalten geblieben, der zufolge Jonatan – ohne Wissen seines Vaters – einen Philisterposten zwischen Michmas und Geba (13,23–14,15*; vgl. 13,3) überwältigt habe. Für kurze Zeit scheint es den Israeliten unter Saul auch gelungen zu sein, ihre Unabhängigkeit zu behaupten. Aber in der Entscheidungsschlacht auf dem Gebirge Gilboa war Israel unterlegen; Saul und drei seiner Söhne fielen (1 Sam 31,1–7). Die Philister hefteten den Leichnam Sauls an die Mauern der Stadt Bet-Schemesch, die an wichtigen Handelsstraßen lag (31,8–10). So sollten alle erfahren, dass die Philister die Herren im Lande waren.

3.3. Der frühe Staat

Wie sah der frühe Staat aus, den Saul begründet hat? Wir dürfen uns dieses Gemeinwesen nicht allzu voll-

---

12 S. Kreuzer, Saul, 67.
13 S. Kreuzer, ebd., 72.

kommen vorstellen. Saul schuf sich ein kleines stehendes Heer, indem er »jeden starken und kriegstüchtigen Mann« in seinen Dienst nahm (1 Sam 14,32). Aber zum Heerführer bestellte er sicherheitshalber einen nahen Verwandten, seinen Cousin Abner (14,30). Von seinen zivilen Angestellten kennen wir nur den Edomiter Doëg, den Obersten seiner Hirten (21,8).

Aus diesem Grund hat man daran gedacht, dass Saul mehr ein »Häuptling« (chief) als ein König war.[14] Seine Herrschaft (chiefdom) sei von seinem Erfolg und seiner persönlichen Autorität abhängig gewesen. Dass es aber doch Ansätze für eine staatliche Struktur gab, zeigte sich nach dem tragischen Ende Sauls.[15] Der »frühe« Staat war immerhin so stabil, dass Sauls Sohn Ischbaal die Herrschaft über »Gilead, Ascher, Jesreel, Efraim und Benjamin« (2 Sam 2,9) antreten konnte. Er regierte das kleine Israel allerdings nicht mehr von der philistäischen Garnisonstadt Gibea aus, sondern residierte in Mahanajim, einer Stadt im Ostjordanland. Der starke Mann in diesem Reich war nicht Ischbaal, sondern der Heerführer Abner. Als sich Ischbaal mit Abner wegen einer Nebenfrau stritt, verhandelte der Heerführer mit David, der inzwischen König von Juda war (2 Sam 3,6–21). Das erregte offenbar die Eifersucht des judäischen Heerführers Joab, der Abner kurzerhand ermordete (3,22–27). Damit war auch das Schicksal des ohnmächtigen Ischbaal besiegelt, der einem Attentat von zweien seiner Offiziere zum Opfer fiel (4,1–12). Das Reich Sauls ging im größeren Reich Davids auf.

---

14 Vgl. H. M. Niemann, Herrschaft, 6–8.
15 Vgl. C. Schäfer-Lichtenberger, Views, 78–105.

3.4. Das biblische Geschichtsverständnis

Wenn wir nach dem geschichtlichen Wirken Sauls und nach dem Umfang seiner Herrschaft fragen, dann fallen die Antworten der Historiker sehr bescheiden aus. Das kritisch gesicherte Geschichtsbild und die biblische Schilderung unterscheiden sich erheblich voneinander. Für das moderne Geschichtsverständnis ist es wichtig, nach gesicherten Daten zu fragen. Wir können heute gar nicht vermeiden, zwischen dem tatsächlichen Geschehen und der »Deutung« zu unterscheiden. Wenn die biblischen Erzähler von einer Erwählung Sauls (1 Sam 10,24) oder von seiner Verwerfung (1 Sam 15,23.26; 16,1) sprechen, dann stellt ein solches Urteil für das heutige Verständnis eine subjektive Ansicht dar, über die man verschiedener Meinung sein kann. Fragt man nach den Hintergründen der Verwerfung Sauls, dann zeigt sich sehr bald, dass die biblischen Erzähler von einem engen Zusammenhang zwischen Tun und Ergehen, Verhalten und Schicksal ausgegangen sind. Da Saul gescheitert ist, musste er selbst dafür die Verantwortung tragen. Die biblischen Erzählungen sind damit nicht frei von »dogmatischen« Voraussetzungen, die für die gegenwärtige Geschichtswissenschaft ins Reich der Spekulationen gehören. Natürlich dürfen wir fragen, ob die moderne Geschichtswissenschaft wirklich so objektiv ist, wie sie vorgibt. Zu Recht wird die Frage aufgeworfen, ob Geschichte nicht auch heute in ein Vorverständnis eingezwängt wird. Liegt der Deutung nicht auch etwas Deutbares zu Grunde, das ebenso zur Geschichte gehört wie die vermeintlichen Fakten?[16] Allzu leicht gerät man in Gefahr, jegliche Deu-

---

16 Vgl. G. Hentschel, Elijaerzählungen, 350.

tung für subjektiv zu halten und als beliebig anzu-
sehen. Ist es aber wirklich objektiv, wenn nur auf das
Handeln der Menschen geachtet wird und ethische
oder religiöse Überlegungen von vornherein ausge-
klammert werden? Die Bibel und die heutige Ge-
schichtsauffassung sprechen also eine unterschiedliche
Sprache. Wir werden nicht darauf verzichten können,
die biblischen Erzählungen in unser heutiges Geschichtsverständnis zu übersetzen, dabei aber darauf
zu achten haben, dass wir uns der Grenzen der eigenen
Sprache und des eigenen Denkens bewusst bleiben.

4. DIE BIBLISCHE BOTSCHAFT: ERWÄHLUNG UND SCHULD, UMKEHR UND TRAGIK

Den Erzählungen über Saul geht ein Kapitel voran, in
dem Sinn und Nutzen der damaligen Staatsform
erörtert werden. Soll Israel einen König »wie alle
Völker« erhalten (1 Sam 8,20)? Kostet ein solcher Staat
nicht viel zu viel (V. 11–17)? Kann – so wird aus
späterer, langer Erfahrung gefragt – eine solche Herrschaft nicht in direkten Gegensatz zu Gott treten? Wer
auf die Diktaturen des 20. Jahrhunderts zurückblickt,
spürt, wovon hier die Rede ist.

»Alle Macht geht vom Volke aus.« Galt das nicht
schon zu dieser frühen Zeit? Es war das Volk, das den
prominenten Befreier einer ostjordanischen Stadt zu
seinem Herrscher erhoben hat (1 Sam 11,15). Je mehr
man über die neue Aufgabe nachdachte, desto stärker
führte man diese Erwählung auf Gott zurück. Er habe –
so erzählt man – Samuel den Auftrag erteilt, Saul als
Befreier zu berufen (1 Sam 9,17). In der Entscheidung
durch das Los sah man die Bestätigung (1 Sam

10,20.21). Saul war damit nicht nur seinem Volk gegenüber verantwortlich, sondern auch seinem Gott.

Nach der Überlieferung ist Saul seinem Auftrag nicht gerecht geworden. Allerdings überzeugen uns die ersten Anklagen gegen Saul nicht wirklich. Hat er nicht lange genug auf Samuel gewartet (1 Kön 13,7b–15a)? War er allein daran schuld, dass das Volk die besten Beutetiere der Amalekiter für ein Opfer aufgespart hatte (1 Kön 15,19.24)? Man wollte offenbar Saul schuldig sprechen, weil er am Ende gescheitert war. Die Urteile über Saul gewinnen erst innerhalb der Aufstiegserzählung Davids an Überzeugungskraft. Saul ertrug es nicht, dass die Frauen dem jungen David mehr zujubelten als ihm (1 Sam 18,6–9). Er scheute weder vor physischer Gewalt zurück (1 Sam 18,10.11) noch vor hinterlistigen Plänen, die das Glück seiner Töchter aufs Spiel setzten (1 Sam 18,17–29). Sein Zorn traf nicht nur den eigenen Sohn (1 Sam 20,30–33), sondern jeden, der seinem Rivalen half. Am Ende hatte Saul eine ganze Priesterschaft auf dem Gewissen (1 Sam 22,18). Wer nach einem Anschauungsbeispiel dafür sucht, wohin politischer Ehrgeiz einen Menschen führen kann, wird hier fündig.

Es spricht aber für die hebräischen Erzähler, dass sie sich davor gehütet haben, schwarzweiß zu malen. Saul blieb trotz allem ein Hüter der Tradition. Er sorgte dafür, dass die Israeliten nicht das Blut der Beutetiere verzehrten (1 Sam 14,31–35). Er war bereit, seinen eigenen Sohn hinzurichten, da dieser die auferlegte Enthaltsamkeit nicht beachtet hatte (1 Sam 14,39). Immer wieder suchte er den Willen des Herrn zu erkunden, auch wenn es ihm nicht immer gelang (1 Sam 14,18.37; 28,6). Vor allem aber war er bereit, die Verfolgung Davids aufzugeben, nachdem er gehört hatte, dass dieser ihn verschont habe (1 Sam 24,17–23;

26,21.25). Die Bibel spricht dem scheinbar endgültig Verworfenen die Kraft zur Umkehr nicht ab.

Je mehr wir uns dem Ende der Herrschaft Sauls nähern, desto größer wird auch die Ehrfurcht der Erzähler vor dieser tragischen Gestalt. Nachdem ihn die Worte Samuels in En-Dor zu Boden geschmettert haben, gelingt es der weisen Frau nur mühsam, ihn aufzurichten (1 Sam 28,20–25). Nachdem er – schwer verwundet – sich selbst in sein Schwert gestürzt hat, sorgen die Bürger von Jabesch dafür, dass sein Leichnam ehrenvoll beigesetzt wird (1 Sam 31,11–13). Sein vermeintlicher Rivale David trauert bis zum Abend, nachdem er die schlimme Nachricht erhalten hat, und stimmt eine ergreifende Klage an (2 Sam 1,1–4.11.12.17–27). Von einer Schuld Sauls ist keine Rede mehr. Es ist uns nicht gegeben, die Gründe für ein solches Schicksal zu durchschauen.

5. Hinweise zur Lektüre

Wer ein Schloss, eine Kirche oder ein Museum besichtigt, ist mitunter gut beraten, sich einer Führung anzuschließen, die kurz und detailliert das Wichtigste erläutert. Andere ziehen es vor, sich allein mittels eines Kunstführers zu orientieren. Dabei besteht aber die Gefahr, dass man sich gar nicht so schnell orientieren kann und das Buch etwas ratlos zuschlägt. Gibt es nicht noch eine bessere Möglichkeit? Müsste man sich nicht zunächst dem Raum mit seinen Kunstwerken überlassen, behutsam vor dem einen oder anderen verweilen und dann erst das kluge Buch aus der Tasche ziehen? Ähnlich ist es mit einer biblischen Erzählung. Wir brauchen Zeit, um uns an ihre fremde Welt zu gewöhnen. Darum sollte man dieses Buch wie einen Kunstführer erst einmal in der Tasche lassen und sich mit dem biblischen Text vertraut machen. Einige Fragen können dabei helfen, sich zu orientieren: Wie ist eine solche Erzählung aufgebaut? Wo beginnt und wo endet ein neuer Abschnitt? Welche Worte werden, weil sie dem Erzähler wichtig sind, wiederholt? Lässt sich daraus schon auf das Thema schließen? Wer spielt welche Rolle? Wie werden die handelnden Personen charakterisiert? Wie gelingt es dem Erzähler, unsere Aufmerksamkeit an sich zu ziehen? Spricht die biblische Erzählung uns an? Einiges lässt sich in den Erzählungen allerdings erst klären, wenn wir ihre Entstehung berücksichtigen. Ausdrücklich hervorgehobene Fragen sollen dazu dienen, auf Spannungen und Unebenheiten aufmerksam zu machen. Dadurch kann sichtbar werden, dass die Erzählungen über Saul nicht das Werk einzelner begabter Autoren und Redaktoren sind, sondern die Überlieferung eines ganzen Volkes darstellen.

B. DARSTELLUNG

Es ist bereits klar, dass wir uns nicht auf die Erzählungen über Saul im engeren Sinne beschränken (1 Sam 9–11.13–15.28.31), sondern jene Erzählungen mit einbeziehen, in denen Saul im Schatten des erfolgreichen David steht (1 Sam 16,14–23; 17,1–24,23; 26,1–25; 2 Sam 1,1–27). Da die Forderung des Volkes nach einem König (1 Sam 8) die Erwählung Sauls zur Folge hat, können wir auch an dieser Erzählung nicht vorübergehen. All diese Erzählungen über Saul lassen sich in vier großen Abschnitten zusammenfassen: das Verlangen des Volkes und die Erwählung Sauls (1 Sam 9–11), Kämpfe, Siege und Verwerfung Sauls (1 Sam 13–15), der Konflikt mit David (1 Sam 16–26) und das tragische Ende (1 Sam 28; 31 und 2 Sam 1). Bei jeder Erzählung sollen die Handlung verfolgt, das Rollenspiel entfaltet, die Frage nach eventueller Bearbeitung gestellt und die Botschaft erfasst werden.[17]

1. Das Verlangen des Volkes und die Erwählung Sauls

Saul wird als junger Mann heimlich zum Fürsten gesalbt (1 Sam 9,1–10,16), bei einer Volksversammlung durch das Los ermittelt (10,17–27) und endgültig nach der geglückten Befreiung der Stadt Jabesch zum König erhoben (11,1–15). Wir beginnen den Reigen der ersten

---

17 Die Erzählung vom Sieg Davids über Goliat (1 Sam 17) und die Verfolgung Davids in Keïla sowie in der Wüste Sif (1 Sam 23) werden etwas kürzer analysiert werden, weil sie nur wenig über Saul aussagen.

Saulerzählungen aber mit jener Tradition, in der die Problematik einer Königsherrschaft erörtert wird (1 Sam 8).

1.1. Die Forderung nach einem König (1 Sam 8)

Darf Israel nach einem König verlangen, der den selbstherrlichen Despoten in den umliegenden Völkern entspricht? Was ist der Preis für eine solche Monarchie? Wer muss dafür bezahlen? Es ist viel zu wenig bekannt, wie hart man in Israel über die rechte Staatsform diskutiert hat.

1.1.1. Gliederung

Nachdem Samuel alt geworden und seine Söhne auf Abwege geraten waren, baten die Ältesten Israels Samuel darum, einen König einzusetzen (V. 1–5). In der Zwiesprache mit dem Herrn erfuhr er, dass zum einen das Verlangen nach einem König dem Abfall vom Herrn gleichkam, dass der Herr aber zum anderen darauf bestand, auf die Stimme des Volkes zu hören (V. 6–9). Samuel erfüllt seinen Auftrag, er verkündet den Israeliten die Worte des Herrn und sagt ihnen voraus, was der König alles beanspruchen werde (V. 10–18). Doch nach der Warnung beharrt das Volk unverändert auf seiner Forderung nach einem König (V. 19–22).

1.1.2. Urteile und Warnung

Was will der Erzähler? Will er uns nur objektiv mitteilen, mit welchen Argumenten man über die Frage diskutiert hat, ob man die Monarchie einführen soll? Oder nimmt er dazu auch Stellung?

Samuel, die große charismatische Gestalt des frühen Israel, ist alt geworden. Damit weist die Exposition der

Erzählung auf ein Problem hin: Wer soll Israel in Zukunft führen? Samuel selbst hat scheinbar eine Lösung gefunden. Er setzt seine Söhne ein (V. 1). Aber der Erzähler fällt ein hartes Urteil: Die Söhne, die das Recht verwirklichen sollten, waren auf ihren Vorteil aus und nahmen Bestechungen an (V. 3).[18] Die Ältesten stimmen mit dem Erzähler darin überein, dass Samuel alt und seine Söhne korrupt sind. Sie erkennen das Dilemma und suchen darum nach einem Ausweg (V. 5): »Darum setze jetzt einen König bei uns ein, der uns regieren soll, wie es bei allen Völkern der Fall ist.« Samuel ist damit gar nicht einverstanden (V. 6). Warum gefällt ihm die Forderung der Ältesten nicht? Ärgert es ihn, dass die Ältesten seine Söhne als korrupt bezeichnen? Oder schmerzt es ihn, dass man ihn für zu alt hält? Der Herr korrigiert ihn: Hör auf das Volk! »Denn nicht dich haben sie verworfen, sondern mich haben sie verworfen: Ich soll nicht mehr ihr König sein.« (V. 7). Damit wird allerdings das härteste Urteil über das Verlangen des Volkes gefällt, das man sich überhaupt denken kann: Wenn die Israeliten die Einsetzung eines Königs nach dem Muster der anderen Völker fordern, dann haben sie sich eben dadurch von ihrem Gott abgewandt. Der Herr bestätigt das durch den Hinweis auf die bisherige Geschichte: Seit dem Auszug aus Ägypten haben sie den Herrn verlassen und anderen Göttern gedient (V. 8). Verwunderlich ist nur, dass der Herr dennoch gebietet: »Hör auf die Stimme des Volkes in allem, was sie zu dir sagen.« (V. 7a). Wie kann der Herr Samuel auftragen, den Abfall von ihrem Gott zu unterstützen? Doch der Herr wiederholt sogar noch einmal, Samuel möge auf das Volk hören, fügt dann allerdings hinzu: »Warne sie

---

18 Vgl. S. Kammerer, Söhne, 75–88.

aber eindringlich, und mach ihnen das Recht des Königs bekannt, der über sie herrschen wird!« (V. 9). Samuel kommt diesem Auftrag auch sehr genau nach. Er sagt ihnen, was ihnen der König alles »nehmen« wird: Er wird ihre Söhne »nehmen« und sie zu Läufern machen, die vor seinem Wagen herlaufen (V. 11). Er wird sie »nehmen« und zu Offizieren in seinem Heer machen (V. 12). Er wird ihre Töchter holen und sie für sich kochen, backen und Salben zubereiten lassen (V. 13). Er wird ihnen die besten Felder, Weinberge und Ölbäume »nehmen« und sie seinen Beamten geben (V. 14). Er wird ihre Söhne und Töchter für sich arbeiten lassen (V. 16). Das Verbum »nehmen« ist in diesem Abschnitt (V. 11–17) geradezu ein Leitwort. Die Absicht, die Samuel in diesem Abschnitt verfolgt, ist am besten mit den Worten in V. 9 beschrieben: Samuel warnt die Israeliten vor den Vollmachten eines kommenden Königs. Sie werden sich nicht nur in eine neue Knechtschaft begeben, sondern auch beim Herrn keine Erhörung finden (V. 18).

Aber die Warnung verfehlt ihre Wirkung. Das Volk verlangt weiterhin nach einem König, der sie regiert, vor ihnen herzieht und ihre Kriege führt (V. 19.20). Samuel wendet sich erneut an den Herrn, erhält jedoch den gleichen Auftrag wie zuvor (V. 21.22a). Am Ende kommt er weder der Forderung des Volkes noch dem Wort des Herrn nach, sondern schickt die Leute erst einmal wieder nach Hause (V. 22b).

Wir können abschließend feststellen, dass zwei verschiedene Absichten verfolgt werden. Einerseits werden Urteile gefällt (V. 3.5a.7b.8). Ihrer Natur nach handelt es sich dabei um Aussagen über die Vergangenheit. Dabei ist der Aspekt der Verben zu beachten. Sie beschreiben wiederholte (iterative) oder lang anhaltende (durative) Handlungen. Andererseits warnt Samuel – wie ihm aufgetragen ist (V. 9b) – vor der Einführung der Monarchie (V. 11–18). Dabei richtet sich der Blick natürlich in die Zukunft.

1.1.3. Das Rollenspiel: Samuel und das Volk

Samuel wird zwar nicht ausdrücklich als »Richter« bezeichnet, aber diese Position lässt sich daraus folgern, dass er seine Söhne als Richter anstellt (V. 1.2).[19] Er ist derjenige, der mit Gott spricht (V. 6.22) und wiederholt die Weisung des Herrn erhält, auf das Volk zu hören (V. 7.9.22). Er wird aufgefordert, das Volk zu warnen (V. 9), und kommt diesem Auftrag in einer eindringlichen Rede auch nach (V. 11–17). Die biblische Erzählung geht offenbar davon aus, dass auch damals nicht jedermann so sensibel war, um Gottes Willen erfassen zu können. Stimmt Samuel aber immer mit dem Herrn überein? Ihm missfällt das Verlangen des Volkes nach einem König (V. 6). In der Sicht des Erzählers hat er dafür persönliche Gründe: Er fühlt sich selbst zurückgewiesen. Das erkennt der Herr an (V. 8b). Er korrigiert Samuel allerdings auch: Das Volk hat nicht Samuel, sondern den Herrn verworfen (V. 7b).

Die Ältesten des Volkes tragen ein gut begründetes Anliegen vor (V. 4.5). Samuel soll nach dem Willen des Herrn wohl auf das Volk hören (V. 7a.9a), sie allerdings auch eindringlich vor den Folgen einer Monarchie warnen (V. 9b). Am Ende schlagen sie die Worte Samuels (V. 11–18) in den Wind (V. 19.20). Der Herr fordert daher Samuel ein weiteres Mal auf, ihrem Verlangen nachzugeben (V. 22a). Haben sie aber mit dieser Forderung nicht den Herrn selbst verworfen (V. 7b.8)?

---

19 Vgl. J. Vermeylen, Loi, 17 f.

1.1.4. Zur Entstehung der Erzählung

Nachdem wir die Handlung verfolgt und die Rollen analysiert haben, bleiben immer noch Fragen offen:

- Warum soll Samuel auf das Volk hören, obwohl das Volk mit der Forderung nach einem König den Herrn verworfen hat?
- Woher weiß Samuel, was das Recht des Königs sein wird?
- Genügt es, das Volk vor den sozialen Folgen der neuen Staatsordnung zu warnen, wenn die Monarchie einem Abfall von Gott gleichkommt?
- Welche soziale Schicht vertritt Samuel in seiner Warnung vor den Folgen einer Königsherrschaft?

Wenn die Forderung nach einem König bedeutete, dass das Volk den Herrn verworfen hat (V. 7b.8), dann durfte Samuel eigentlich nicht auf die Stimme des Volkes hören. Das lässt sich nur so erklären: Als das harte Urteil über die Monarchie gefällt wurde, war nicht mehr zu leugnen, dass es in Israel ein Königtum gegeben hat. Das Urteil ist also relativ spät gefällt worden. Der Vorwurf, dass das Volk den Herrn verworfen habe (V. 8; vgl. 10,19a; 12,12), war typisch für die sog. deuteronomistische Schule, die damit das Ende des Staates Juda erklären wollte. Gleiches gilt für die Anklage, Israel habe den Herrn verlassen. Zu beachten ist auch, dass der Herr die Aufforderung, auf das Volk zu hören (V. 7a) noch einmal wiederholt (V. 9a). Eine solche »Wiederaufnahme« könnte auf einen Einschub des äußerst kritischen Verdikts (V. 7b.8) hinweisen.[20]

In der etwas älteren Erzählung forderte der Herr Samuel auf, auf das Volk zu hören (V. 7a), es aber

---

20 So J. Vermeylen, Loi, 14.15.

zugleich zu warnen (V. 9b). Nachdem Samuel dies mit klaren Worten getan hatte (V. 11–18), blieb das Volk bei seiner Forderung (V. 19.20). Ist die Erzählung ohne das harte Urteil über die Monarchie aber wesentlich älter? Es spricht viel dafür, dass die ganze Perikope erst am Ende der Königszeit (587 v. Chr.) ihre maßgebliche Gestalt erhielt. Das erklärt am besten, warum das Verhalten der Söhne Samuels (V. 2.3.5) am späten Ideal der Richter (Dtn 16,19) gemessen worden ist.

Davon hebt sich allerdings die Rede Samuels ab, in der er vor den wirtschaftlichen Lasten des Königtums warnt (V. 11–17). Die Israeliten, die Samuel anspricht, sind gut situierte Landwirte, die über Felder, Weinberge und Ölbäume, über Knechte und Mägde verfügen und die darum auch am ehesten die Abgaben und Frondienste erbringen können, auf die ein König Anspruch erhebt. Diese »Sozialkritik« kann auf Grund soziologischer Erwägungen durchaus noch in die frühe Königszeit gehören.[21] Ob sie schon in eine Erzählung über die Einführung des Königtums eingebunden war, wird sich schwer sagen lassen.

1.1.5. Zurück zur Gegenwart

Kann die Erzählung uns heute noch herausfordern? Lässt sich ein Gegensatz zwischen der Bindung an Gott – religio – und der politischen Macht denken? Wir brauchen uns nicht lange umzusehen. Das gewählte Parlament wird z. B. immer wieder vor die Entscheidung gestellt werden, wie es sich zum Schutz des – ungeborenen oder greisen – menschlichen Lebens

---

21 Vgl. F. CRÜSEMANN, Widerstand, 72. – J. VERMEYLEN, Loi, 19–21, rückt 1 Sam 8,11–17 in die Nähe des Urteils in V. 7b.8, übersieht dabei aber, dass in V. 11–17 vor den sozialen Folgen der Monarchie gewarnt wird, in V. 7b.8 jedoch der Gegensatz zur Herrschaft Gottes im Vordergrund steht.

stellt. Darf oder muss der Einzelne seinem Gewissen folgen, auch wenn die politisch Verantwortlichen längst eine andere Wahl getroffen haben?

Ähnlich aktuell ist die Warnung Samuels vor einer hohen »Staatsquote« (V. 11–17). Vertritt Samuel die berechtigten Anliegen der »Leistungsträger«? Oder macht er sich zum Sprachrohr der »Besserverdienenden«? Es wäre verwegen, wenn wir diese Fragen für die damalige Zeit beantworten wollten. Dafür reichen unsere geschichtlichen Kenntnisse nicht aus. Aber die biblische Erzählung öffnet uns die Augen dafür, dass wir heute immer noch vor ungelösten Fragen stehen.

1.2. Die Eselinnensuche (1 Sam 9,1–10,16)

»Die Geschichte von dem Bauernjungen, der auszog, um verlorene Eselinnen zu suchen, und dann eine Königskrone fand, hat immer das besondere Wohlgefallen von Hörern und Lesern hervorgerufen. Sie ist lebendig erzählt, in einer Weise, der man die Freude anmerkt, die der Erzähler an dem Stoff, aber auch an den Personen der Handlung gehabt hat.«[22]

1.2.1. Die Handlung

Die umfangreiche Erzählung setzt mit einer Genealogie ein (V. 1): Die Vorfahren des wohlhabenden Benjaminiters Kisch werden bis in die fünfte Generation zurückgeführt. Werden sie die Vorfahren des künftigen Königs sein? Doch nicht Kisch wird im nächsten Augenblick gelobt, sondern dessen schöner und stattlicher Sohn Saul (V. 2). Ist er der Ausersehene? Mit diesen Fragen begleiten wir Saul, der im Auftrag seines Vaters nach Eselinnen sucht, die sich verlaufen haben

---

22 H. W. Hertzberg, Samuelbücher, 60.

(V. 3). Der Misserfolg ist bald offenkundig: »Sie fanden sie nicht . . . es war nichts da . . . sie fanden sie nicht.«

Das anschließende Gespräch Sauls mit seinem Diener hebt die Schwierigkeiten hervor, zeigt aber auch eine Lösung an. Als Saul bereits resigniert und umkehren möchte (9,5), damit sich der Vater keine Sorgen macht (vgl. 10,2), weist der Knecht auf den Gottesmann hin (9,6). Saul reagiert auf diesen Vorschlag mit Fragen und Einwänden (9,7). Aber der Diener weiß einen Ausweg und bietet seinen eigenen Viertel-Schekel an, damit sie den Gottesmann aufsuchen können.

Die Begegnung mit den jungen Frauen (9,11–13) zeigt: Wenn sich Saul und sein Diener nicht beeilen, dann ist der Seher bereits auf der Kulthöhe, um mit den Geladenen ein Opferfest zu feiern. Saul und sein Diener kommen der Aufforderung auch nach und haben Glück, insofern ihnen Samuel entgegenkommt

Abb. 1: Gefangene Philister, die Pharao Ramses III. nach seinem Sieg wegführt

39

(V. 14). Doch in diesem Augenblick wird ein retardierendes Moment eingefügt. Der Erzähler blickt auf eine Offenbarung am Vortag zurück: Samuel soll Saul zum Fürsten über Israel salben, damit dieser das Volk aus der Gewalt der Philister befreie (V. 15–17). Jetzt wird klar, warum die Gestalt Sauls am Anfang (9,2) so gelobt worden ist. Der Erzähler versteht es ausgezeichnet, einerseits die Spannung in der Eselinnensuche durch Verzögerung zu erhöhen und andererseits den zweiten Erzählungsfaden – die kommende Salbung Sauls – genau in diesem Augenblick aufzugreifen.

Nach der Rückblende (9,15.16) und der augenblicklichen Offenbarung des Herrn (9,17) wird die Begegnung Sauls mit Samuel fortgeführt (9,18.19). Jetzt wäre es an der Zeit, dass sich Saul und sein Diener wegen der Eselinnen erkundigen und den Viertel-Schekel übergeben (vgl. 9,6.8). Doch bevor Saul zu Wort kommt, wird er bereits zusammen mit seinem Diener zu dem Opferfest eingeladen. Und nur wenig später beruhigt Samuel seinen Gast damit, dass sich die Eselinnen seines Vaters inzwischen eingefunden haben (9,20a). Damit könnte dieser Erzählfaden abgeschlossen sein, wenn Samuel Saul und seinen Diener nicht spontan auf die Kulthöhe eingeladen hätte. Nachdem Samuel auf die besondere Stellung Sauls und seines Hauses hingewiesen und nachdem Saul seine bescheidene Herkunft beteuert hat (9,20b.21), gibt Samuel Saul den Ehrenplatz unter den Geladenen (9,22), weist ihm ein besonderes Stück Fleisch zu (9,23.24) und lässt ihn anschließend auf dem Dach seines Hauses übernachten (9,25.26 LXX). Jetzt ist für Samuel auch die Zeit gekommen, den Auftrag des Herrn auszuführen und Saul zum Fürsten über Israel zu salben (10,1).

Daran schließen sich zahlreiche Ankündigungen an, die mehr oder weniger eng mit dem bisherigen Verlauf der Erzählung verbunden sind (10,2–6). Es soll sich dabei um Zeichen handeln, die Saul zeigen sollen, dass er entschlossen handeln kann, denn der Herr ist mit ihm (10,7). Saul weiß längst, dass sich die Eselinnen des Vaters eingefunden haben. Wenn zwei Männer beim Grab der Rahel ihm das mitteilen werden (10,2), ist das für ihn nichts Neues mehr (9,20a), wohl aber ein Zeichen. Ein gutes Indiz wird auch sein, dass drei Männer Saul Lebensmittel übergeben werden (10,3). Auch die Ekstase, in die Saul bei der Begegnung mit der Schar von Propheten geraten wird, ist hier als ein Zeichen gewertet (10,5.6). Diese Indizien für den Beistand des Herrn verwirklichen sich noch am Tag der Salbung (10,9). Es fällt dann allerdings auf, dass die Verwirklichung des letzten Zeichens – der Ekstase – eigens berichtet wird (10,10–12).

Die Erzählung schließt im Hause von Sauls Onkel. Im Gespräch zwischen Saul und seinem Onkel kommt die Eselinnensuche mit ihren wichtigsten Stadien noch einmal zur Sprache. Aber die Salbung Sauls bleibt noch geheim (10,13–16).

1.2.2. Die Rollen Samuels und Sauls

Saul steht zweifellos im Mittelpunkt des Geschehens. Aber er ist nur begrenzt der aktiv Handelnde. Nach dem ersten Misserfolg der Eselinnensuche (9,4) neigt er zur Resignation. Er möchte umkehren, damit sich sein Vater nicht unnötig Sorgen macht (9,5: vgl. 10,2). Es ist der Diener, der um den angesehenen Gottesmann weiß und den Vorschlag unterbreitet, diesen aufzusuchen (9,6). Saul reagiert mit Fragen und Einwänden (9,7). Doch der Diener bietet seinen Obolus an (9,8) und überzeugt so seinen Herrn (9,10). Im Gespräch mit den jungen Frauen agieren beide – Saul und sein Diener (9,11–14). Danach ist es allerdings Saul, der auf Samuel zugeht (9,18). Das weitere Geschehen wird jedoch maßgeblich von Samuel bestimmt. Saul weist nur auf seine bescheidene Herkunft hin (9,20b.21). Ansonsten nimmt er eher eine passive Rolle ein. Er wird besonders geehrt und gesalbt; ihm werden besondere Zeichen zuteil. Dadurch soll sichtbar werden, dass ihm der Herr zur Seite steht. Saul ist aber auch verpflichtet, sich an die Weisungen Samuels zu halten (10,8). Im Haus seines Onkel gibt er zwar begrenzt Auskunft über das Geschehene, aber es ist der Onkel, der die entscheidenden Fragen stellt (10,13–16). Saul, der einmal sein Volk retten soll, ist also in dieser Erzählung vor allem der, der empfängt und beschenkt wird.

Samuel wird zunächst nicht bei seinem Namen genannt, sondern als anonymer »Gottesmann« vorgestellt (9,5–8.10). Ein solcher Gottesmann ist besonders angesehen, denn »alles, was er sagt, trifft mit Sicherheit ein« (9,6). Allerdings darf er für seine Auskünfte auch einen materiellen Beitrag erwarten (9,7.8; vgl. 1 Kön 14,3; 2 Kön 4,42; 5,5.15; 8,8). Es werden uns jedoch nur die Erwartungen Sauls und seines Dieners vorgestellt. Ob sich Samuel wirklich in dieses Bild fügt, bleibt offen. Als sich Saul und Samuel begegnen, ist vom Viertel-Schekel keine Rede mehr. Im Gegenteil: Samuel lädt Saul und seinen Diener zu einem Opfermahl ein, bei dem Saul den Ehrenplatz und das beste Stück Fleisch erhält. – Nachdem Saul den Vorschlag seines Dieners akzeptiert hat (9,10), erkundigen sie sich beide allerdings nicht nach dem Gottesmann, sondern nach dem »Seher« (9,11). Die besondere Rolle des »Sehers« besteht beim Opfermahl darin, dass er das Opfer segnet, bevor die Geladenen essen (9,13). Er ist offenbar nicht immer in seiner Stadt (9,12), hat aber in ihr ein Haus (9,18.25.26). Und als

»Seher« weiß Samuel tatsächlich, dass sich die Eselinnen des Benjaminiters längst wieder eingefunden haben (9,20a). – Am häufigsten wird Samuel bei seinem Eigennamen genannt (9,14.15.17–19.22–27; 10, 1.9.15.16). Er empfängt die Offenbarung des Herrn und damit den Auftrag, Saul zu salben (9,15–17; 10,1). Er weiß um die besondere Berufung Sauls und seines Hauses (9,20b). Er verteilt die Ehrenplätze und die Anteile am Opfermahl (9,22–24). Er ist es auch, der den jungen Saul salbt (10,1; vgl. 16,13). Er weiß im Voraus, welche Zeichen Saul erhalten wird, damit er des Beistandes des Herrn gewiss sein kann (10,2–7). Er hat letztlich auch die Verfügungsgewalt über den gerade gesalbten Saul und kann ihm wichtige Aufträge erteilen (10,8).

1.2.3. Beobachtungen zur Gattung

Bislang haben wir nur die vorliegende Erzählung betrachtet. Die Salbung Sauls zum Fürsten über Israel steht aber nicht so allein, wie es zunächst scheint. W. Richter hat die hiesige Erzählung mit der Berufung des Mose (Ex 3,9–12) und des Gideon (Ri 6,14–16) verglichen und dabei überraschende Parallelen festgestellt.[23] Er entdeckt ein vorprophetisches Berufungsschema, das fünf Elemente aufweist:

---

23 Vgl. die Übersicht bei W. RICHTER, Berufungsberichte, 50, aber auch H.-CHR. SCHMITT, Berufungsschema, 202–216.

	Saul (1 Sam 9,1–10,16)	Mose (Ex 3,9–12)	Gideon (Ri 6,14–16)
Feststellung der Not	»… ich habe die Not meines Volkes Israel gesehen, und sein Hilfeschrei ist zu mir gedrungen« (9,16).	»Jetzt ist die laute Klage der Israeliten zu mir gedrungen, und ich habe auch gesehen, wie die Ägypter sie unterdrücken.« (V. 9).	
Sendung	»Er wird mein Volk aus der Gewalt der Philister befreien.« (9,16).	»Und jetzt geh! Ich sende dich zum Pharao. Führe mein Volk, die Israeliten aus Ägypten heraus!« (V. 10).	»Geh und befrei mit der Kraft, die du hast, Israel aus der Faust Midians! Ja, ich sende dich.« (V. 14).
Einwand	»Bin ich nicht ein Benjaminiter, also aus dem kleinsten Stamm Israels? Ist meine Sippe nicht die geringste von allen Sippen des Stammes Benjamin?« (9,21).	»Mose antwortete: Wer bin ich, dass ich zum Pharao gehen und die Israeliten aus Ägypten herausführen könnte? (V. 11).	»Er entgegnete ihm: Ach, mein Herr, womit soll ich Israel befreien? Sieh doch, meine Sippe ist die schwächste in Manasse und ich bin der Jüngste im Haus meines Vaters.« (V. 15).
Beistand und Zeichen	Zeichen in 10,2–6. »Wenn du aber all diese Zeichen erlebst, dann tu, was sich gerade ergibt; denn Gott ist mit dir.« (10,7)	»Gott aber sagte: Ich bin mit dir; ich habe dich gesandt, und als Zeichen dafür soll dir dienen: Wenn du das Volk aus Ägypten herausgeführt hast, werdet ihr Gott an diesem Berg verehren.« (V. 12).	»Doch der Herr sagte zu ihm: Weil ich mit dir bin, wirst du Midian schlagen, als wäre es nur ein Mann.« (V. 16).

Die Entdeckung eines solchen Berufungsschemas hilft, die Struktur der Erzählung in 1 Sam 9,1–10,16 noch besser zu erkennen. Zugleich stellen wir aber auch fest, dass es einen eigenständigen Erzählfaden der Eselinnensuche gibt, die damit schließt, dass Samuel mit seiner anerkannten Autorität dem jungen Saul eine hohe Ehre erweist.

1.2.4. Zur Entstehung der Erzählung

Die Erzählung wirkt zunächst geschlossen und einheitlich. Sieht man allerdings genauer hin, dann ergeben sich eine Reihe von Fragen:

- Warum erfahren wir den Namen der Stadt nicht, in der sich der Gottesmann bzw. Seher aufhält? Der Erzähler spart doch sonst nicht mit Ortsangaben.
- Warum ist zunächst nur von einem Gottesmann (V. 5–8.10), später aber von einem Seher die Rede (V. 9.11.18)?
- Traf Saul den Seher mitten in der Stadt (9,14) oder schon am Tor (9,18)? Weshalb wird zweimal davon erzählt, dass sie einander begegnet sind?
- Warum verwandelt Gott das Herz des Saul – entgegen der Ankündigung des Samuel (10,5.6) – noch vor der Begegnung mit den Ekstatikern (10,9)?

Diese und andere Fragen weisen darauf hin, dass die Erzählung nicht aus einem Guss ist. An einer Stelle lässt sich die Bearbeitung der Erzählung besonders gut erkennen. In 9,9 wird erklärt, was man früher unter einem »Seher« verstanden hat. Daraus ergibt sich bereits, dass der ältere Sprachgebrauch für die aktuellen Zuhörer oder Leser nicht mehr recht verständlich ist. Zwischen der alten Erzählung und ihrer Bearbeitung liegt ein längerer Zeitraum, in dem sich die Ausdrucksweise verändert hat. Dabei hat der Bearbeiter übersehen, dass das Wort »Seher« bis zu diesem Zeitpunkt noch gar nicht gefallen ist (vgl. 9,11.18.19). Er hätte eigentlich die Bezeichnung »Gottesmann« erklären müssen (9,6–8.10).

Wir können die Erzählung hier allerdings nicht bis ins letzte Detail analysieren. Darum sei es erlaubt, den Werdegang der Erzählung in großen Zügen zu skizzieren. Es handelt sich offenbar um eine eigenständige

Erzählung, die nicht von vornherein mit anderen Saulgeschichten verbunden war. Die ursprüngliche Gestalt der Erzählung handelte sicher bereits von der Eselinnensuche. Nachdem die Suche vergeblich verlaufen war (9,4), suchten Saul und sein Diener den »Seher« auf (9,11–13). Nachdem sie ihn getroffen hatten, beruhigte er Saul mit der Mitteilung, dass die Eselinnen sich inzwischen eingefunden hätten, und lud Saul mit seinem Diener zu einem Opfermahl auf die Höhe ein, bei dem Saul den Ehrenplatz und das beste Fleischstück erhielt (9,19.20a.22–24). Die Gastfreundschaft Samuels ging sogar so weit, dass er Saul auf dem Dach seines Hauses übernachten ließ (9,25.26). Mit dieser Erzählung konnte man demonstrieren, dass Samuel das besondere Charisma Sauls schon früh erkannt hatte.[24]

Damit hat man sich aber auf die Dauer nicht begnügt. Aus der Eselinnensuche mit dem überraschenden Ehrenerweis wurde sicher sehr bald die Erzählung von der Berufung Sauls und seiner Salbung. Der *Herr* offenbarte Samuel schon am Vortag, dass ein Benjaminiter zu ihm kommen werde und dass er ihn zum Fürsten über Israel salben sollte (9,15.16). Am folgenden Tag wies ihn der *Herr* darauf hin, dass der Genannte vor ihm stehe (9,17). Samuel gab Saul eine Gelegenheit, seinen Einwand gegen die Berufung zu formulieren, obwohl der Sohn des Kisch – im Unterschied zum Hörer bzw. Leser – vom Auftrag Samuels noch nichts wusste (9,20b.21). Beim Abschied am nächsten Morgen salbte Samuel den jungen Saul im Namen des *Herrn* zum Fürsten (10,1). Außerdem kündigte er ihm als Zeichen an, dass er einer Gruppe von Ekstatikern begegnen, der Geist des *Herrn* auf ihn

---

24 Vgl. zu diesem »Grundbestand« L. Schmidt, Erfolg, 101.

überspringen und er sich in einen neuen Menschen verwandeln werde (10,5.6).[25] Den Stoff zu diesem Zeichen hat der jüngere Erzähler einer alten eigenständigen Tradition (10,10–13a) entnommen, die von Sauls Ekstase im Kreis der Propheten von Gibea sprach.[26] Bezeichnend für das zweite Stadium ist der Gebrauch des heiligen Namens für den *Herrn* (9,15.17; 10,1.6). Theologisch gesehen tritt Samuel in diesem Stadium der Erzählung hinter den *Herrn* zurück.

Die Erzählung ist aber auch nach der ersten großen Erweiterung bearbeitet worden. Einige Zusätze sind sprachlich daran zu erkennen, dass sie von *Gott* sprechen. Samuel kündigt ein Wort *Gottes* für die Stunde des Abschieds an (9,27). Beim zweiten Zeichen heißt es, dass drei Männer zu *Gott* nach Bet-El gehen und ihr Brot mit Saul teilen werden (10,3.4). Wenn die genannten Zeichen eintreffen, dann darf Saul handeln, denn *Gott* ist mit ihm (10,7). *Gott* ist es auch, der das Herz des Saul noch vor dem Beginn der Ekstase umgestaltet (10,9). Nicht genau lässt sich sagen, wann die letzte Szene hinzugekommen ist (10,13b–16). Darin verschweigt Saul seinem Onkel die Sache mit dem »Königtum«; bislang war immer nur davon die Rede, dass Saul »Fürst« seines Volkes sein werde. Der Auftrag, nach Gilgal vorauszugehen (10,8), leitet bereits zur Verwerfung Sauls (13,7–15a) und damit zu einem ganz anderen Saulbild über. Schließlich erklärt ein Bearbeiter den Lesern, was man früher unter einem Seher verstand (9,9).

---

25 Vgl. H.-Chr. Schmitt, Berufungsschema, 208–210. Er zählt zu dem Einschub ein vierteiliges Berufungsschema in 9,15–17.21 sowie in 10,1–7.
26 Diese prophetische Szene spricht vom »Geist Gottes« (10,10) und nicht vom »Geist des Herrn« (10,6) wie der jüngere Erzähler. Vgl. L. Schmidt, Erfolg, 64.

1.2.5. Ehre, Führung und Charisma

Die Erzählung von der Eselinnensuche bietet die erste Gelegenheit, Saul als den kommenden König kennen zu lernen. Er wird uns als ein sympathischer junger Mann vorgestellt, der alles andere als machtbesessen ist. Er drängt nicht darauf, dem weithin bekannten Seher zu begegnen, sondern lässt sich von seinem Diener dazu überreden (9,5–8). Dessen Schicksal ist ihm nicht gleichgültig, wenn er befürchtet, dass sich der Vater Sorgen »um uns« machen könnte (9,6). Um so mehr darf sich der Leser oder Hörer darüber freuen, dass Saul von Samuel eingeladen, bewirtet und hoch geehrt wird (9,19.22.24.25). Hält der Erzähler damit denen einen Spiegel vor, die selbst nach den vordersten Plätzen strebten (Spr 25,6.7; Lk 14,7–11)?

Der Kontrast zwischen der Bescheidenheit Sauls und der hohen Ehre, die ihm durch Samuel zuteil wird, vergrößert sich noch durch den Einschub des Berufungsschemas. Saul wird nun nicht mehr allein geehrt, sondern er erhält eine Aufgabe von nationaler Bedeutung. Samuel soll ihn zum »Fürsten« über sein Volk salben. Saul soll im Auftrag des Herrn sein Volk aus der Gewalt der Philister befreien, denn der Hilfeschrei des Volkes ist zum Herrn vorgedrungen (9,16). Saul hebt in seiner Erwiderung ausdrücklich hervor, dass er weder durch seinen Stamm noch durch seine Sippe legitimiert ist (9,21). Doch die Salbung (10,1) legitimiert ihn, der »Geist des Herrn« verwandelt ihn (10,6; vgl. Ri 14,6.19; 15,14) und die Zeichen offenbaren, dass Gott mit ihm ist (10,7). Wir dürfen nicht vergessen, dass das Wort »König« hier vermieden worden ist (vgl. jedoch 10,16). Saul wird nicht zum absoluten Herrscher bestimmt, sondern zu einem

Führer des Volkes, der ganz und gar vom Herrn abhängig ist.[27]

Angesichts der Diskussion über das Verhältnis von Geist und Macht in der Moderne ist es hilfreich, auf das letzte Zeichen zu achten (10,5.6), dessen Verwirklichung ausdrücklich erzählt wird (10,9.10–12). Saul geriet bei der Begegnung mit den ekstatischen Propheten selbst außer sich, als der Geist Gottes über ihn kam (10,10). Verwundert fragte man: »Ist denn auch Saul unter den Propheten?« Wie ist es gekommen, dass der angehende König etwas mit den sich wild gebärdenden Charismatikern gemeinsam hatte? Das Sprichwort mag ursprünglich den Abstand zwischen Saul und den Propheten hervorgehoben haben. Die kurze Szene (10,10–12) verrät jedoch die Freude der Prophetengruppe in Gibea, den Geist Gottes mit Saul zu teilen.[28] In der größeren Erzählung darf sich Saul des Geistes Gottes erfreuen, der seine schwere Aufgabe wesentlich erleichtern wird. Mit dem Geist Gottes war nach der Ankündigung Samuels verbunden, dass Saul ein anderer Mensch wurde (10,6). Die Ekstase galt lange als äußeres Zeichen des Geistbesitzes. Aber wir sollten ein kleines Detail der Erzählung nicht übersehen: Gott verwandelte das Herz Sauls bereits, als er noch nicht in Ekstase geraten war (10,9).

1.3. Die Wahl Sauls zum König (1 Sam 10,17–27)

Nachdem Samuel den jungen Saul in aller Heimlichkeit gesalbt hat (1 Sam 10,1), fällt auf einer Versamm-

---

27 Vgl. P. Mommer, Samuel, 106 f., sowie 1 Sam 13,14; 2 Sam 5,2; 6,24; 7,8; 1 Kön 14,7; 16,2; 2 Kön 20,5.

28 Die etwas verächtliche Frage »Wer ist schon deren Vater?« (V 12) könnte später hinzugesetzt sein. Vgl. P. Mommer, Samuel, 96.

Abb. 2: Torkammer in der Toranlage von Mizpa

lung des Volkes in Mizpa die offizielle Entscheidung, dass Saul der künftige König sein wird. Die Wahl trifft allerdings nicht das Volk, sondern der Herr.[29]

1.3.1. Die Handlung

Zu Beginn lud Samuel die Israeliten nach Mizpa – heute *tell en-naṣbe* 11 km nordöstlich von Jerusalem gelegen – ein (V. 17). Dort versammelte sich das Volk »vor dem Herrn« (V. 17.19.25). Samuel erinnerte die Israeliten daran, dass der Herr sie aus Ägypten und aus der Gewalt anderer »Königreiche« befreit hatte (V. 18). Dazu stand ihre Forderung nach einem König aber in einem krassen Gegensatz, denn damit verwarfen sie den Herrn als ihren Herrscher (V. 19b). Dieser Ansicht waren wir schon bei der Erzählung über die Volksversammlung in Rama begegnet (vgl. 1 Sam 8,7.8). Welche Folgerung zog Samuel aus seinen

---

29 Vgl. P. MOMMER, ebd., 69.

Worten? Lehnte er das Verlangen des Volkes grundweg ab oder hielt er sich an die Weisung des Herrn, auf das Volk zu hören (8,7.9.22)?

Samuel ließ das Volk nach Stämmen und Sippen antreten (V. 19b). Durch das Los wurde zunächst der Stamm Benjamin, dann die Sippe Matri und schließlich Saul ermittelt. Da das Volk »vor dem Herrn« stand, war der Herr offenbar auch für den Losentscheid verantwortlich (vgl. Jos 7.16–18; 1 Sam 14,40–42). Eine wichtige Voraussetzung für diese Prozedur war, dass alle Israeliten anwesend waren. Doch Saul, den das Los getroffen hatte, fehlte am Ende. Verwundert fragt man sich, wie das möglich war. Die Israeliten suchten ihn sogleich, fanden ihn aber nicht. Sie befragten darum den Herrn, der auch bereitwillig Auskunft gab: »Er hat sich beim Tross versteckt.« (V. 22). Als man ihn von dort holte, zeigte sich, dass man den richtigen Mann erwählt hatte, denn er überragte alle anderen um Haupteslänge (V. 23). Samuel wies nicht nur auf seine Körpergröße hin, sondern fragte die Israeliten auch: »Habt ihr gesehen, wen der Herr erwählt hat?« (V. 24). Kann es da noch eine Frage geben, ob die Königswahl positiv beurteilt wird? Das Volk akklamierte auf jeden Fall dem neuen König. Samuel verkündete dem Volk das Recht des Königs, legte es schriftlich fest und legte es in Mizpa »vor dem Herrn« nieder (V. 25). Damit könnte die Erzählung eigentlich schließen.

Der Erzähler fügt aber noch an, dass man in Israel auf dieses Geschehen unterschiedlich reagierte. Die einen zogen mit Saul nach Gibea, denn Gott hatte ihr Herz berührt (V. 26). Gott stand also auf Seiten der Sympathisanten des Saul. Seine Gegner konnten darum nur als »niederträchtige Menschen« bezeichnet werden. »Was kann uns der schon helfen?« Von ihnen konnte Saul auch keine Gabe erwarten (V. 27).

1.3.2. Die Rollen

In der Erzählung über die Versammlung in Mizpa dreht sich alles um Saul. Die Blicke Samuels und des Volkes richten sich auf ihn (V. 24.25). Wenn seine niederträchtigen Gegner bestreiten, dass er etwas nützen könne (V. 27), dann ist er in der Perspektive des Erzählers als der große Helfer des Volkes ausgewiesen. Er selbst bleibt allerdings weithin passiv. Er wird nur dadurch charakterisiert, dass er sich beim Tross versteckt hat (V. 22bβ). War er zu feige, Verantwortung zu übernehmen?[30] Oder war es ein Zeichen für seine Bescheidenheit? Wollte er damit zeigen, dass er sich nicht ins Amt drängte?[31] So hat es bereits Flavius Josephus verstanden: Sobald Saul von seiner Wahl erfuhr, »verbarg er sich, denn er wollte nicht den Eindruck erwecken, als strebe er danach, die Herrschaft zu übernehmen.«[32]

Samuel agiert in der Erzählung zunächst als ein Prophet (vgl. 1 Sam 3,20), der den Israeliten vorwirft, ihren Retter zu missachten (V. 18.19a). Samuel erhebt mit einem Botenwort Anklage gegen die Israeliten. Dabei spricht er aber nur teilweise mit dem »Ich Gottes« (V. 18), im zweiten Teil seiner Rede (V. 19a) wendet er sich unmittelbar an das versammelte Volk. – In der weiteren Schilderung ist er aber eher eine zivile Autorität, die das Losverfahren leitet (V. 19b–21a), den Israeliten den neu gewählten König vorstellt (V. 24) und das Königsrecht schriftlich festlegt (V. 25). Das entspräche etwa – wenn wir diese Hypothese wagen wollen – der Rolle der sog. »kleinen Richter« (vgl. 1 Sam 7,15–17). Es fällt auf, dass Samuel bei der

---

30 Vgl. V. P. Long, Reign, 217.
31 So D. V. Edelman, King Saul, 57.
32 Josephus, Antiquitates VI, 63.

Befragung des Herrn überhaupt nicht erwähnt wird und dass dort die Israeliten von sich aus aktiv werden (V. 22.23aα).

1.3.3. Die Entstehung der Erzählung

Die Erzählung über die Volksversammlung in Mizpa weist eine Reihe von Überraschungen auf, die noch genauer betrachtet werden sollten:

- Warum wird die Königsherrschaft so unterschiedlich beurteilt? Einerseits kommt sie einem Abfall vom Herrn gleich (V. 18.19a). Andererseits ist Saul der »Erwählte des Herrn« (V. 24).
- Wie konnte Saul am Ende des Losentscheids fehlen (V. 21b)? Das Losverfahren setzt doch die Anwesenheit der Kandidaten voraus (vgl. 1 Sam 14,40–42).[33]
- Hat das Volk den Herrn zweimal befragt (V. 22)? Warum hören wir nichts mehr von der ersten Befragung?[34]

Wie die erste Anfrage des Volkes gelautet haben könnte, ist uns zunächst völlig unbekannt. Wir können nur die zweite Anfrage genauer betrachten: »Ist noch jemand hierher gekommen?« Danach sieht es nicht so aus, als ob man einen bestimmten Mann – Saul – gesucht hätte. Das wird auch durch die weitere Erzählung nahe gelegt:

»Der Herr antwortete: Ja, aber er hat sich beim Tross versteckt. Sie liefen hin und holten ihn von dort. Als er mitten unter das Volk trat, überragte er alle anderen um Haupteslänge. Und Samuel sagte zum ganzen Volk: Habt ihr gesehen, wen der Herr erwählt hat? Keiner ist ihm gleich im ganzen Volk. Da jubelte das ganze Volk und sagte: Es lebe der König.«

---

33 Vgl. P. MOMMER, Samuel, 75, und R. W. KLEIN, Samuel, 96.
34 Vgl. P. MOMMER, ebd., 75 f.

Erst jetzt wird darauf hingewiesen, dass Saul durch seine Größe unter den übrigen Israeliten auffällt. Nach Samuels Worten lässt sich sehen, wen der Herr erwählt hat. Keiner ist so groß wie er. Saul wird demnach wegen seiner körperlichen Größe durch Akklamation zum König erkoren. Eine erste Befragung findet sich freilich in der hiesigen Erzählung nicht mehr. An ihre Stelle ist der Losentscheid getreten. Nachdem Samuel das Volk »vor dem Herrn« in Mizpa versammelt hat, lässt er sie nach Stämmen und Sippen herantreten (V. 19b). Das Los fällt auf den Stamm Benjamin, die Sippe Matri und schließlich auf Saul (V. 20.21abα). Damit hat der Herr seine Wahl getroffen (Jos 7,14–18; 1 Sam 14,40–42). Die jüngere Erzählung betont also die Freiheit der Wahl, die dem Herrn vorbehalten ist (vgl. 16,8–10; 2 Sam 6,21; 16,18). Die natürliche Körpergröße gibt nicht mehr den Ausschlag. Die Erzählung schließt mit der Aufzeichnung des Königsrechtes und der Entlassung des Volkes durch Samuel (V. 25).

Die positive Einstellung gegenüber dem König Saul bleibt auch im Anhang (V. 26.27), gewahrt. Saul wird auf dem Heimweg nach Gibea (11,4.5) von Männern begleitet, »deren Herz Gott berührt hat« (V. 26). Die veränderte Gottesbezeichnung weist allerdings auf eine Erweiterung hin, die ein neues Thema berührt (vgl. 14,52). Nachgetragen ist auch die Äußerung einer Minderheit (V. 27). Nach dem einmütigen Jubel des ganze Volkes (V. 24) vermutet man solche Skepsis nicht mehr. Hier kommt eine frühe Opposition gegenüber dem Königtum zur Sprache (vgl. Ri 9,7–15).

Ein deuteronomistischer Redaktor sieht in dem Verlangen des Volkes nach einem König den offenen Abfall vom Herrn (V. 19a). Nachdem der Herr die Israeliten aus Ägypten herausgeführt (Dtn 20,1), sie aus der Gewalt der benachbarten Königreiche befreit und sich als ihr »Retter« erwiesen hat (V. 18aα.b), brauchen sie eigentlich keinen König mehr. Diese Sätze stammen wohl aus der gleichen Feder wie die Unterredung zwischen Samuel und dem Herrn in Rama (8,6–9).

1.3.4. Erwählung und Verwerfung

In der Grundgestalt der Erzählung wird die Wahl Sauls auf den Herrn selbst zurückgeführt. Saul verdankt seine Erwählung nicht dem versammelten Volk, sondern ausschließlich dem Herrn (V. 24). Der Herr hat durch seine Auskunft geholfen, den zu finden, der das übrige Volk um Haupteslänge überragt (V. 22.23). Vorangestellt ist eine Entscheidung durch das Los, in der sich der Wille des Herrn ausdrückt (vgl. Jos 7,14.16–18). Denn wir dürfen nicht vergessen, dass die Erzählung in Mizpa »vor dem Herrn« spielt (V. 17.19.25).

Die späte Bearbeitung (V. 18.19a) ähnelt dem negativen Urteil über das Königtum von 1 Sam 8,7b.8. Aber der Herr beansprucht hier nicht, der wirkliche König der Israeliten zu sein, sondern hebt nur seine Aufgabe als »Retter« hervor.[35] Hier hält man daran fest, dass der Herr als Souverän in der Richterzeit vollkommen genügt habe und es darum keines menschlichen Königtums bedurfte.

Die Erzählung verbindet also Widersprüchliches miteinander.[36] Während man in älterer Zeit Saul für den Erwählten des Herrn hält, kündigt das Volk in später, exilischer Sicht die Treue gegenüber dem rettenden Gott auf, wenn es nach einem König verlangt.

---

35 P. Mommer, Samuel, 70.
36 R. W. Klein, Samuel, 97, spricht von einem »paradoxical message«.

Unterschiedliche Erfahrungen aus verschiedenen Epochen können in ein und derselben Erzählung miteinander vereinigt werden. Zeugt die biblische Überlieferung nicht von einer geistigen Weite, die uns bisweilen fehlt?

1.4. Die Befreiung der Stadt Jabesch (1 Sam 11,1–15)

Wie ist es dazu gekommen, dass ausgerechnet Saul aus der benjaminitischen Stadt Gibea der erste König geworden ist? Auf diese Frage gibt die Erzählung über die Befreiung der Stadt Jabesch Antwort (V. 1–11).

1.4.1. Der Kampf gegen die Ammoniter und seine Folgen

Der Erzähler setzt ohne Umschweife mit dem Angriff des Ammoniterkönigs an. Da die Bewohner von Jabesch aber hinter festen Mauern lebten, konnten sie versuchen, die Übergabe ihrer Stadt vertraglich zu regeln (V. 1). Doch Nahasch stellte eine ungeheure Forderung auf: Er wollte jedem Einwohner das rechte Auge ausstechen und damit Schande über ganz Israel bringen (V. 2). Der ammonitische König forderte mit diesen Worten die Solidarität der übrigen Israeliten geradezu heraus. Genau darauf gingen die Jabeschiter ein: »Lass uns sieben Tage Zeit! Wir wollen Boten durch das ganze Gebiet Israels schicken. Wenn uns niemand rettet, dann kommen wir zu dir heraus.« (V. 3). Der Erzähler verzichtet aber darauf, die Erkundigungen bei allen Israeliten zu schildern und richtet unseren Blick allein auf die Stadt Gibea, die Heimat Sauls. Die Drohung des Ammoniters löste bei allen tiefe, ohnmächtige Depression aus (V. 4). Eine Aufmerksamkeitspartikel – »und siehe«[37] – am Beginn des neuen

---

37 So die sehr genaue Elberfelder Bibel in ihrer revidierten Fassung, Wuppertal/Zürich ³1991.

Verses weist darauf hin, dass es trotz aller lauten Klage noch Hoffnung gibt: Als Saul von der Feldarbeit nach Hause kam, erfuhr er bald von den schlimmen Nachrichten (V. 5). Er reagierte aber nicht von sich aus, sondern der Geist Gottes sprang auf ihn über; darum erfasste ihn heftiger Zorn (V. 6). Danach nahm er ein Gespann Rinder, zerstückelte sie und schickte sie durch Boten in ganz Israel umher (vgl. Ri 19,29). Der Sinn der Handlung war klar: »Wer nicht hinter Saul und Samuel auszieht, dessen Rindern wird es ebenso ergehen.« (V. 7a). So bildete sich eine ideale Solidarität (V. 7b): »Israel zog aus wie ein Mann.« Saul musterte die Israeliten und Judäer noch im westjordanischen Besek (V. 8). Und er schickte die Boten aus Jabesch mit einer freudigen Nachricht zurück (V. 9). Dabei macht sich der Erzähler wenig Gedanken darüber, wie die Boten in die belagerte Stadt gelangt sein könnten. Es war in jedem Fall höchste Zeit. Am nächsten Tag waren die sieben Tage um, die die Jabeschiter mit Nahasch

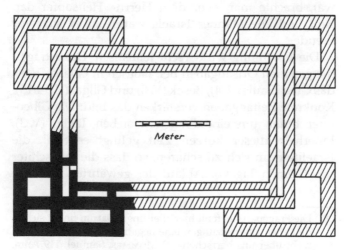

Meter

Abb. 3: Grundriss der Festung in Gibea

57

vereinbart hatten. Wohl wissend, dass sie Hilfe erhalten könnten, täuschten sie die Ammoniter (V. 10). Am nächsten Tag griff Saul die Ammoniter im Morgengrauen an und besiegte sie bis zum Mittag (V. 11).

Nach dem großartigen Sieg gab es immer noch Leute, die die skeptische Frage stellten:»Soll etwa Saul über uns herrschen?«[38] Damit wollten sie eine negative Antwort suggerieren. Das Volk fordert gegenüber Samuel:»Gebt diese Männer heraus, damit wir sie töten.« (V. 12b). Anstelle Samuels antwortet Saul: »Keiner soll am heutigen Tag getötet werden.« Denn »heute« hat der Herr Israel Rettung verschafft. An einem solchen Tag darf niemand bestraft werden (vgl. 1 Sam 14,45).

Nach der Verschonung der Gegner lässt der Erzähler Samuel zu Wort kommen. Er forderte das Volk auf, mit ihm nach Gilgal zu gehen und dort das Königtum zu erneuern (V. 14). In Gilgal erhob das Volk Saul »vor dem Herrn« zum König. Da Gilgal eine heilige Stätte war, brachte man »vor dem Herrn« Heilsopfer dar. Saul und alle Männer Israels waren außer sich vor Freude.

Die Erzählung wirkt recht realistisch. Dazu tragen die genauen Ortsangaben bei: Jabesch in Gilead (V. 1), das Gibea Sauls (V. 4), Besek (V. 8) und Gilgal (V. 14.15). Konkrete Zeitangaben verstärken das Bild: Die Gibeoniter bitten um eine Frist von sieben Tagen (V. 3). Innerhalb dieser kurzen Zeit gelingt es Saul, die Israeliten um sich zu scharen, so dass die Jabeschiter schon einen Tag vor Ablauf der gewährten Frist die

---

38 Die Fragepartikel fehlt hier allerdings. Darum findet sich in den alten Übersetzungen eine negative Aussage:»Saul soll nicht über uns herrschen.« P. MOMMER, Samuel, 119 Anm. 344, plädiert jedoch für eine Frage.

Kunde erhalten, dass ihre Befreiung bevorsteht. Der Kampf beginnt um die Zeit der Morgenwache und währt bis zur Mittagshitze.

1.4.2. Sauls Strategie und die Hilfe des Herrn

Wem verdankt Israel diesen Sieg? Es ist gar keine Frage, dass Sauls Initiative einen wirksamen Kontrast zu der ohnmächtigen Klage in seiner Heimatstadt bildet (V. 4). Er erweist sich auch im Folgenden als ein kluger Stratege. Er sammelt noch in Besek, also westlich des Jordan, seine Kämpfer (V. 8) und teilt sie kurz vor dem Kampf in drei Abteilungen auf (V. 11; vgl. Ri 7,16; 9,43; 1 Sam 13,17).

Aber Saul handelt nicht allein aus eigener Initiative. Bevor ihn der – heilige – Zorn packt, kommt der Geist Gottes über ihn (V. 6).[39] Unsicher ist, ob Saul hier schon als der kommende König erscheinen soll, dessen Salbung auch den Empfang des Geistes einschließt (vgl. 1 Sam 10,6.10; 16,13). Es ist in jedem Fall der Geist Gottes, der in Saul wirkt. – Die Geste Sauls, seine Rinder zu zerstückeln und in Israel umher zu schicken, um den Israeliten die Strafe für mangelnde Solidarität anzukündigen, ist eindrucksvoll. Aber sie wirkt nur, weil der »Schrecken des Herrn« auf sie fällt (V. 7). Während der Schrecken des Herrn sonst auf die Feinde Israels – auf die Ägypter zur Zeit des Auszugs (Ex 15,16; Ps 105,38) oder auf die Gegner der Juden in Persien (Est 8,17; 9,2.3) – fällt, schmiedet er hier die Israeliten zusammen. Wenn die Israeliten die Ammoniter vor Jabesch zurückschlagen können, dann ist das

---

39 Ähnliches wird über Simson erzählt. Dreimal springt der Geist des Herrn auf ihn über, so dass er einen jungen Löwen zerreißen (Ri 14,6), 30 Philister töten (Ri 14,19) und die Stricke zerreißen kann, mit denen man ihn gefesselt hatte (Ri 15,14).

nicht allein ihr Werk. Saul kann darum sagen: »Heute hat der Herr Israel Rettung verschafft.« (V. 13). Der Erzähler bemüht sich also »deutlich um eine theologische Wertung der Vorgänge«.[40]

1.4.3. Zur Entstehung der Erzählung

Nachdem bereits vieles erläutert worden ist, bleiben doch noch Fragen offen, die sich vor allem auf die Rolle der handelnden Personen beziehen:

- Welche Rolle spielt Samuel bei dem Kampf vor Jabesch in Gilead, weil er nur am Rand erwähnt ist (vgl. V. 7)?
- Was hören wir sonst noch von den Menschen, die einer Herrschaft Sauls äußerst skeptisch gegenüberstehen (V. 12)?
- Warum antwortet Saul auf eine Frage, die an Samuel gestellt worden ist (V. 12.13)?
- Wird Sauls Königsherrschaft »erneuert« (V. 14) oder wird er zum ersten Mal zum König bestellt (V. 15)?

Wie eng ist Samuel mit der Erzählung verknüpft? An den Worten Sauls (V. 7) fällt auf, dass die hebräische Präposition vor dem Namen Samuel – die nicht übersetzt werden muss – eine besondere Form hat. Es ist also nicht ausgeschlossen, dass ein jüngerer Bearbeiter Samuel eingefügt hat.[41] In V. 12 richtet das Volk zwar seine Worte an Samuel. Die Israeliten fordern aber: »*Gebt* die Männer heraus, damit wir sie töten.« Es wird also eine Mehrheit angesprochen. So brauchen wir uns schon kaum mehr zu wundern, dass ein anderer – Saul – antwortet. Nur in V. 14 hat Samuel wirklich etwas zu sagen. Doch warum spricht er von

40 P. Mommer, Samuel, 116.
41 Vgl. P. Mommer, Samuel, 113.

einer »Erneuerung« der Königsherrschaft? Das hat offenbar etwas damit zu tun, dass Samuel dem Volk schon in Mizpa Saul als den Erwählten des Herrn vorgestellt hat (1 Sam 10,24).[42] In V. 15 erhebt das Volk allein Saul zum König, ohne dass von einer Mitwirkung Samuels die Rede wäre. Das legt den Verdacht nahe, dass in den V. 12–14 besondere Rücksicht auf den Kontext genommen wird. Tatsächlich finden wir am Ende der Erzählung über die Versammlung in Mizpa den Hinweis auf die Männer, die gesagt haben: »Was kann uns dieser schon helfen?« (1 Sam 10,27).[43] Das Intermezzo zwischen dem Sieg Sauls (V. 11) und seiner Erhebung zum König (V. 15) verbindet also die hiesige Erzählung mit der vorangegangenen und führt dabei die Gestalt Samuels ein.

Abgesehen von den V. 12–14 erweckt der Erzähler den Eindruck, dass er noch eine recht konkrete Vorstellung von den Ereignissen hat. Ist die Erzählung also »recht bald verschriftet worden«?[44] Sie gehört zweifellos zu den frühesten Saulerzählungen. Aber sie setzt doch einen gewissen zeitlichen Abstand zur Befreiung der Stadt Jabesch und zur Königserhebung Sauls voraus. Gibea wird bereits als das »Gibea Sauls« bezeichnet (V. 4). So kann die Stadt erst genannt worden sein, nachdem Saul sie sich als Residenz erwählt hatte.[45] Wenn Saul in Besek Israeliten und Judäer mustert, dann wird eine Einheit von Norden und Süden vorausgesetzt, die es frühestens unter David, aber noch nicht unter Saul gegeben hat (vgl. 2 Sam 2,9).[46] Die überhöhten Zahlen der gemusterten Kämpfer lassen ebenso ver-

---

42 Vgl. P. MOMMER, ebd. 112.
43 Vgl. P. MOMMER, ebd. 119.
44 P. MOMMER, ebd. 118.
45 Vgl. P. MOMMER, ebd. 116.
46 P. MOMMER, ebd. 118 f.

muten, dass die Erzählung einen zeitlichen Abstand zu den Geschehnissen verrät.

Die Erzählung ist sicher nicht völlig aus der Luft gegriffen. Denn es wird uns mehrmals von besonderen Beziehungen zwischen Saul und der Stadt Jabesch erzählt: Sie nehmen den Leichnam Sauls nach dessen Niederlage gegen die Philister von der Mauer von Bet-Schean ab und setzen den gefallenen König in ihrem Gebiet bei (1 Sam 31,11–13; 2 Sam 2,4b–7; 21,10–14).[47] Dass zu dieser frühen Zeit die Ammoniter einer israelitischen Stadt schon gefährlich werden konnten, lag im Bereich des Möglichen.[48] Vielleicht ist Saul durch seine entschlossene Tat zu Gunsten der Bürger von Jabesch erst bekannt geworden.[49] »So wird man hinter der heutigen Erzählung eine mündliche Überlieferung vermuten dürfen, die dem tatsächlichen Gang der Ereignisse näher gewesen sein dürfte.«[50]

1.4.4. Die Botschaft: Solidarität im Geist des Herrn

Welche Absicht verfolgt der Erzähler? Was fällt beim Lesen ins Auge? Schon in den ersten Zeilen wird nicht nur eine einzelne israelitische Stadt bedroht, sondern ganz Israel in Frage gestellt (V. 1). Wird man in Israel Mut und Solidarität aufbringen, um der Stadt Jabesch zu Hilfe zu eilen? Die entscheidende Initiative liegt natürlich bei Saul. Aber er handelt nicht aus eigenem Antrieb, sondern wird maßgeblich vom Geist des Herrn angespornt (V. 6.7a). Die Israeliten folgen ihm,

---

47 P. MOMMER, Samuel, 116.
48 Vgl. zur Geschichte der Ammoniter J. BARTLETT, Ammon, 455–463.
49 P. MOMMER, Samuel, 117, setzt allerdings voraus, dass Saul »zu dieser Zeit bereits eine bekannte Persönlichkeit, wenn auch nicht König, gewesen sein dürfte«.
50 P. MOMMER, ebd., 116.

aber auch bei ihnen gibt der »Schrecken des Herrn« den Ausschlag. Dann allerdings handeln sie »wie ein Mann« (V. 7b). Der Herr gibt Saul und dem Volk Israel die Kraft zu solidarischem Handeln.

Das Königtum Sauls ist darin eingebunden (V. 15): Weil Saul im Geist des Herrn die Schande von Israel genommen hat, darum erheben sie ihn »vor dem Herrn« zum König. Schlachtopfer bekräftigen die Gemeinschaft zwischen dem Herrn, Israel und Saul. Die übergroße Freude der Israeliten vertreibt alle Zweifel.

In der jüngeren Bearbeitung tritt allerdings Samuel hinzu. Er schlägt die Erneuerung der Königsherrschaft vor (V. 14). An ihn wendet sich das Volk (V. 12). Er soll sich sogar am Kampf vor Jabesch beteiligt haben (V. 7). Man wollte später auf den großen charismatischen Führer Israels nicht mehr verzichten.

2. KÄMPFE, SIEGE UND – VERWERFUNG (1 SAM 13–15)

Die Aufgabe Sauls ist bereits in einer Offenbarung an Samuel umrissen worden: »Er wird mein Volk aus der Gewalt der Philister befreien.« (1 Sam 9,16). Der Leser erwartet daher zu Recht, dass sich der gesalbte König dieser Aufgabe widmet. Das geschieht auch in der größeren Erzählungseinheit (13,1–14,46), die hier beginnt. Daran schließen sich kurze Notizen über die Kriege Sauls (14,47.48) und über seine Familie (14,49–52) an. Es wird aber auch deutliche Kritik an Saul geübt, vor allem in der Szene in Gilgal (13,7b–15a) und nach dem Amalekitersieg (15,1–35).

2.1. Die Vormacht der Philister
(1 Sam 13,1–22)

In einem ersten größeren Abschnitt (13,1–22) hören wir, wie groß die Überlegenheit auf militärischem wie auf wirtschaftlichem Gebiet war.

2.1.1. Die Handlung

In der Einleitung wird Saul wie einer der späteren Könige Judas vorgestellt (V. 1).[51] Allerdings ist bei der Altersangabe die Zahl ausgefallen.[52] Außerdem dürfte die Dauer der Regierung nicht nur zwei Jahre betragen haben.[53] Zur Exposition gehören auch die Angaben über die militärische Macht Sauls. Wenn sich Saul 3000 Männer aus Israel ausgewählt haben soll (vgl. 14,52), dann wird hier der Eindruck erweckt, dass Saul schon über ein »stehendes Heer« verfügen konnte. Er hat den größeren Teil des Heeres bei Michmas und auf dem Gebirge von Bet-El, nördlich des sog. »Hyänentals« (V. 18: wādi eṣ-ṣuwēnīt), um sich versammelt. Der kleinere Teil befand sich südlich davon im benjaminitischen Gibea. Ihm stand Jonatan, der Sohn Sauls, vor, der den ursprünglichen Adressaten der Erzähler

---

51 Bei judäischen Königen wurde das Alter beim Regierungsantritt angegeben (vgl. 2 Sam 5,4; 1 Kön 14,21; 22,42 u. ö.), allerdings auch bei Ischbaal, dem Nachfolger Sauls (2 Sam 2,10).

52 Nimmt man den hebräischen Text ganz wörtlich, dann wäre Saul beim Antritt seiner Herrschaft ein Jahr alt gewesen. Einige griechische Handschriften bieten als verständlichere Alternative 30 Jahre an.

53 Der hebräische Text spricht zwar von zwei Jahren, gebraucht aber nicht den in einem solchen Fall üblichen Dual. Später hat man Saul 40 Regierungsjahre zugeschrieben (Apg 13,21; Ant VI 378). Vielleicht ist die Angabe von »zwei Jahren« auf die Zeit der Kämpfe mit den Philistern zu beziehen. Vgl. S. Kreuzer, König, 263–270.

hinlänglich bekannt war und darum nicht weiter vorgestellt werden muss.

Die Handlung beginnt damit, dass Jonatan den Vogt der Philister in Geba schlug (V. 3; vgl. 13,23–14,15).[54] Der Beitrag Sauls bestand lediglich darin, für die Verbreitung dieser Nachricht zu sorgen. Dabei verwundert uns etwas, dass er sich an die »Hebräer« gewandt habe. Warum wird hier nicht von Israeliten gesprochen? Die Philister haben diese Bezeichnung gern für alle Israeliten gebraucht, um sie verächtlich als sozial Deklassierte zu bezeichnen (1 Sam 4,6.9; 13,19; 14,11; 29,3). Hier aber handelt es sich um einen Ausruf Sauls. Gab es einen Unterschied zwischen besser gestellten Israeliten und landlosen Hebräern (vgl. V. 6 und 7a sowie 14,21)?[55] Erstaunlich ist auch, dass die Nachricht von Jonatans mutiger Tat auf einmal ganz anders lautet: »Saul hat den Vogt der Philister erschlagen.« (V. 4). Hat hier jemand bewusst Jonatans Aktion zu einer Heldentat des Königs gemacht? In jedem Fall konnte die Reaktion der Philister nicht ausbleiben. Sie verfügten im Unterschied zu den Israeliten über 3000 Kriegswagen, die je von einem Wagenlenker und einem Kämpfer mit Speer oder Bogen besetzt waren.[56] Dazu kamen zahllose Infanteristen, die ebenso wie die Kriegswagen ihr Lager bei Michmas aufschlugen (V. 5; vgl. V. 16). Stand dort aber nicht Saul mit seinen 2000 Leuten (V. 2)?[57] Warum hören wir nichts von einer

---

54 Vgl. H. J. Stoebe, 1 Samuelis, 247.
55 Vgl. A. Caquot/Ph. de Robert, Samuel, 162.
56 Im hebräischen Text und in den meisten griechischen Handschriften ist die Zahl auf 30 000 erhöht worden, aber die lukianischen Handschriften und die Peschitta bezeugen die kleinere Zahl 3 000.
57 Nach V. 2 befand sich Saul mit seinen 2 000 Männern »in Michmas und auf dem Gebirge von Bet-El«.

Eroberung dieses Standorts? Die Lokalisierung des israelitischen Heeres in der Exposition fügt sich offenkundig nicht ganz zur anschließenden Erzählung. Das ungeheure Aufgebot der Philister brachte die Israeliten in eine solche Bedrängnis, dass sie sich in Höhlen, Spalten und Gruben versteckten (V. 6). »Hebräer« sollen über den Jordan hinweg geflohen sein und sich dort in Sicherheit gebracht haben (V. 7a). Der erste Angriff auf einen Posten der Philister löste nicht das Problem, sondern verschärfte es.

Da die Philister bei Michmas ihr Lager aufgeschlagen hatten (V. 5), war schon klar, dass Saul nicht mehr dort sein konnte (vgl. V. 2). Nachdem der erste Anschlag auf einen Philisterposten unter allen Israeliten und Hebräern verbreitet worden war (V. 4a), hatte der Erzähler bereits vermerkt, dass das Volk aufgeboten worden war, Saul nach Gilgal zu folgen (V. 4b). Daran knüpft der Erzähler jetzt an, wenn er sagt, dass sich Saul immer »noch« in Gilgal befand und dass ihm »das ganze Volk« zitternd gefolgt war (V. 7b). Dort wartete er sieben Tage auf Samuel, der ihm das unmittelbar nach seiner Salbung geboten hatte (1 Sam 10,8). Da Samuel auch nach sieben Tagen noch nicht gekommen war, verließ das Volk Saul und zerstreute sich (V. 8). Saul entschloss sich kurzerhand, selbst Opfer darzubringen (V. 9). Als er gerade dabei war zu opfern, erreichte ihn plötzlich die Kunde, dass Samuel endlich gekommen sei. Er ging ihm entgegen, um ihn zu begrüßen (V. 10). Nachdem ihn Samuel mit einer ganz kurzen Frage zur Rede gestellt hatte, konnte sich Saul immerhin aus vier Gründen glänzend rechtfertigen: Erstens zerstreute sich das Volk, zweitens verspätete sich Samuel, drittens bedrohten ihn die Philister und viertens wollte er den Herrn für sich gewinnen (V. 11.12). Er hob selbst hervor, dass ihm diese Entscheidung Mut abverlangte.[58] Das Urteil Samuels fiel dennoch niederschmetternd aus: Saul hat eine Torheit begangen (vgl. 2 Sam 24,10). Wenn er das Gebot des Herrn beachtet hätte, dann hätte seine Herrschaft »für immer« Bestand gehabt. So aber hat sich der Herr einen anderen gesucht und ihn zum Fürsten über Israel bestellt (V. 13.14). Was hat Saul getan, dass ihm das Königtum so schnell wieder entrissen wird? Gegen welches Gebot hat er konkret verstoßen? Nach 1 Sam 10,8 hätte Saul das Opfern Samuel überlassen müssen. Die Kritik geht also davon aus, dass sich kein König priesterliche Rechte anmaßen durfte.[59] Die Strafe für dieses Vergehen war für unsere Begriffe außerordentlich hart: Der Herr hätte die Herrschaft Sauls nur dann für immer gefestigt, wenn er das Gebot des Herrn beachtet hätte (V. 13). So aber hat der Herr bereits einen anderen gesucht und zum Fürsten bestellt (V. 14). Die Szene endet damit, dass Samuel Gilgal verließ und nach Gibea in Benjamin ging (V. 15a).[60]

Nach der Szene in Gilgal wird uns noch einmal die Schwäche der Israeliten und die Überlegenheit der Philister vor Augen geführt. Saul verfügte nur noch über 600 Männer (V. 15b). Das war nur noch ein Fünftel der Streitmacht, von der in der Exposition die Rede war (V. 2). Saul und Jonatan befehligten auch nicht mehr unterschiedliche Heeresteile. Als Standort wird jetzt Geba (*ğebá*) angegeben. Dieser Ort lag ca. 9 km nördlich von Jerusalem und nur wenig südlicher als das »Hyänental«. Die Philister hatten ihr Lager immer

---

58 Nach H. J. STOEBE, 1 Samuelis, 251, zeigt die Erzählung hier »offenkundig Sympathie mit Saul«.
59 Vgl. A. CAQUOT/PH. DE ROBERT, Samuel, 163.
60 Nach der Septuaginta ist Samuel nur seines Weges – und nicht nach Gibea – gegangen.

noch in Michmas aufgeschlagen (V. 16; vgl. V. 5). Sie konnten es sich erlauben, mit drei Abteilungen nach Norden (Ofra), Westen (Bet-Horon) und Osten (Hyänental) zu ziehen und das Land auszuplündern (V. 17.18). Saul musste offenbar tatenlos zusehen.

Die Hegemonie der Philister äußerte sich auch darin, dass sie über das Monopol verfügten, Metall zu verarbeiten. Der Erzähler schreibt den Philistern die Absicht zu, dass sie die Israeliten daran hindern wollten, Schwerter, Lanzen oder Speerspitzen anzufertigen (V. 19). Dass sie darin erfolgreich waren, habe sich auch mit dem Beginn des Krieges gezeigt (V. 22). Gab es das Monopol aber nicht schon zuvor? Denn in Kriegszeiten werden die Israeliten doch kaum zu den Philistern gegangen sein, um sich ihre Arbeitsgeräte schärfen zu lassen. Ebenso wenig konnten die Philister ein Interesse daran haben, die Geräte ihrer Kriegsgegner zu bearbeiten und so deren Ernten zu steigern.[61] Der Abschnitt, der mit glaubwürdigen Nachrichten aufwartet, soll nicht nur die weitgehende wirtschaftliche Abhängigkeit, sondern auch die »Waffenlosigkeit der Israeliten«[62] demonstrieren und damit die Frage aufwerfen: Konnten die Israeliten unter Saul überhaupt das Joch der Philister abschütteln?[63] Dabei kommt der »Tag des Kampfes« schon in den Blick (V. 22).

2.1.2. Ohnmacht, Anmaßung und Ungehorsam Sauls

War Saul in der Lage, Israel wirksam zu schützen? Er verfügte anfangs über 3 000 Männer, die er geschickt aufteilte (V. 2). Nachdem Jonatan den Vogt der Philister

---

61 Vgl. S. Kreuzer, Saul, 68.
62 H. J. Stoebe, 1 Samuelis, 255.
63 Vgl. R. W. Klein, Samuel, 128.

erschlagen hatte, stellte sich Saul hinter diese Tat und
ließ sie »ausposaunen«. Saul machte sich auf diese
Weise bei den Philistern »verhasst«. Der Erzähler
meint mit dieser Wortwahl (vgl. 2 Sam 10,6 und 16,21)
wahrscheinlich, dass Saul die Philister provoziert habe.
Die Reaktion der Philister konnte nicht ausbleiben.
Den 3000 Kampfwagen der Philister konnten die
Israeliten nichts entgegensetzen. Ihr Heer war so groß,
dass es sich gar nicht zählen ließ. Kein Wunder, wenn
sich die Israeliten in allen möglichen Höhlen und
Gruben verbargen (V. 6) und die Hebräer den Jordan
überquerten (V. 7a)! Saul musste nicht nur Michmas
räumen (V. 16). Seine Mannschaft schmolz auf 600
Getreue zusammen. Die Israeliten konnten den Plün-
derungen der Philister nur noch hilflos zusehen
(V. 15b–18). Der letzte Abschnitt steigert die Ohnmacht
Israels noch: Die Israeliten verfügten – von Saul und
Jonatan abgesehen – nicht über Waffen aus Metall
(V. 22). War das alles die Schuld Sauls? Hätte Saul
seinen Sohn Jonatan in die Schranken weisen und sich
den Philistern unterwerfen sollen? Die Kritik an Saul
klingt an, bleibt aber recht verhalten.

Die Szene in Gilgal verdient eine eigene Betrach-
tung. Saul vermochte sich zwar zu rechtfertigen, wie
wir gesehen haben: Die Desertationen und die Ver-
spätung Samuels angesichts des heranrückenden Philisterheeres berechtigten ihn nach seiner Überzeugung,
den Herrn durch ein Opfer gnädig stimmen zu wollen
(V. 11.12). Aber die Frage Samuels »was hast du
getan?« zeigt bereits an, dass alle diese Gründe für
Samuel nicht ausreichend waren. Er allein war dazu
berufen, Brandopfer darzubringen und Heilsopfer zu
schlachten (10,8). Der König durfte sich solche Rechte
nicht herausnehmen. Das abschließende Urteil ist
unmissverständlich (V. 13.14): Saul hat töricht gehan-

delt und einen Befehl *des Herrn* nicht beachtet. Zur Anmaßung priesterlicher Rechte kommt der Vorwurf des Ungehorsams gegenüber dem Herrn hinzu. Darum wird seine Herrschaft keinen Bestand haben.

2.1.3. Die Szene in Gilgal und ihr Kontext

Vergleicht man die Szene in Gilgal (V. 7b–15a) mit ihrem Kontext, dann ergeben sich eine Reihe von Fragen:

- Wo befand sich das Volk nach dem Aufmarsch der Philister? Folgte es Saul nach Gilgal (V. 4b.7b.8)? Oder verbarg es sich in Höhlen, Spalten und Gruben (V. 6)?
- War in Gilgal nur das »Kriegsvolk« bei Saul, während sich das übrige Volk in den natürlichen Schlupfwinkeln versteckt hielt?
- Spielte die Szene in Gilgal wirklich bereits acht Tage nach der heimlichen Salbung des jungen Saul (vgl. V. 8 mit 1 Sam 10,8)? Warum wird nicht berücksichtigt, dass sich Saul und Samuel schon zuvor in Gilgal getroffen haben (11,12–15)?
- Warum tritt Samuel nur in der Gilgalszene (V. 7b–15a) auf und weshalb fehlt Jonatan gerade hier?
- Wie kommt es, dass Saul in der größeren Erzählungseinheit (besonders in 1 Sam 14) als entschlossener und erfolgreicher König erscheint, während man in der Gilgalszene »auch diesen einen Erfolg in ein schlechtes Licht zu rücken« versucht?[64]
- Hat der Herr einen Mann nach seinem Herzen jetzt schon zum Fürsten über sein Volk gesetzt (vgl. 1 Sam 16,1–13)?

---

64 P. MOMMER, Samuel, 142.

Die Szene in Gilgal (V. 4b.7b–15a) hebt sich offenkundig vom unmittelbaren Kontext ab. Nur hier begegnen sich Saul und Samuel innerhalb der größeren Erzählungseinheit (1 Sam 13,1–14,46). Erst durch diese Szene ist die ältere Erzählung (13,2–7a.15b–22) durch das Motiv des siebentägigen Wartens mit der Erzählung von der Eselinnensuche verknüpft worden. Das Bild des Königs Saul fällt hier wesentlich negativer als im Kontext aus.

Bildet die Szene in Gilgal aber eine innere Einheit? Es fällt auf, dass »die Sympathie des Lesers auf Sauls Seite bleibt«,[65] solange er sich verteidigt (V. 11.12). Danach wird aber ein unerwartet hartes Urteil über ihn gefällt (V. 13.14). Der Herr hat bereits sieben Tage nach der Salbung Sauls einen anderen Fürsten erkoren. Saul wird nicht getadelt, weil er nicht auf Samuel gewartet (1 Sam 10,8), sondern weil er das »Gebot des Herrn« nicht beachtet hat (V. 13b.14b). Diese Wendung erinnert an die Sprache des Deuteronomiums (Dtn 5,10; 6,17.25; 8,6; 15,5; 28,1.9; 30,16; Jos 22,3.5; 1 Kön 13,21; 2 Kön 17,19; 1 Chr 28,8). Wenn der Herr einen »Mann nach seinem Herzen« erwählt hat, dann entspricht das dem gleichen »deuteronomistischen« Sprachstil (1 Sam 2,35; vgl. Jer 3,15).[66] Es ist also nicht ausgeschlossen, dass das Urteil über Saul erst relativ spät – während des 6. Jahrhunderts – seine heutige Gestalt erhalten hat.

2.1.4. Ämtertrennung und Legitimation Davids

Warum wird Sauls fromme Absicht, ein Opfer für den Herrn darbringen zu wollen, so hart verurteilt? Hat David nicht wiederholt geopfert (2 Sam 6,13; 24,25),

---

65   T. Veijola, Dynastie, 55.
66   Vgl. T. Veijola, ebd. 56 f., und P. Mommer, Samuel, 140.

ohne dass das je gerügt worden wäre? Warum darf in Gilgal nur Samuel Opfer darbringen? Es handelt sich offenbar um eine jüngere Anschauung, die dieses Recht den Priestern reserviert und den Königen abspricht. Zwischen dem Amt des Königs und dem der Priester wird deutlich unterschieden (vgl. Dtn 17,14–20 und 18,1–8).

Es kommt aber noch ein zweites Motiv hinzu. Der Vorwurf, die Trennung der Ämter nicht beachtet zu haben, wird speziell gegenüber Saul erhoben. So lässt sich gut erklären, warum seine Herrschaft bald ein Ende hatte. Das Schicksal Sauls wird mit seiner Schuld begründet. Gleichzeitig kommt der Aufstieg Davids in den Blick. Der Herr hat jetzt schon einen Mann nach seinem Herzen bestellt und ihn zum Fürsten seines Volkes gemacht.

2.2. Jonatans Heldentat und Israels Sieg (1 Sam 13,23–14,46)

In der Überschrift zu dieser Erzählung darf der Name Jonatans nicht fehlen. Denn seiner Tatkraft verdanken die Israeliten den Sieg über einen Philisterposten. Diese mutige Tat rettet ihm am Ende auch das Leben, nachdem er gegen ein ausdrückliches Verbot seines Vaters verstoßen hat. Andere Szenen sind eingeflochten, die den Sieg der Israeliten und dessen Folgen schildern.

2.2.1. Jonatans Heldentat

Die Erzählung beginnt mit einer Exposition (13,23): Die Philister bilden einen Posten beim Pass von Michmas. Die Handlung setzt mit dem Vorschlag Jonatans ein, durch das Tal zu den Philistern hinüberzugehen (14,1a). Wer wissen will, wie es weitergeht, muss sich allerdings gedulden. Der Erzähler verzögert das Geschehen dadurch, dass er allerlei Wissenswertes einschiebt. Jonatan hat sein Vorhaben seinem Vater nicht mitgeteilt (V. 1b). Das Stichwort Vater ist der Grund,

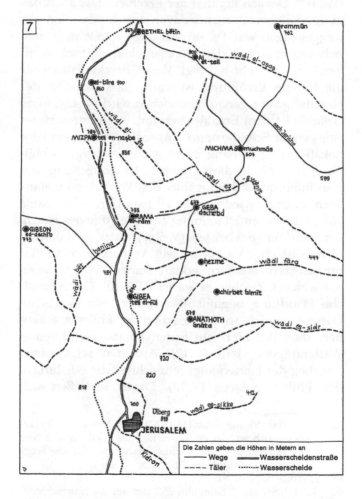

Abb. 4: Karte für den Angriff Jonatans auf eine Philisterstation

die genaue Position am Rande von Gibea zu beschreiben und die Zahl seiner Krieger zu nennen (V. 2). Daran schließt sich eine Bemerkung zum Priester Ahija an, der an dieser Stelle noch gar keine Aufgabe erhält (V. 3a).[67] Danach ergänzt der Erzähler, dass auch das übrige Kriegsvolk nichts davon wusste, dass Jonatan weggegangen war (V. 3b). An dieser Stelle mag man sich fragen, ob sich denn Jonatan überhaupt schon auf den Weg gemacht hat (vgl. V. 6). Charakteristisch für die hiesige Erzählung ist auch, dass der Ort der Handlung sehr genau beschrieben wird (V. 4.5). »Das Gelände ist dem Erzähler bekannt, er gibt dem Hörer eine genaue Schilderung.«[68] Allerdings ist eine präzise Lokalisierung bislang nicht gelungen (vgl. Abbildung 4).[69] Nach dieser langen Unterbrechung der Handlung muss der Erzähler den Vorschlag Jonatans noch einmal wiederholen (V. 6a). Der Sohn Sauls äußert dabei seine Hoffnung auf eine Hilfe des Herrn, der auch Wenigen beisteht (V. 6b). Jonatan geht danach nicht einfach dazu über, sein Vorhaben in die Tat umzusetzen, sondern erklärt seinem Waffenträger, auf welches Zeichen er wartet (V. 8–10). Die eigentliche Handlung beginnt also relativ spät (V. 11–13). Dabei lässt sich an der Reaktion der Philister erkennen, dass der Herr auf Seiten Jonatans und seines Waffenträgers steht (V. 12). Auf den schwierigen Aufstieg der beiden folgt sehr schnell die Niederlage des Philisterpostens (V. 13). Daran schließen sich

---

67 Ahija, der Priester Sauls (14,18.37), wird hier als Neffe Ikabods bezeichnet, der ein Enkel Elis aus Schilo war (1 Sam 4,19–22). Aber die schwerfällige Genealogie wirft die Frage auf, ob Ahija wirklich ein Elide war.

68 F. Stolz, Samuel, 91.

69 So H. J. Stoebe, 1 Samuelis, 258, der auf die unterschiedlichen Lokalisierungen durch G. Dalman verweist.

»statistische Angaben« an (V. 14): Es handelte sich um den ersten Schlag gegen die Philister, von ihnen fielen etwa 20 Mann und das Schlachtfeld entsprach nur einem halben Morgen. Die letzten Sätze heben hervor, dass ein Gottesschrecken die Philister erfasst habe (V. 15).

2.2.2. Die Hilfe des Herrn
(14,16–23)

Der Abschnitt beginnt nicht mit einer Handlung, sondern mit einer Wahrnehmung. Die Späher Sauls konnten beobachten, dass es Bewegung – im Lager der Philister – gab. Als Standort der Leute Sauls wird Gibea in Benjamin angegeben (14,16; vgl. V. 2). Wenn es – wie in der alten Septuaginta – Geba gewesen wäre (vgl. 13,16), dann hätten sie die Vorgänge im Lager der Philister von Michmas noch besser beobachten können. Saul forderte seine Leute dazu auf nachzusehen, ob jemand fehlt. Damit weist der Erzähler darauf hin, dass sich Saul die Vorgänge im gegnerischen Lager nicht anders erklären konnte. Man entdeckte, dass Jonatan und sein Waffenträger fehlten (V. 17; vgl. V. 1.3). Damit wusste Saul immer noch nicht, was mit Jonatan und seinem Diener passiert war. Kein Wunder, wenn er den Priester bat, die »Lade« herbeizubringen. War die Lade Gottes zu dieser Zeit nicht in Kirjat-Jearim (7,1)? Aus diesem Grund wird eigens gesagt, dass sie sich bei den Söhnen Israels befand (V. 18b). Doch wozu brauchte Saul die »Lade Gottes«? Wollte er damit in den Kampf ziehen (vgl. 1 Sam 4,3–5; 2 Sam 11,11)? Oder wollte er damit den Willen Gottes erkunden? Das geschah eher mit dem Efod (23,9; 30,7), das der Priester Ahija trug (14,3) und das die Lose – Urim und Tummim – enthielt (vgl. V. 40–42).[70] Während Saul noch mit dem Priester redete, nahm der Tumult im gegnerischen Lager der Philister noch mehr zu. Saul fehlte die Geduld, jetzt noch den Herrn zu befragen. Darum gebot er dem Priester einzuhalten. Der Erzähler kann auf diese Weise die Spannung aufs Äußerste steigern (V. 19). Danach wurden Saul und alles Volk aufgeboten und sie zogen in den Kampf (V. 20a). Bei dieser Formulierung fällt auf, dass Saul – zumindest in der hebräischen Überlieferung – keine aktive Rolle spielte. Er war nicht derjenige, der ins Schofarhorn blies (Ri 6,34) oder auf andere Weise die Israeliten zum Kampf aufrief (vgl. Ri 4,10.13; 2 Sam 20,4.5). Als er mit seinen Leuten nahe an die Philister heranrückte, erlebten sie eine Überraschung: Im feindlichen Lager richtete einer das Schwert gegen den anderen (vgl. Ri 7,22). Es entstand also eine große Verwirrung (vgl. Dtn 7,23; 1 Sam 5,11), ohne dass diese ausdrücklich auf den Herrn zurückgeführt wurde (vgl. Jos 10,10, Ri 4,15). Die Folge der Panik war, dass sich die Hebräer von den Philistern lösten, auf deren Seite sie lange gestanden hatten. Sie zogen es nun vor, zu den Israeliten überzulaufen (V. 21).[71] Waren sie aber nicht auf die andere Seite des Jordan geflohen (13,7a)? Hatte nur ein Teil der Hebräer Partei für die Philister ergriffen? Als die Israeliten, die sich auf dem Gebirge Efraim versteckt hatten, von der Flucht der Philister hörten, zogen sie mit in den Kampf (V. 22). War denn

---

70 Die alte Septuaginta (Codex Vaticanus) spricht denn auch vom Efod und bezeichnet Ahija in V. 18b noch einmal ausdrücklich als dessen Träger. Sollen wir das Efod einschließlich des Halbverses 18b akzeptieren (so H. P. SMITH, Samuel, 112; R. W. KLEIN, Samuel, 132)? Die »Lade Gottes« ist die schwierigere Lesart.

71 So mit Septuaginta und Peschitta R. W. KLEIN, Samuel, 132.

überhaupt noch eine militärische Auseinandersetzung nötig? Denn schon im nächsten Satz stellt der Erzähler ausdrücklich fest, dass der Herr Israel gerettet hat. Er sagt allerdings auch, dass sich der Kampf bis über das Gebiet von Bet-El nach Norden hin ausweitete. Damit meint er wohl die Verfolgung der Philister.

2.2.3. Der Schwur (14,24–30)

Nach dem großartigen Sieg über die Philister erwartet man nicht, dass die Israeliten erneut in Bedrängnis geraten konnten (V. 24; vgl. 13,6). Es ist darum kein Wunder, wenn die Septuaginta einen etwas anderen Text bietet.[72] Aber wir dürfen dem hebräischen Wortlaut durchaus vertrauen. Denn so lässt sich am ehesten verstehen, warum Saul das Volk unter einen Fluch gestellt hat: »Verflucht sei jeder, der bis zum Abend etwas isst, bevor ich mich an meinen Feinden gerächt habe.« Durch solche Enthaltsamkeit sollte der Sieg über die Philister gesichert werden (vgl. 1 Sam 21,5.6; 2 Sam 11,11). Das Volk fügte sich willig. Sein Gehorsam wurde jedoch dadurch auf die Probe gestellt, dass es in dieser Gegend viele Bienennester gab (V. 25). Aber das Volk ließ sich nicht von dem Gebot des Königs abbringen (V. 26). Anders jedoch Jonatan, der nicht dabei war, als sein Vater das Volk beschwor! Der hebräische Erzähler geht davon aus, dass Jonatan sich zeitweilig im gegnerischen Lager aufgehalten hatte (13,23–14,15.17). Jonatan konnte zu dieser Zeit noch nichts von dem Schwur wissen.

---

72 »Saul beging an jenem Tag einen großen Fehler ...« Dieser Text wird zwar von manchen Auslegern vorgezogen: R. W. Klein, Samuel, 132, und P. K. McCarter, Samuel, 245. Aber die Septuaginta verstärkt hier das negative Bild Sauls, so dass wir dem griechischen Text mit einiger Skepsis begegnen dürfen.

Darum kostete er von dem Honig, so dass seine Augen leuchteten (V. 27). Einer aus dem Volk übernahm es, Jonatan zu informieren. Der Erzähler lässt es sich hier nicht nehmen, die Tatsache der Eidesleistung hervorzuheben und den Eid noch einmal zu wiederholen.[73] Der Widerspruch zwischen Saul und Jonatan soll klar hervortreten.[74] Hörer oder Leser müssen sich an dieser Stelle fragen: Wie wird Jonatan reagieren? Die Antwort Jonatans kann kaum eindeutiger ausfallen: »Mein Vater stürzt das Land ins Unglück.« Der Gegensatz zwischen Vater und Sohn trat offen zutage (vgl. Jos 7,25; 1 Kön 18,17.18). Jonatan wies auf seine guten Erfahrungen mit dem Honig hin. Seiner Überzeugung nach wäre die Niederlage der Philister verheerend geworden, wenn das Volk von der Beute seiner Feinde wirklich gegessen hätte. Stand diese Beute aber schon zur Verfügung? Waren die Philister schon besiegt (V. 20–23)? Oder wollte das Saul mit seinem Schwur nicht erst erreichen?

2.2.4. Die Schlachtung der erbeuteten Tiere (14,31–35)

Tatsächlich vermochten die Israeliten die Philister an eben diesem Tag, an dem sie sich der Speise enthielten, zu schlagen. Dabei drängten sie die Philister von ihrem Lager in Michmas bis nach Ajalon im westlichen Hügelland zurück. Das entsprach immerhin einer Entfernung von über 30 km.[75] Kein Wunder, wenn das

---

73 Die letzten Worte in V. 28, wonach das Volk erschöpft war, nehmen etwas aus der folgenden Szene vorweg (V.31). Die Glosse soll nach P. K. McCarter, ebd., 246, unterstreichen, dass Saul das Land ins Unglück stürzt (V. 29).

74 Im Hebräischen wird der Gegensatz durch eine Assonanz verstärkt. Die Worte für »verflucht« und »leuchten« ähneln einander. Vgl. R. P. Gordon, Samuel, 139.

75 Ajalon – arabisch *jalo* – liegt 20 km wnw von Jerusalem in der sog. Schefela, d. h. nicht mehr auf dem Gebirge.

Abb. 5: Blut wird auf einem Relief aus dem Palast
des Sanherib in Ninive sorgfältig aufgefangen

Volk erschöpft war (V. 31)! Sie stürzten[76] sich auf die
erbeuteten Schafe, Rinder und Kälber, schlachteten sie
an Ort und Stelle »zur Erde hin« und aßen sie »über
dem Blut« (vgl. Lev 19,26).[77] Einige teilten das
jedenfalls Saul mit und gaben dabei zugleich eine
Wertung ab: Es war eine Sünde wider den Herrn.
Haben sie nicht lange genug gewartet, bis die Tiere
wirklich ausgeblutet waren? Oder haben sie einen
Blutritus nicht eingehalten, der obligatorisch war (Ri
6,20; 13,19; 1 Sam 6,14)? Als Saul mitgeteilt wurde, was
vorgefallen war, gab er den Befehl, einen großen Stein
heranzurollen (V. 33).[78] Sollte der Stein als Altar dienen
(vgl. 1 Sam 6,14)? Davon ist zunächst nicht die Rede.

---

76 Statt »machte« ist »stürzte« zu lesen.
77 R. W. KLEIN, Samuel, 139, ist allerdings der Meinung, dass
    sie das Fleisch »mit« dem Blut verzehrt haben. Eine solche
    Bedeutung hat die Präposition 'al in Ex 12,8.
78 Statt »heute« ist offenbar »hierher« zu lesen.

Saul forderte die Israeliten auf, die Tiere auf diesem Stein zu schlachten. Konnte man das Blut so besser auffangen? Die Israeliten hielten sich jedenfalls an die Anordnung des Saul, der sie so vor weiterer Sünde gegen den Herrn bewahrte. Am Ende spricht der Erzähler davon, dass Saul einen richtigen Altar errichtet habe, der sein erster gewesen sei. War damit der große Stein gemeint?

2.2.5. Jonatans Verschonung (14,36–46)

Saul schlug danach vor, die Verfolgung der Philister noch in derselben Nacht fortzusetzen und keinen Philister übrigzulassen (V. 36). Waren sie nicht längst »über alle Berge«, nachdem die Israeliten die erbeuteten Tiere verzehrt hatten? Genügte Saul die reiche Beute immer noch nicht? Die Israeliten stimmten dem Vorhaben zu. Waren sie nicht viel zu erschöpft, um den Philistern nachzujagen? Alle diese Fragen beschäftigen den Erzähler nicht. Er registriert den Widerstand von einer anderen Seite her. Der Priester (V. 3.19.20) empfahl, vor Gott hinzutreten. Saul verstand diesen Vorschlag richtig und stellte die Frage: »Soll ich hinter den Philistern hinabziehen? Wirst du sie in die Gewalt Israels geben?« Er gebrauchte bei seiner zweiten Frage die sog. »Übergabeformel«, wie sie gerade in einem Krieg des Herrn geläufig war (V. 12).[79] Aber Saul erhielt keine Antwort (vgl. 28,6). Ergab sich daraus nicht klar, dass der Herr die Philister nicht in die Gewalt Israels geben werde? Musste er damit sein Vorhaben nicht abbrechen? Leser oder Hörer erwarten an dieser Stelle, dass Saul

---

79 Vgl. Jos 2,24; 6,2.16; 8,1.18; 10,8.19; Ri 3,28; 4,7.14; 7,9.15; 18,10; 20,28; 1 Sam 17,46; 23,4; 24,5; 26,8; 1 Kön 20,28 und G. VON RAD, Krieg 7–9.

von der Verfolgung abließ. Das wird auch erzählt, aber wesentlich später (V. 46).

Denn Saul wollte genauer wissen, weshalb ihn der Herr keiner Antwort würdigte. Das konnte nur an einem geheimen Vergehen liegen. Er bat die Häupter der Israeliten um Mithilfe und schwor, selbst seinen Sohn Jonatan nicht zu schonen. Das Los sollte entscheiden (vgl. Jos 7,16–18). Außerdem bat Saul den Herrn mit einem kurzen Gebet um Klarheit. In der Septuaginta ist dieses Gebet wesentlich ausführlicher:

»Herr, Gott Israels! Warum gibst du deinem Knecht heute keine Antwort? Wenn die Schuld auf mich oder auf meinen Sohn fällt, dann gib Urim. Wenn du aber sagst, dass sie auf dein Volk falle, dann gib Tummim.«[80]

Die Urim und Tummim waren offenbar Losstäbe (vgl. Ex 28,30; Lev 8,8; Dtn 33,8; Esra 2,63; Neh 7,65). Wir wissen nicht, warum im hebräischen Wortlaut nur die ersten und die letzten Worte dieses Gebetes überliefert worden sind. In jedem Fall vermittelt die Septuaginta eine gute Anschauung, wie sich ein solches Losverfahren in Israel abgespielt haben könnte. Die Entscheidung fiel schnell. Jonatan wurde als der Schuldige erkannt. Saul stellte ihn zur Rede (vgl. Jos 7,19). Wagte Jonatan, seine mutigen Worte zu wiederholen und für eine aufgeklärte Haltung zu streiten (V. 29)? Jonatan überraschte Hörer und Leser damit, dass er sich zu seiner Tat bekannte und zu sterben bereit war (V. 43; vgl. Jos 7,20.21). Nach einem nochmaligen Schwur Sauls schien das Schicksal Jonatans auch besiegelt zu sein (V. 44). Doch dann erhob das Volk Einspruch: »Soll Jonatan sterben, der diese große Rettungstat in Israel

---

80 Dieser Wortlaut wird auch von mehreren Exegeten als ursprünglich verteidigt: vgl. B. ALBREKTSON, Observations, 5–9.

vollbracht hat?« War damit der Angriff auf den Philisterposten gemeint (13,22–14,14)? Oder hat Jonatan den entscheidenden Anstoß dazu gegeben, sich gegen die Hegemonie der Philister aufzubäumen? In jedem Fall sah das Volk in dieser Auseinandersetzung nicht nur einen Sieg des Herrn. Der Sohn Sauls hatte entscheidenden Anteil daran, auch wenn er das alles »mit Gott« getan hat. So rettete das Volk Jonatan. Saul konnte seinen Schwur nicht verwirklichen. Er wandte sich von den Philistern ab und zog wieder auf das Gebirge hinauf, während die Philister an ihren Ort zurückkehrten.

2.2.6. Die Rollen Sauls und Jonatans

Wir beschränken uns hier auf Rolle und Charakterisierung der beiden Hauptgestalten Saul und Jonatan.

Jonatan spielt in zwei Abschnitten eine entscheidende Rolle. Er ergreift zunächst die Initiative, löst sich vom Vater und vom übrigen Kriegsvolk und schlägt seinem Waffenträger einen Überraschungsangriff auf einen Philisterposten vor (14,1.6). Die Handlung käme gar nicht in Gang, wenn es nicht den aktiven und engagierten Jonatan gäbe. Während Saul und die 600 Mann, die bei ihm sind, passiv bleiben (V. 2), geht Jonatan ein Risiko ein. Jonatan ist aber nicht völlig allein. Er hat in seinem Waffenträger einen zuverlässigen, treuen Helfer, der ihn ermutigt und der ihm seinen Beistand zusagt (V. 7). Jonatan rechnet vor allem damit, dass der Herr – der Gott Israels – ihm helfen kann (V. 6d). Dem Herrn kommt es schließlich nicht auf eine große oder kleine Zahl an (V. 6e). Jonatan hat auch eine Idee, wie er den Willen des Herrn erkundet (V. 8–10). Jonatan vertraut darauf, dass ihm der Herr mit einer überheblichen Antwort der Philister ein Zeichen gegeben hat (V. 11–12). – In dem Abschnitt über die von Saul geforderte Abstinenz (14,24–30.36–46) wird Jonatan zunächst entschuldigt. Er hat den Schwur seines Vaters nicht vernommen (V. 27). Wenig später bereut er seine Handlung selbst dann nicht, als ihn ein anderer auf den Schwur hinweist (V. 28). Seine Opposition gegenüber dem Vater ist ziemlich heftig (V. 29). Als aber das Los auf ihn gefallen ist, ist er bereit zu sterben (V. 43). Doch das Volk bewahrt den vor dem Tod, der Israel mit Gottes Hilfe gerettet hat (V. 45).

Saul spielt erst eine Rolle, nachdem Jonatan den Philisterposten bereits angegriffen hat (14,16–23). Sein Anteil am Sieg der Israeliten ist allerdings bescheiden. Er ist fast nur ein »qualifizierter Beobachter«. Seine Aktivitäten beschränken sich weithin darauf, etwas zu hören oder wahrzunehmen. Die Bitte gegenüber dem Priester widerruft er sehr bald wieder (V. 18a.19b). Er begibt sich mit seinen Leuten an den möglichen Kampfplatz, bleibt aber auch dort Zuschauer (V. 20). Wie wenig Saul aktiv wird, zeigt sich u. a. daran, dass er selbst zum Kampf aufgeboten wird und nicht andere dazu aufruft (V. 20aα). Hebräer und Israeliten schließen sich den Kämpfenden an; Saul und Jonatan werden dabei erst an zweiter Stelle genannt (V. 21). Danach legt er seine Männer durch einen Eid auf Enthaltsamkeit bis zum Abend fest (V. 24). Saul erweist sich so als entschlossener Kämpfer. War es jedoch richtig, einen solchen Schwur allen abzuverlangen? Der Erzähler äußert sich nicht selbst, sondern lässt andere zu Wort kommen. Jonatan ist davon überzeugt, dass sein Vater das Land ins Unglück stürze (V. 29). Als durch das Losorakel herauskommt, dass Jonatan den Eid gebrochen hat, setzt das Volk seine Ansicht gegen den Willen des Königs durch (V. 45). Saul konnte allerdings als Vater mit diesem Urteil gut leben.

Nach dem Sieg zwischen Michmas und Ajalon (V. 31) sind die Rollen noch einmal anders verteilt. »Nur Saul und das Volk stehen einander gegenüber, Jonathan und die Philister sind vergessen.« Saul wird vom Erzähler »positiv bewertet«.[81] Er ist »die oberste Instanz in Kultfragen«, »der oberste Kultherr«. »Deutlich ist wohl, dass der Bericht Saul und seiner Frömmigkeit positiv gegenübersteht, Saul also keine Schuld trifft, seine Maßnahme im Gegenteil als hilfreich anerkannt wird.«[82] Darum verurteilt er auch das Verhalten des Volkes zu Recht.[83] Aber schon im nächsten Augenblick tritt die Kritik an Saul zutage: Der Priester fordert eine Befragung Gottes über die geplante Verfolgung; Saul erhält keine Antwort vom Herrn (V. 36.37) und muss die Philister ziehen lassen (V. 46). Ist es aber begründet, wenn manche Ausleger mehr oder weniger den Stab über Saul brechen?[84] Das Bild des Königs in den einzelnen Szenen ist vielfältiger. Es reicht von klarer Zustimmung (V. 32–35) über verständliche Anteilnahme (V. 24–30.38–45) und Unterordnung unter den Herrn (V. 15–23) bis zu deutlicher Kritik (V. 36.37).

2.2.7. Die Erweiterung der Erzählung

Die unterschiedliche Darstellung Sauls wirft die Frage auf, ob die Erzählung wirklich aus einem Guss ist. Wir müssen also noch etwas genauer hinsehen:

- Warum bedarf es zunächst eines besonderen Muts Jonatans, um einen kleinen Philisterposten zu schla-

---

81 H. MADL, Untersuchungen, 485.
82 H. J. STOEBE, 1 Samuelis I, 272.
83 A. H. VAN ZYL, I Samuël, 178.
84 So übersieht P. K. MCCARTER, Samuel I, 250–252, fast völlig die positiven Seiten Sauls.

gen (13,23–14,15), während danach der Herr allein handelt (14,15–23)?

- Warum geraten die Israeliten nach einem grandiosen Sieg plötzlich in Bedrängnis (V. 24)?
- Warum dehnt sich der Kampf zunächst bis nach Bet-El – nördlich von Michmas – aus (V. 23), während danach von einem Sieg die Rede ist, der die Israeliten bis nach Ajalon – westlich von Michmas – führt (V. 31)?
- Warum wird die Erzählung von Jonatans unwissentlichem Eidbruch durch eine Erzählung unterbrochen (14,31–35), in der Jonatan gar keine Rolle spielt?
- Ist es danach für eine Verfolgung der Philister nicht längst zu spät? Hat man überhaupt noch so viel Zeit, um den Herrn zu befragen oder gar das Los entscheiden zu lassen?
- Warum misslingt eine Befragung Gottes (V. 37), während sich mit dem Losentscheid die Schuld Jonatans ermitteln lässt?

Die ersten beiden Abschnitte unterscheiden sich deutlich in ihrem Erzählstil. Während Jonatans wagemutige Tat sehr anschaulich geschildert wird (13,23–14,15), begegnen wir danach einer schwerfälligen Beschreibung, die zu einem hohen Maß aus Nominalsätzen besteht (14,17bβ.18b.20b.21). Nach F. Schicklberger herrscht in V. 15–23 »eine völlig andere Geistigkeit« als in der vorangegangenen Erzählung (13,23–14,14).[85] Die zweite Erzählung (V. 16–23) stellt einen »Krieg des Herrn« dar:[86] In der entstandenen Panik richtet einer das Schwert gegen den anderen. So rettet der Herr

---

85 In 14,15 wird die Tat Jonatans auch als »Krieg des Herrn« interpretiert. Dabei bedient man sich allerdings einer anderen Wortwahl als in 14,20.23.
86 F. Schicklberger, Heldentat, 331 f.

Israel (vgl. 1 Sam 4,3; 7,8; Ri 2,18; 6,37; 7,7; 10,12). Wir müssen also damit rechnen, dass der begrenzte Erfolg Jonatans später zu einem Sieg des Herrn über die Feinde Israels erhöht worden ist (V. 15–23). So erklärt es sich auch, weshalb sich der großartige Sieg des Herrn (V. 23) nicht zu der anschließenden Bedrängnis Israels (V. 24) fügen will.

Die Erzählung vom verbotenen Honiggenuss (14,24–30.38–46) knüpft nicht an den Sieg des Herrn (V. 23) an, sondern setzt neu ein. Israel ist in Bedrängnis, weil die Philister – eventuell nach der Attacke auf ihren Posten zwischen Michmas und Geba – zu einem Gegenschlag ausholen (V. 24). Jonatan spielt eine ähnlich gewichtige Rolle wie bei seinem heroischen Angriff (13,23–14,15). Die Erzählung wird allerdings unterbrochen. Nach der Szene in V. 31–35 hat nicht Jonatan einen Fehler begangen, sondern die Israeliten haben sich auf die Beutetiere gestürzt, ohne diese richtig ausbluten zu lassen. Der Erzähler plädiert hier nicht für eine »aufgeklärte« Einstellung gegenüber Eid und Enthaltsamkeit, sondern streitet für die Wahrung ritueller Überlieferung. Wir haben hier wiederum eine eigenständige Erzählung vor uns.[87]

Die Erzählung von Jonatans Honiggenuss verlangt, dass nach dem unbewussten Bruch des auferlegten Eides ein Vorhaben scheitert und sich die Schuldfrage stellt. In der heute vorliegenden Gestalt der Erzählung geschieht das dadurch, dass Gott auf die Anfrage mittels des Priesters schweigt (V. 36.37). Danach kann man aber kaum erwarten, dass sich der Wille des Herrn doch noch – ohne den Priester – durch das Los ermitteln lässt. Vielleicht war der ursprüngliche Anlass für den Losentscheid eine Niederlage der Israeliten (vgl. Jos 7).

---

87   Vgl. D. JOBLING, Fall, 367–376.

Damit lässt sich die Entstehung dieses Kapitels rekonstruieren: Den Grundstock bilden die beiden Erzählungen von Jonatans wagemutigem Angriff auf den Philisterposten (13,23–14,14) und seine Verschonung nach dem Bruch der auferlegten Abstinenz (14,25–30.38–45). Eine weitere selbständige Überlieferung sprach von Sauls Altarbau (14,31–35).[88] Nachdem man diese drei Erzählungen miteinander verknüpft hatte, hob ein Bearbeiter hervor, dass der Sieg der Israeliten dem Herrn zu verdanken war (V. 15–23). Wenn Saul am Ende ohne Antwort blieb (V. 36.37; vgl. 28,6), könnte das mit der zuvor abgebrochenen Befragung des Herrn zu tun haben (V. 18.19).[89]

2.2.8. Der geschichtliche Hintergrund

Die Erzählung stellt in ihrem Kern dar, dass Jonatan ohne Wissen seines Vaters den abenteuerlichen Versuch gewagt hat, nur mit seinem Waffenträger einen Philisterposten südlich von Michmas anzugreifen. Sauls Anteil an der Niederlage der Philister geht aus der Erzählung nicht klar hervor. Entspricht das der geschichtlichen Situation, soweit wir sie noch erfassen können?

S. Kreuzer hat vor kurzem vertreten, dass Saul keinesfalls von vornherein den Kampf gegen die Philister eröffnet hat (vgl. 1 Sam 9,16).[90] Die archäologischen Funde sprechen eher für einen friedlichen Handel und Wandel zwischen Philistern und Israeliten. Dabei können die Philister die Überlegeneren gewesen sein (1 Sam 13,19–22). Die Philister mögen Saul in mancher Hinsicht freie Hand gelassen haben

---

88 Vgl. erneut D. JOBLING, Fall, 372 f.
89 So J. VERMEYLEN, Loi, 62.
90 S. KREUZER, Saul, 66–73.

(1 Sam 11,1–11). Er durfte sogar König werden (11,15). Für diese These spricht, dass sich Saul in Gibea – und damit recht nahe gegenüber dem Kernland der Philister – eine bescheidene Residenz gebaut hat. Saul war also die längste Zeit seiner Regierung eher ein »Vasall« der Philister als ihr erklärter Feind.

Zu diesem Bild fügt sich die vorliegende Erzählung sehr gut. Der junge, unternehmungsfreudige Jonatan war mit der zurückhaltenden Einstellung seines Vaters gegenüber den Philistern nicht einverstanden. Er wagte den Angriff und hatte fürs Erste auch Erfolg.

2.2.9. Ein Sieg des Herrn

Die Erzählung hebt in ihrer vorliegenden Gestalt hervor, dass der Herr Israel gerettet habe (V. 23). Er hat die Panik im Lager der Philister ausgelöst, durch die sich die Feinde Israels gegenseitig getötet haben (V. 20). Aber der Erzähler verschweigt nicht, dass es auch der Initiative und dem Wagemut, der Klugheit und dem Gottvertrauen Jonatans zu verdanken ist, wenn die Israeliten gerettet worden sind. Deshalb kann das Volk sagen, dass Jonatan eine große Rettungstat in Israel vollbracht hat (V. 45). Das Handeln Gottes und die Aktivität der Menschen schließen sich nicht gegenseitig aus. Das Sprichwort »hilf dir selbst, dann hilft dir Gott« hat – richtig verstanden – durchaus seine Berechtigung.

2.3. Sauls Herrschaft (1 Sam 14,47–52)

Saul hat sich in der vorangegangenen Erzählung erfolgreich mit den Philistern auseinander gesetzt. Bevor sein Stern zu sinken beginnt, schließt sich ein kurzes Resümee über seine weiteren Kämpfe an (V. 47.48.52). Eingeschoben sind Nachrichten über seine Familie (V. 49.50.51).

Dass es sich um eine kurze Zusammenfassung handelt, lässt schon der erste Satz erkennen (V. 47a): »Saul hatte das Königtum über Israel erlangt.« Denn das ist doch längst bekannt (vgl. 1 Sam 9,1–10,16; 10,17–27; 11,1–15). Danach werden die Gegner Sauls aufgezählt, die er bekämpft haben soll: Moab und Ammon im Osten, Edom im Süden, die aramäischen Könige von Zoba im Norden und die Philister im Westen (V. 47). Darüber hinaus werden auch die Amalekiter genannt (V. 48), von denen erst im folgenden Kapitel die Rede sein wird. Saul war danach ähnlich siegreich wie David (2 Sam 8,1–14). Der Autor dieses Summariums sah also in Saul einen tüchtigen Herrscher. Das widersprach allerdings dem späteren Image Sauls, so dass jemand das letzte Verbum in V. 47 verändert und dem Satz eine entgegengesetzte Bedeutung gegeben hat: »Wohin er sich auch wandte, machte er sich schuldig.« Aus der Septuaginta und aus den hebräischen Konsonanten des Verbums lässt sich zum Glück noch die ursprüngliche Lesart rekonstruieren: er »vollführte Rettungstaten«.[91]

War Saul wirklich überall so erfolgreich, wie das ursprüngliche Resümee betont? Bislang haben wir nur gehört, dass Saul die Ammoniter vor der ostjordanischen Stadt Jabesch besiegt (11,1–11) und die Philister bei Bet-El (14,23) und zwischen Michmas und Ajalon zurückgeschlagen hat (14,31). Eine entscheidende Schlacht hat er aber gegen die Philister nicht gewonnen, wie am Ende des hiesigen Abschnitts offen zugegeben wird (V. 52). Selbst wenn wir den Sieg über die Amalekiter einbeziehen (15,4–8), fehlen uns für Erfolge über Moabiter, Edomiter und die Aramäer von Zoba vergleichbare Texte. Hat der Urheber des Resü-

---

91   So H. W. Hertzberg, Samuel, 94.

mees Saul bewusst auf eine Stufe mit David gestellt? Dann wollte er verdeutlichen: »Was Saul begonnen hat, hat David vollendet.«[92]

Warum hat man zwischen die Aufzählungen der Gegner Sauls (V. 47.48) und sein kleines stehendes Heer (V. 52) noch Bemerkungen über seine Familie gestellt? Das lag daran, dass zwei militärische Führungskräfte zugleich enge Familienmitglieder waren. Jonatan, dessen Angriff auf den Philisterposten (13,23–14,16) noch in guter Erinnerung ist, wird als erster genannt. Abgeschlossen wird der Kreis der Verwandten mit Abner, dem Sohn des Ner und Enkel Abiëls (V. 50b.51). Diesen Cousin hat Saul zum Heerführer erhoben. So blieb das wichtigste Amt im frühen Staat in der Familie. Zwischen Jonatan und Abner werden die beiden anderen Söhne, die beiden Töchter (vgl. 18,17–29) und die Ehefrau Sauls genannt. Sieht man genauer hin, dann lässt sich an den Namen und Namensformen erkennen, dass wir ein eigenständiges Summarium vor uns haben, das nicht aus schon bekannten Angaben zusammengesetzt ist. Einer der Brüder Jonatans heißt hier – im Unterschied zur Szene auf dem Gebirge Gilboa (31,2) nicht Abinadab, sondern Jischwi. Soll damit jener Ischbaal gemeint sein, der sich wegen seiner Jugend am Kampf gegen die Philister noch nicht beteiligt, dafür aber nach dem Tod seines Vaters dessen Nachfolger wird (2 Sam 2,8.9)?[93] Wir wissen es nicht. Abner trägt nur hier die ungewöhnliche Namensform »Abiner« (vgl. 17,55.57; 20,25; 26,5.7.14.15; 2 Sam 2,8 u. ö.). Und die genealogischen

---

92 V. Fritz, Samuel, 97. – H. W. Hertzberg, ebd., weist auf die Unterschiede zwischen 2 Sam 8,1–14 und der hiesigen Passage hin und lehnt darum zu Recht eine »sklavische Nachahmung« von 2 Sam 8 ab.

93 Vgl. H. J. Stoebe, 1 Samuelis I, 276.

Angaben überschneiden sich zumindest teilweise mit der Vorstellung des Vaters Sauls vor der Eselinnensuche (1 Sam 9,1).

Wir haben es also mit einem eigenständigen Resümee zu tun, das mit seinem ungewöhnlich positiven Bild Sauls geradezu auffällt. Das ist wiederum ein gutes Beispiel dafür, dass die spätere Kritik an Saul die ältere Überlieferung bewahrt und nicht verdrängt hat.

2.4. Die Verstoßung Sauls nach dem Amalekitersieg (1 Sam 15)

Die Erzählung, der wir uns jetzt zuwenden, dürfte dem heutigen Leser die größten Schwierigkeiten bereiten. Saul wird verstoßen, weil er nicht grausam genug war. Er hat das Leben des gegnerischen Königs geschont und nicht genügend dafür gesorgt, dass alle erbeuteten Tiere auf der Stelle getötet wurden.[94] Warum wird hier ein Urteil über Saul gefällt, das wir nicht mehr ohne weiteres akzeptieren können?

2.4.1. Der Sieg und seine Folgen

Am Anfang erhält Saul den Auftrag, Amalek zu besiegen und zu bannen (V. 1–3). Saul hat Erfolg (V. 4–8), hält aber das Banngebot nicht ganz ein (V. 9). Samuel erfährt vom Unwillen des Herrn gegenüber Saul (V. 10.11). In einer langen und zum Teil heftigen Unterredung führt Samuel den König allmählich zur Einsicht seiner Schuld und der damit verbundenen Konsequenzen (V. 12–31). Am Ende wird der immer noch lebende amalekitische König Agag hart bestraft (V. 32.33); danach gehen Samuel und Saul auseinander (V. 34.35).

---

94 C. T. Begg, War, 387, spricht von einer »story of divinely instigated genocide«.

Samuel beruft sich zu Beginn auf die Salbung Sauls und fordert daher von ihm Gehorsam (V. 1). Ganz im Stil der klassischen Propheten gebraucht Samuel die sog. Botenformel – so spricht der Herr der Heere – und erinnert an das Verhalten der Amalekiter während des israelitischen Wüstenzuges (vgl. Ex 17,8–16 und Dtn 25,17.18). Saul soll alle Amalekiter töten und dabei weder Männer noch Frauen, weder Kinder noch Säuglinge, weder Rinder noch Schafe, weder Kamele noch Esel verschonen (V. 3).

Wie kann Samuel im Namen Gottes so etwas fordern? Gilt das fünfte Gebot noch, wenn man unter Berufung auf längst zurückliegende Konflikte selbst Kinder und Säuglinge töten darf? Es ist verständlich, wenn jemand an dieser Stelle die »Heilige Schrift« für immer zuschlägt. Wenn wir die Erzählung verstehen wollen, dann können wir jedoch nicht von unseren heutigen Maßstäben ausgehen. Im Alten Orient gab es eine solche Praxis, wie eine Stele zeigt, die man 1876 in Diban – östlich des Toten Meeres – gefunden hat. Danach weihte der moabitische König Mescha 7000 israelitische Männer und Frauen der ostjordanischen Stadt Nebo (Num 32,3.38) der Vernichtung.[95] Auch die israelitische Überlieferung spricht vom Kriegsbann in der Landnahmezeit (Num 21,2.3; Jos 6–8; Ri 1,17). Für die Königszeit gibt es zwar Hinweise, dass man unterlegene Gegner nicht immer getötet hat (vgl. 1 Kön 20,33.34). Aber dagegen erhob sich prophetischer Protest (1 Kön 20,35–43). Nach dem deuteronomischen Gesetz sollte man auf dem Siedlungsgebiet Israels alles Fremde töten, um so die eigene Identität zu wahren (Dtn 13,13–19; 20,16–18). Speziell für Amalek galt (Dtn 25,19): »Wenn der Herr, dein Gott, dir von allen deinen

---

95   H. Donner/W. Röllig, KAI II Nr. 181 (S. 169).

Feinden ringsum Ruhe verschafft hat in dem Land, das der Herr, dein Gott, dir als Erbbesitz gibt..., dann lösche die Erinnerung an Amalek unter dem Himmel aus.« Nach den militärischen Erfolgen Sauls (14,47.48) kann die harte Forderung von V. 3 nicht einmal überraschen.

Das Gebot, die Feinde samt Frauen und Kindern und sogar das Vieh zu töten, setzte natürlich voraus, dass Saul die Amalekiter zu besiegen vermochte. Daran lässt die nachfolgende Schilderung auch keinen Zweifel. Saul musterte seine Kämpfer aus Israel und Juda (V. 4). Er rückte bis zur Stadt der Amalekiter vor und legte sich in einem Bachtal in den Hinterhalt (V. 5). Nach einer rechtzeitigen Warnung der Keniter (V. 6) schlug er die Amalekiter und verfolgte sie bis weit in den Süden (V. 7). Den namentlich bekannten König der Amalekiter konnte er lebend gefangen nehmen; alle anderen Amalekiter wurden getötet (V. 8).

Wer waren diese Amalekiter? Es gab einen Stamm, der zwischen der Sinaihalbinsel und dem Südwesten Palästinas beheimatet war. Darauf weisen auch die konkreten Ortsangaben im hiesigen Abschnitt hin. Der Ort Telaim, an dem Saul seine Truppe musterte, könnte mit der Stadt Telem an der Grenze zu Edom identisch sein (Jos 15,24). Auch wenn die weiteren Ortsangaben nicht einfach zu lokalisieren sind, vermochte Saul seine Gegner offenbar bis zur Grenze Ägyptens zu verfolgen.

Hat Saul seinen Auftrag erfüllt? Nachdem der Erzähler mitgeteilt hat, was geschehen ist (V. 8), hält er inne und gibt ein Urteil ab (V. 9): Saul und das Volk haben gegen das ausdrückliche Gebot Samuels sowohl den König der Amalekiter als auch die besten Tiere »verschont«. Diese Feststellung wirft Fragen auf: Welche Strafe werden Saul und die Israeliten dafür erhalten? Wie wird Samuel reagieren? Was hat der Herr beschlossen?

In einer kurzen Szene (V. 10.11) hören wir, was der Herr zu Samuel gesagt hat: Saul hat sich vom Herrn abgewandt und seine Befehle nicht ausgeführt. Darum bereut es der Herr, ihn überhaupt zum König gemacht zu haben (vgl. V. 35).[96] Es fällt auf, dass die Herrschaft Sauls hier streng von Gott her beurteilt wird. Saul hat nicht das Wort Samuels missachtet, sondern die Weisung des Herrn. Nicht Samuel hat ihn gesalbt, sondern der Herr hat ihn zum König erhoben (vgl. V. 1.17). Samuel ist ganz in den Hintergrund getreten. Eine Aufgabe ist ihm aber geblieben: Er schrie die ganze Nacht zum Herrn. Konnte er etwas erreichen? Der Erzähler lässt das vorerst offen.

Saul war sich zunächst keiner Schuld bewusst. Er zog nach dem judäischen Ort Karmel (vgl. Jos 15,55; 1 Sam 25,2.5.7) und errichtete dort ein Denkmal, das offenbar an seinen Sieg über die Amalekiter erinnern sollte. Als Samuel ihn traf, war er bereits wieder in Gilgal am Unterlauf des Jordan (V. 12). Saul begrüßte Samuel nicht nur freundlich, sondern fügte hinzu: Ich habe den Befehl des Herrn ausgeführt (V. 13). Samuel bestritt das nicht einfach, sondern stellte eine Frage (V. 14): Was bedeuten die Schafe und Rinder, die sich lautstark bemerkbar machen? Saul konterte mit scheinbar guten Gründen (V. 15): Erstens hat das Volk die besten Tiere »verschont« (vgl. V. 9). Zweitens sollten sie alsbald Gott dem Herrn geopfert werden. Samuel blieb nun kein anderer Ausweg als sich auf die nächtliche Offenbarung des Herrn zu berufen (V. 16).

---

96 Nach J. Jeremias, Reue, 31, kann V.11 als eine Art »überschriftartiger Themasatz des gesamten Streitgesprächs« angesehen werden.

Er erinnerte zunächst daran, dass der Herr Saul zum König gesalbt hatte (V. 17; vgl. V. 1). Dann zitierte er den Auftrag, die Amalekiter zu »bannen«, d. h. zu töten (V. 18; vgl. 3). Schließlich klagte er ihn an, nicht auf den Herrn gehört und sich auf die Beute gestürzt zu haben (V. 19). Damit machte Samuel Saul allein verantwortlich. Saul widersprach: Es war das Volk, das die besten Tiere für entsprechende Opfer ausgewählt hat (V. 21; vgl. V. 15). Ansonsten habe er getan, was ihm aufgetragen war (V. 20). Dabei fällt auf, dass Saul es zu seinen Verdiensten zählt, den König der Amalekiter hergebracht zu haben. Die Verschonung Agags spielt bei der Auseinandersetzung zwischen den beiden Männern keine Rolle.

Wie sollte Samuel auf die hartnäckige Position Sauls reagieren? Samuel antwortete mit poetischen Sprüchen, die uns aus der klassischen Prophetie bekannt sind (V. 22.23): Hat der Herr das gleiche Gefallen an Opfern wie am Gehorsam (vgl. Jes 1,11–13; Jer 7,22.23; Mi 6,6–8)? Ist Gehorsam nicht besser als Opfer (vgl. Hos 6,6; Am 5,21–24)? War diese Argumentation überzeugend? Zweifellos war damit das »fromme« Motiv, die besten Tiere opfern zu wollen, außer Kraft gesetzt. Aber Samuel ging mit keinem Wort auf eine eventuelle Schuld des Volkes ein. Er beharrte darauf, dass allein Saul schwer gefehlt habe und darum bestraft werden müsse: »Weil du das Wort des Herrn verworfen hast, verwirft er dich als König.« (V. 23b).

Zu unserer Überraschung beugte sich Saul und bekannte seine Schuld.[97] Als Motiv gab er an, sich vor dem Volk gefürchtet zu haben (V. 24). Er bat Samuel,

---

97 Vgl. U. Berges, Verwerfung, 187: »Was auch sonst bei Vernehmungen geschieht, tritt hier ebenfalls ein: der Beklagte wird zusehend geständiger.«

seine Schuld hinwegzunehmen und mit ihm ins Heiligtum von Gilgal zurückzukehren (V. 25). Doch Samuel weigerte sich beharrlich (V. 26). Als ihn Saul festhalten wollte, riss ein Zipfel des Mantels ab (V. 27). Samuel nahm das zum Anlass, die entscheidende Strafe für Saul zu verkünden: Der Herr werde ihm die Herrschaft entreißen und einem besseren Anwärter geben (V. 28). Die Verwerfung Sauls wurde also durch eine symbolische Handlung bekräftigt, die allerdings nicht vom Propheten Samuel (vgl. 1 Kön 11,30), sondern von seinem Adressaten Saul ausging.

Damit ist der Punkt erreicht, der schon in der nächtlichen Offenbarung an Samuel deutlich wurde: Da es den Herrn reut, Saul zum König erhoben zu haben (V. 11), setzt er einen anderen als Herrscher ein. Doch von der Reue des Herrn ist jetzt gerade nicht die Rede: »Er, der ewige Ruhm Israels, kann weder lügen noch bereuen.« (V. 29). Reue ist hiernach eine viel zu menschliche Emotion, als dass man sie mit Gott in Verbindung bringen könnte.

Nach diesem Kommentar setzt der Erzähler seine Schilderung fort: Saul versuchte noch einmal, Samuel dazu zu bewegen, ihn vor den Ältesten Israels nicht bloßzustellen. Nach einem erneuten uneingeschränkten Sündenbekenntnis Sauls kam Samuel auch der Bitte nach (V. 30.31).

Die Verschonung Agags spielte bislang nur eine untergeordnete Rolle (V. 9; vgl. V. 8.20). Samuel hatte Saul nicht vorgeworfen, in dieser Hinsicht gefehlt zu haben. Er verlangte auch am Ende nicht von Saul, Agag hinzurichten. Diese Aufgabe übernahm Samuel selbst. Und er wandte sich nicht an Saul, sondern an eine unbekannte Gruppe mit den Worten (V. 32): »Bringt Agag, den König von Amalek, zu mir!« Nach einem Stoßseufzer Agags äußerte sich Samuel nicht

über die Schuld Sauls, sondern über die des Amalekiters (V. 33): »Wie dein Schwert die Frauen um ihre
Kinder gebracht, so sei unter den Frauen deine Mutter
kinderlos gemacht.« Agag starb demnach auf Grund
seiner eigenen Schuld, nicht wegen der Vergehen
seines Volkes am frühen Israel (V. 2). Danach kehrten
Samuel und Saul in ihre jeweiligen Städte zurück
(V. 34).

Der Erzähler fügt noch einen kurzen Kommentar an.
Wenn Samuel von diesem Tag an Saul nicht mehr sah
(vgl. aber 19,24), dann sollte damit der Bruch zwischen
den beiden Männern unterstrichen werden. Die Reue
des Herrn, Saul zum König gemacht zu haben, war für
Samuel Grund zu tiefer Trauer (V. 35).

2.4.2. Die Rollen

Welche Rolle spielt Saul? Der Herr hat ihn zum König
salben lassen (V. 1.17) bzw. zum König erhoben
(V. 11.35). Er hat mit seinem Kampf gegen die Amalekiter (V. 4–8) denn auch einen erheblichen Teil seines
Auftrags (V. 3) erfüllt. Er geht Samuel scheinbar mit
gutem Gewissen entgegen (V. 13) und vermag sich
gegenüber den harten Vorwürfen Samuels sogar zu
verteidigen (V. 15.21). Am Ende gesteht er allerdings
ein, aus Furcht auf das Volk gehört zu haben (V. 24). So
wird er als König verworfen (V. 23b.26b); ihm wird die
Herrschaft entzogen (V. 27.28). Die Verschonung
Agags und der besten Tiere wird heftig getadelt (V. 9).
So ist es kein Wunder, dass der Herr bereut, ihn jemals
zum König erhoben zu haben (V. 11.35).

Welche Verantwortung trägt das Volk? Nach Ansicht
des Erzählers war das Volk daran beteiligt, den Amalekiterkönig und die besten Rinder und Schafe zu verschonen (V. 9). Die Israeliten wollten die besten Tiere aus
der Beute nicht töten, sondern dem Herrn am Heiligtum

opfern (V. 15.21). Das Volk hat den König unter Druck gesetzt (V. 24). Dann muss es allerdings verwundern, dass das Volk nicht bestraft wird. Galt nicht auch für das Volk: Gehorsam ist besser als Opfer (V. 22)?

Samuel ist Werkzeug und Sprachrohr des Herrn. Ihn hat der Herr gesandt, um Saul zu salben; darum darf er jetzt auch Gehorsam gegenüber dem Herrn fordern (V. 1). Er verlangt im Namen des Herrn die Vernichtung aller Amalekiter einschließlich ihres Viehs (V. 2.3). Er erfährt unmittelbar, dass der Herr bereut, Saul überhaupt zum König gemacht zu haben. Davon tief betroffen, ruft er die ganze Nacht zum Herrn (V. 10.11). Ihm ist bekannt, dass Saul nicht die Wahrheit sagt (V. 13). Das Urteil über Saul hat er noch in der gleichen Nacht erfahren (V. 16). Darum weiß er, dass der Herr Saul verworfen (V. 23.26) und ihm die Herrschaft entrissen hat (V. 28). Die hiesige Erzählung gilt als »der deutlichste Beleg für den *Propheten* Samuel«.[98] Samuel ist eng mit dem Herrn, »seinem Gott« verbunden (V. 15.21)! Das schließt aber nicht aus, dass Samuel auch eigenständig handeln und sprechen kann. Er formuliert seine Anklage (V. 17–19) und seine Sicht der Opfer (V. 22) mit eigenen Worten. Er ist »Kläger und Richter« in einer Person.[99] Am Ende entschließt er sich, mit dem bereits verworfenen Saul vor die Ältesten Israels und vor das Volk hinzutreten (V. 30.31). Am deutlichsten wird seine Eigenständigkeit in der Szene, in der er Agag gegenübersteht und diesen wegen persönlicher Schuld richtet (V. 33), nicht wegen der Forderung des Herrn.

Der Herr, der Gott Israels, hat Saul gesalbt und zum König erhoben (V. 1.11.17). Er verwirft ihn aber

---

98   P. MOMMER, Samuel, 160.
99   So U. BERGES, Verwerfung, 185.

auch wieder (V. 23.26) und entzieht ihm die Herrschaft (V. 28). Er bereut sogar, Saul überhaupt zum König erhoben zu haben (V. 11.35). Andererseits vermag er gar nicht zu bereuen (V. 29). Die widersprüchliche Ausdrucksweise zeigt, wie wenig unsere menschlichen Begriffe und Vorstellungen auf Gott zutreffen.

2.4.3. Früher Sieg, Kritik am Opfer und Verwerfung Sauls

Die Erzählung enthält aber nicht nur unterschiedliche Aussagen zum Thema der Reue des Herrn. Andere Fragen und Beobachtungen kommen hinzu:

- Warum werden alle Amalekiter gebannt, deren König aber am Leben gelassen (V. 8)?
- Weshalb wird in V. 8 nur von einer Gefangennahme, in V. 9 aber von einer Verschonung Agags gesprochen?
- Wieso fordert Samuel nur von Saul Rechenschaft, wenn sich das Volk an der Verschonung der besten Tiere beteiligt hat (V. 9; vgl. V. 15.21)?
- Warum reut es den Herrn, dass er Saul zum König gemacht hat (V. 11), wenn er doch gar nichts bereuen kann (V. 29)?
- Aus welchem Grund akzeptiert Samuel das erste Sündenbekenntnis Sauls nicht (V. 26), während er nach der zweiten Selbstanklage des Königs dessen Bitte erfüllt (V. 31)?
- Weshalb wirft Samuel Saul nie vor, den König der Amalekiter verschont zu haben?
- Was geschieht mit den Tieren, die Saul und das Volk verschont haben? Hätte Samuel außer Agag nicht auch die verbliebenen Tiere töten müssen?

Saul wird in dieser Erzählung nicht nur heftig getadelt (V. 9.19), sondern auch als König verworfen

99

(V. 23b.26b). Der Herr bereut, ihn zum König gemacht zu haben (V. 11), und hat ihm die Herrschaft bereits entrissen (V. 28). Sieht man allerdings genauer hin, dann wird an Saul keineswegs nur Kritik geübt. Er nimmt bereitwillig den Kampf gegen die Amalekiter auf (vgl. Ex 17,8–16; 1 Sam 27,8; 30,1–31; 2 Sam 8,12), schlägt sie in die Flucht, nimmt ihren König gefangen und tötet die übrigen Amalekiter (V. 4–6aα.b.7.8). Aus einer Mitteilung an Samuel geht hervor, dass Saul ein Denkmal im judäischen Karmel errichtet hat und nach Gilgal gegangen ist (V. 12), um dem Herrn zu huldigen (V. 31). Als Samuel hinzukam (V. 13a.bα), ließ dieser ohne jeglichen Vorwurf gegenüber Saul Agag, den gefangenen König der Amalekiter, vorführen und schlug ihn in Stücke, um Vergeltung für dessen Untaten an den Israeliten zu üben (V. 32.33). Samuel beendete damit eigenhändig den »heiligen Krieg«. Anschließend kehrten beide Männer in ihre jeweilige Heimat zurück (V. 34). Bezeichnend für diese Schilderung ist es, dass sehr konkrete Orte angegeben werden: Telam, Hawila, Schur, Karmel, Gilgal, Rama und Gibea.[100] Da sich z. B. die Angaben über Agag gegenseitig stützen, dürfen wir an eine ältere Tradition denken, die durchaus mit Sympathie von Saul und Samuel erzählte.[101]

---

100 Eine »Stadt der Amalekiter« fügt sich allerdings nicht zum Bild eines Stammes, der sich noch nicht fest angesiedelt hat. Aber vielleicht hat sich Saul in der frühen Überlieferung mit einer amalekitischen Enklave auseinander gesetzt, die auf dem Gebiet Efraims lag; vgl. Ri 5,14 und 12,24 und D. EDELMAN, Battle, 71–84.

101 F. FORESTI, Rejection, 25–62, hat allerdings in seiner Literarkritik gerade die konkreten Angaben und die einmaligen Wendungen als späte Erweiterungen deklariert. Eine gründliche Auseinandersetzung mit ihm steht noch aus.

Die jüngere Überlieferung geht von einem »Bann« aller Amalekiter samt ihrer Beute aus (V. 3; vgl. Dtn 25,19). Auch wenn die amalekitischen Nomaden nicht zu den unmittelbaren Nachbarn der Israeliten gehörten, sollten sie so wie diese behandelt werden (vgl. Dtn 13,13–19 und 20,16–18). Der Verdacht liegt nahe, dass die vorliegende Erzählung in ihrer Grundgestalt deuteronomistisch geprägt ist. Dabei sollte man aber gewisse Unterschiede nicht übersehen. Nachdem Samuel dem König vorgeworfen hat, nicht auf die Stimme des Herrn gehört und sich auf die Beute gestürzt zu haben (V. 19), vermag sich Saul durchaus zu rechtfertigen: Er habe auf die Stimme des Herrn gehört, Agag herbeigeschafft und die Amalekiter vernichtet (V. 20). Das Volk habe allerdings die besten Tiere aus der Beute ausgewählt, um sie dem Herrn in Gilgal zu opfern (V. 21; vgl. V. 15). Samuel ist damit jedoch nicht zufrieden: »Hat der Herr an Brandopfern und Schlachtopfern das gleiche Gefallen wie am Hören auf die Stimme des Herrn?« (V. 22a). Die Worte »auf die Stimme des Herrn hören« werden in diesem Wortwechsel mehrmals wiederholt und bilden die *Leitwendung* (vgl. V. 14). Der Tadel Samuels entspricht dabei der prophetischen Opferkritik (vgl. Jes 1,10–17; Jer 7,21.22; Hos 6,6; Am 5,21–24; Mi 6,6–8). Saul ist dabei der Adressat, aber nicht der Hauptschuldige.[102]

Wenige Verse später lastet aber alle Schuld auf ihm (V. 23b): »Weil du das Wort des Herrn verworfen hast, verwirft er dich als König.« Saul gesteht jetzt, dass er den Befehl des Herrn übertreten, das Volk gefürchtet und auf

---

102 Die deuteronomistische Redaktion hat die etwas ältere prophetische Kritik an den geplanten Opfern aufgegriffen und in ihre Version integriert.

seine Stimme gehört habe (V. 24). Seine Bitte um Vergebung (V. 25) wird aber von Samuel scharf zurückgewiesen und das Urteil der Verwerfung wiederholt (V. 26). Die folgende Szene sagt mit anderen Worten dasselbe: Saul will Samuel festhalten, reißt den Zipfel seines Mantels ab und vernimmt, dass der Herr ihm die Königsherrschaft über Israel bereits entrissen und einem besseren Kandidaten gegeben habe (V. 27.28). Das Verbum »verwerfen« ist uns bereits in deuteronomistischen Partien begegnet (1 Sam 8,7; 10,19); ähnliche Belege lassen sich mühelos finden (16,1; 2 Kön 17,15.20; 23,27). Dass der Herr Saul das Königtum »entrissen« habe, wiederholt Samuel später noch einmal (28,17). Sehr nahe liegt natürlich auch der Vergleich mit dem Auftritt des Propheten Ahija vor Jerobeam (1 Kön 11,31) und vor seiner Frau (1 Kön 14,8). Wenn diese Erzählung deuteronomistisch bearbeitet worden ist, dann trifft das auch auf die Absetzung Sauls zu. Den Herrn reut es, ihn überhaupt zum König gemacht zu haben (V. 10.11).

Um so verwunderter ist man allerdings, wenn nach der heftigen Schelte Sauls festgestellt wird, dass der Herr gar nicht etwas bereuen kann (V. 29; vgl. Num 23,19).[103] Die späte Bearbeitung ist bereits an der ungewöhnlichen Bezeichnung Gottes – »Ruhm Israels« – zu erkennen. Ein Glossator hat schließlich aus den Amalekitern schlicht und einfach »Sünder« gemacht, um so die Forderung nach ihrer generellen Vernichtung besser zu motivieren (V. 18).

2.4.4. Schuld und Schicksal

Der jüngste Einschub in V. 18 zeigt, dass die Erzählung schon in biblischer Zeit Fragen aufwarf. Ein Vergleich

---

103   W. DIETRICH, David, 17, weist die Glosse einem späten Deuteronomisten zu (DtrN).

mit David lässt das Problem noch deutlicher zutage treten: Warum darf er nach Kämpfen mit den Amalekitern die Beute mit sich führen (1 Sam 27,9) und nach eigenen Maßstäben unter seinen Gefolgsleuten verteilen (1 Sam 30,24)? Warum wird er nicht verworfen? Die Erzählungen über David zeigen, dass ihnen solche Forderungen noch nicht bekannt waren. In der hiesigen Saulerzählung muss sich Saul aber an den harten Bestimmungen über die Amalekiter (Dtn 25,27–19) orientieren. Jetzt gerät die Identität Israels als Volk Gottes in Gefahr, wenn nicht alle amalekitischen Lebewesen auf der Stelle sterben (vgl. Dtn 13,17; 20,16). Warum greift man aber auf diese Gesetze zurück, die wir nur schwer verstehen? Wir werden den Verdacht nicht los, dass man in dieser späten Zeit – dem 6. Jahrhundert v. Chr. – nach einer Schuld Sauls gesucht hat, um das vorzeitige Ende seiner Herrschaft erklären zu können. Schuld und Schicksal werden eng miteinander verknüpft. Doch das wird nicht das letzte Wort der Bibel bleiben. Denn Kohelet wird darauf hinweisen, wie wenig man aus dem frühen Ende eines Menschen auf dessen Schuld schließen darf (Koh 7,15).

3. Der Konflikt zwischen Saul und David (1 Sam 16–26)

Der Name Davids tauchte in den bisherigen Saulerzählungen noch nicht auf. Samuel hat nur angekündigt, dass sich der Herr »einen Mann nach seinem Herzen« gesucht und ihn zum Fürsten über sein Volk bestellt habe (1 Sam 13,14). Samuel sprach lediglich von einem anderen, der »besser« sei als Saul (15,28). Das ändert sich jetzt, wenn wir jene Kapitel betrachten, die gewöhnlich zur »Aufstiegsgeschichte Davids« gezählt werden.[104]

3.1. Davids Weg an den Hof Sauls (1 Sam 16,14–23)

Saul wurde bereits in den ersten Erzählungen als Charismatiker dargestellt. Samuel kündigte ihm nicht nur an, dass der Geist des Herrn über ihn kommen werde (1 Sam 10,5.6). Als Saul der Prophetengruppe von Gibea begegnete, sprang der Geist Gottes auch auf ihn über (V. 10). Ähnliches geschah vor der Befreiung der ostjordanischen Stadt Jabesch (1 Sam 11,6). Vom Geist des Herrn ist auch jetzt die Rede, allerdings anders als erwartet.

3.1.1. Davids Aufstieg als Musiktherapeut und Waffenträger

»Der Geist des Herrn war von Saul gewichen; jetzt quälte ihn ein böser Geist, der vom Herrn kam.« Was mag mit dem »bösen Geist« gemeint sein? Vermutlich würden wir von einer tiefen Depression sprechen. Der Erzähler geht davon aus, dass die psychische Störung vom Herrn ausgelöst wurde. »Sauls Leiden wird nicht von der Psychopathie oder Psychologie, sondern der Theologie her dargestellt.«[105] Saul war offenbar so hilflos, dass sich seine Diener seiner annahmen und ihm einen Vorschlag unterbreiteten (vgl. 1 Kön 1,2).[106] Man sollte einen Mann suchen, der nach unseren heutigen Begriffen als Musiktherapeut wirken konnte.

---

104 Dabei soll die Frage, ob die »Aufstiegsgeschichte Davids« jemals unabhängig von der Thronfolgegeschichte existiert hat, nicht berührt werden. Vgl. W. Dietrich/Th. Naumann, Samuelbücher, 86.
105 H. W. Hertzberg, Samuelbücher, 111 f.
106 Vgl. Th. Seidl, David, 49.

Saul brauchte nur zustimmen. Einer der Diener kannte bereits den richtigen Mann, der die Leier zu spielen verstand (vgl. Abb. 6). Der junge Mann aus Betlehem verfügte zudem über weitere Eigenschaften, die zunächst gar nicht gefragt waren: tapfer, guter Krieger, wortgewandt, von schöner Gestalt. Auf Bitten Sauls schickte Isai seinen Sohn David mit zusätzlichen Gaben – Brot, Wein und ein Ziegenböckchen – zum König. Was wollte Isai mit diesen Geschenken erreichen? War er sich nicht sicher, dass Saul seinen Sohn gut behandeln würde? Als David an den Hof gekommen war, gewann ihn Saul lieb und machte ihn zu seinem Waffenträger. War aber David nicht aus einem ganz anderen Grund ausgesucht worden? Von den

Abb. 6: Ein ägyptischer Leierspieler aus einem Grab
in Beni Hasan

quälenden Depressionen ist hier gar nicht die Rede. Nachdem David hinreichend erprobt war, entschloss sich Saul, diesen jungen Mann bei sich zu behalten (1 Sam 14,52). Erst am Ende der kurzen Erzählung ist davon die Rede, dass David zur Leier griff, wenn der »böse Geist Gottes« Saul überfiel.

3.1.2. Saul und der böse Geist

Achtet man auf alle Wendungen, die »Geist« gebrauchen, dann fallen Unterschiede auf, die zwar den Eindruck erwecken, geringfügig zu sein, die aber nicht übersehen werden sollten:

- Wie ist es zu verstehen, dass einerseits der Geist des Herrn Saul verlässt (V. 14a), dass ihn aber dann ein »böser Geist vom Herrn« quält (V. 14b)?
- Wie kommt es, dass sich die Bezeichnungen für den »bösen Geist« unterscheiden? Zweimal wird von einem »bösen Geist Gottes« gesprochen (V. 15.16), einmal nur vom »Geist Gottes« (V. 23a), einmal von einem »bösen Geist vom Herrn« (V. 14) und schließlich nur von einem »bösen Geist« (V. 23b).[107]
- Lässt sich irgendetwas daraus ableiten, dass einerseits der Geist mit »Gott«, andererseits mit dem »Herrn« in Verbindung gebracht wird?
- Was lässt sich daraus folgern, dass der Ausdruck »böser Geist Gottes« schon in der Septuaginta und in der Peschitta – der syrischen Übersetzung – fehlt?

Die Unterschiede in der Terminologie weisen darauf hin, dass die kurze Erzählung noch ihre Geschichte erkennen lässt. Der Erzähler sprach ursprünglich von

---

107   In der Septuaginta ist in V. 14 von einem »bösen Geist vom Herrn«, in V. 15 von einem »bösen Geist des Herrn« und in V. 16 und 23 nur von einem »bösen Geist« die Rede.

einem »bösen Geist Gottes« (V. 15.16). Wenn am Ende nur vom »Geist Gottes« die Rede ist (V. 23), dann handelt es sich wohl nur um eine verkürzte Redeweise. Der alte Erzähler brachte den bösen Geist ganz unbefangen in eine unmittelbare Verbindung mit Gott. Gottes Allmacht schloss ein, dass auch die psychischen Störungen Sauls auf einen »bösen Geist Gottes« zurückgingen. Es ist verständlich, dass man später deutlicher zwischen einem solchen »bösen Geist« (V. 23b) und Gott unterschied und nur mehr von einem »bösen Geist vom Herrn« (V. 14b) sprechen wollte.[108] Als die Erzählung von der Salbung und Geistbegabung Davids (1 Sam 16,1–13) vorangestellt wurde, stellte man der hiesigen Überlieferung voran, dass der Geist des Herrn von Saul gewichen war. Danach gab es nur noch David als Geistträger.

3.1.3. Die Rollen Davids und Sauls

Nach einer verbreiteten Ansicht beginnt mit der hiesigen Erzählung die Aufstiegsgeschichte Davids. Der Erzähler schildert uns, unter welchen Umständen David an den Hof des Saul kam. Auf den ersten Blick hin scheint David als »Musiktherapeut« gefragt zu sein. Es fällt aber auf, dass er nach der Ankunft am Hof Sauls dessen Waffenträger wird. Dabei scheint die »militärische« Karriere mit der »musikalischen« wenig zu tun zu haben. David wird nicht deshalb Waffenträger, weil er die Depressionen Sauls vertreiben kann, sondern weil Saul ihn mag. Achtet man allein auf den Abschnitt in V. 19–21, dann könnte man denken, dass

---

108 Wir können dazu vergleichen, dass man in der älteren Zeit noch davon sprach, dass Gott David zur Volkszählung verleitet hat (2 Sam 24,1), während diese Rolle später dem Satan zuerkannt wurde (1 Chr 21,1).

Saul David an seinen Hof geholt habe, weil er jeden »starken und kriegstüchtigen Mann« gebrauchen konnte (1 Sam 14,52). Wir dürfen nicht ganz vergessen, dass David nach einer anderen Erzählung wegen seiner Tapferkeit die Aufmerksamkeit des Königs erregt hat (1 Sam 17,55–58). Der Erzähler nimmt also auf die unterschiedlichen Qualitäten Davids Rücksicht. Das kam seinen eigenen Vorstellungen offenbar entgegen. Denn er legt einem der Diener Sauls Worte in den Mund, die David als einen idealen jungen Mann darstellten: Er war tüchtig, ein guter Krieger, wortgewandt und von schöner Gestalt. Das entsprach den Vorstellungen von einem jungen Mann, der am Hof ausgebildet worden war (Spr 22,29). Hinzu kam, dass der Herr mit ihm war (vgl. 18,12.14.28; 20,13; 2 Sam 5,10).

Sauls Bild in der Erzählung ist widersprüchlich. Er war selbst in den Augen seiner Diener so krank und gestört, dass er sich nicht mehr selbst helfen konnte. Der ursprüngliche Erzähler sah darin ein Zeichen, dass ein böser Geist Gottes ihn erfasst hatte. Saul war aber David zugetan, als er dessen Fähigkeiten erkannte, und sprach offen aus, dass er den jungen Mann aus Betlehem beständig bei sich wissen wollte. Der Erzähler weist auf die Probleme hin, die Saul in Schwierigkeiten brachten, aber er lässt den weiteren Ausgang offen. Wird Saul neben dem jungen Mann bestehen können, dem der Beistand des Herrn sicher war?

3.2. Saul und der Kampf gegen Goliat (1 Sam 17,1–58)

In der Erzählung, in der David einen Philister im Zweikampf besiegt, spielt Saul nur eine begrenzte Rolle. Darum sei es gestattet, hier nicht die gesamte

Erzählung ins Auge zu fassen, sondern den Blick auf Saul zu konzentrieren.[109]

Saul war demnach nicht der überragende König. Als der Philister »die Reihen Israels« verhöhnte (V. 10), erschrak und verstummte Saul ebenso wie die Israeliten (V. 11). Für W. Dietrich fällt damit »kein gutes Licht auf den König«.[110] In welcher Notlage sich der König befindet, ergibt sich auch aus dem Gespräch der israelitischen Kämpfer, das David zu Ohren kommt: Wer diesen Philister schlägt, der wird nicht nur von Steuern befreit werden, sondern auch die Königstochter zur Frau erhalten (V. 25–27). Der Erzähler beteuert dabei nicht, dass es sich um eine verbindliche Auskunft aus dem Königshof handelt. Die Rede von einer wunderbaren Belohnung soll nur zeigen, in welcher Bedrängnis Saul ist.[111]

Nachdem Saul von den mutigen Worten Davids (V. 27) erfahren hat, ergreift er selbst die Initiative und lässt diesen herbeiholen (V. 31). David erhält die Gelegenheit, sich selbst als Zweikämpfer gegen Goliat zu empfehlen (V. 32). Saul warnt jedoch den jungen David davor, dem kampferprobten Philister entgegenzutreten (V. 33). Nachdem David auf seine Erfahrungen als Hirte verwiesen hat, lässt sich Saul aber überzeugen und übergibt David sogar seine eigene Rüstung, damit der junge Mann hinreichend geschützt ist (V. 38.39). David kann zwar wenig damit anfangen, weil er ein Hirte ist und sich lieber auf seine Steinschleuder verlässt (V. 39.40). Aber das ändert nichts an dem

---

109 Wer sich mit der Erzählung als ganzer und ihrem Werdegang beschäftigen möchte, sei auf die Kommentare und auf die Untersuchungen von W. DIETRICH, Erzählungen, 172–191, und S. A. NITSCHE, David, 26–53, hingewiesen.

110 W. DIETRICH, Erzählungen, 180.

111 Vgl. D. V. EDELMAN, King, 128.

grundsätzlichen Wohlwollen Sauls gegenüber dem Sohn des Isai.

Nachdem David den Philister tatsächlich besiegt hat, erkundigt sich Saul genau nach der Herkunft Davids (V. 55–58). Dabei tritt noch deutlicher als bisher (V. 39.40) zu Tage, dass die vorangehende Erzählung nicht vorausgesetzt wird, in der David der »Musiktherapeut« und der Waffenträger Sauls geworden ist und nach der Saul den jungen David sogar lieb gewonnen hat (16,14–23). Um so erstaunlicher ist aber das gute Einvernehmen zwischen Saul und David in der letzten und wie in der hiesigen Erzählung. Wird das so bleiben?

3.3. Jonatans Freundschaft und Sauls Feindschaft (1 Sam 18,1–16)

Bislang war Saul dem jungen David zugetan (16,21), er war um ihn besorgt (17,33) und suchte ihn zu schützen (17,38.39a). Das gute Verhältnis bleibt auch am Anfang des vorliegenden Abschnittes bestehen (V. 2.5), ändert sich danach aber schlagartig. Welche Ursachen sind dafür verantwortlich?

3.3.1. Die große Wende zwischen Saul und David

Der Erzähler setzt unvermittelt mit einem Hinweis auf die Freundschaft Jonatans mit David ein. Der Sohn Sauls war David eng verbunden und liebte ihn wie sich selbst (V. 1; vgl. Lev 19,18). Anschließend holt der Erzähler nach, aus welchem Grund sich Jonatan und David jetzt öfter treffen konnten: Saul behielt David bei sich und ließ ihn nicht mehr nach Betlehem zurückkehren (V. 2). Hatte Isai seiner Bitte (16,22) nicht entsprochen (vgl. 17,15)? Jonatan und David schlossen sogar einen Bund. Dabei wiederholt der Erzähler noch einmal, dass Jonatan David wie sich selbst liebte (V. 3). Darum überreichte Jonatan David seinen Mantel, seine Gewänder, sein Schwert, seinen Bogen und seinen Gürtel (V. 4). Damit versetzte er David in die Lage, mit einer guten Ausrüstung kämpfen zu können. Saul konnte David überall hinschicken. Er war so erfolgreich, dass ihn Saul an die Spitze aller seiner Krieger stellte. Damit war auch ein hohes Ansehen beim Volk wie bei den Dienern Sauls verbunden (V. 5). Ist es dabei geblieben?

Schon im nächsten Augenblick zeigten sich die Probleme. Schuld daran war nicht der Erfolg Davids (V. 5), sondern der Jubel der Frauen. Sie gingen den heimkehrenden Kämpfern mit Gesang, Musikinstrumenten und Tanz entgegen und stellten David noch über den König Saul (V. 7): »Saul hat Tausend erschlagen, David aber Zehntausend.« Saul ertrug es nicht, in der Gunst der Frauen an zweiter Stelle zu stehen (V. 8): »Jetzt fehlt ihm nur noch die Königswürde.« Wir dürfen nicht vergessen, dass Saul nach seinem ersten militärischen Erfolg zum König erhoben worden war (11,1–11.15). Von diesem Tag an beobachtete Saul den jungen Mann aus Betlehem mit Argwohn (V. 9).[112]

Am nächsten Tag kam noch eine weitere Ursache für den Zwist hinzu. Ein »böser Geist Gottes« (vgl. 16,15.16) überfiel den König und brachte ihn zur Raserei (vgl. 10,10.11; 19,20.21.23.24). David spielte zwar wie an jedem Tag auf seiner Leier, aber das änderte an der Gemütsverfassung Sauls nichts (vgl. 16,23). Die Kunst der »Musiktherapie« versagte, Saul

---

112 Das Verbum »mit Argwohn beobachten« ist von einer Wurzel abgeleitet, die »Auge« bedeutet.

verlor »die Kontrolle über sich selbst«.[113] Der Erzähler schildert nicht nur, dass Saul die Lanze auf David schleuderte (vgl. 20,33), sondern gibt auch die Absicht Sauls wieder: »Ich will David an die Wand spießen!« Da David zweimal auswich, erfahren wir, dass Saul den Anschlag wiederholt hat (V. 11).

Danach hätte sich David eigentlich fürchten und die Flucht ergreifen müssen (vgl. 19,10). Die Erzählung schlägt aber eine andere Richtung ein: Nicht David fürchtete sich, sondern Saul. Der König musste erkennen, dass der Herr mit dem Sohn des Isai war, ihn selbst aber verlassen hatte (V. 12). Die Folge war, dass nicht David vor Saul floh, sondern Saul ihn aus seiner unmittelbaren Umgebung entfernte und zum Obersten einer Tausendschaft machte (V. 13). Stand er aber nicht eben noch an der Spitze aller Krieger Sauls (V. 5)? War die jetzige Beförderung nicht eine Degradierung? Für David hatte das allerdings keine negativen Folgen. Ihm war weiterhin Erfolg beschieden. Der Erzähler spricht erneut vom Beistand des Herrn (V. 13; vgl. V. 12). David war weiterhin bei allen beliebt und zog vor Israel und Juda in den Kampf und wieder heim (V. 16). Wiederum heißt es, dass sich Saul vor David fürchtete (V. 15).

3.3.2. Zwei Fassungen der Erzählung

In der alten Septuaginta fehlen die Äußerungen zur Freundschaft zwischen David und Jonatan (18,1–4), die Erhebung Davids zum Feldherrn (18,5), aber auch der doppelte Anschlag auf das Leben Davids (18,10.11.12b). Weitere Fragen kommen hinzu:

---

113   So F. Stolz, Samuel, 124.

- Warum wird jetzt nochmals gesagt, dass Saul David bei sich behielt (V. 2)? Hat sich Isai dem ersten Wunsch (16,22) verweigert?[114]
- Konnte David mit der Rüstung, dem Schwert, dem Bogen und dem Gürtel Jonatans überhaupt etwas anfangen (vgl. 17,39)?
- Warum wird die Feindschaft Sauls gegenüber David einmal mit seinem Argwohn erklärt, ein andermal mit dem »bösen Geist Gottes«?
- Warum führt der doppelte Anschlag auf das Leben Davids (V. 10.11) dazu, dass sich Saul fürchtet, nicht David?
- War es nicht eine Degradierung, wenn Saul David zum Anführer einer Tausendschaft erhob (V. 13), nachdem er schon einmal an der Spitze des gesamten Heeres stand (V. 5)?

Die ersten Fragen weisen darauf hin, dass die hiesige Erzählung nicht von Anfang an mit dem vorangehenden Kontext verbunden war. So erklärt es sich am leichtesten, dass Saul jetzt erst David bei sich behält (vgl. 16,22) und David die Rüstung seines Freundes Jonatan nicht zurückweist (vgl. 17,38.39a). Die »Aufstiegsgeschichte Davids« ist aus ursprünglich selbständigen Erzählungen gebildet worden.

Die kurze Fassung in der alten griechischen Übersetzung (V. 6–9.12–16) könnte durchaus ein älteres Stadium der Erzählung repräsentieren. In dieser Version genügt ein einziger Grund für den Argwohn Sauls: der Jubel der Frauen (V. 6–9). David wird darin nicht erst zum Feldherrn erhoben (V. 5) und dann zum einfachen Offizier degradiert (vgl. V. 5 und 13). Sauls Furcht vor David (V. 12a) knüpft besser an seine

---

114   So D. V. EDELMAN, King, 136.

Eifersucht und seinen Argwohn an als in der hebräischen Erzählung.

Das mindert den Wert der umfangreicheren hebräischen Erzählung keineswegs. Denn in ihr sind Jonatan und David von Anfang an eng miteinander verbunden (V. 1.3.4). Außerdem wird die Wende in den Beziehungen zwischen David und Saul noch krasser. Will Saul den Betlehemiter zunächst ständig bei sich haben (V. 2) und erhebt er ihn sehr bald zum Führer des gesamten Heeres, so bewirkt der »böse Geist Gottes« wenig später, dass Saul den jungen David eigenhändig zu töten sucht (V. 10.11).

Aus welcher Zeit stammt die frühe Erzählung? Es ist wenig wahrscheinlich, dass die Frauen Israels schon dem jungen David nach dem vermeintlichen Sieg über Goliat zugejubelt haben (V. 7). Der Gesang der Frauen setzt eher voraus, dass man das Wirken Sauls mit dem Erfolg des Königs David (2 Sam 8,1) vergleichen konnte.[115] Sauls Beitrag zur Überwindung der philistäischen Hegemonie wurde dabei durchaus anerkannt.

3.3.3. Die Rollen Davids, Jonatans und Sauls

Der strahlende Held der Erzählung ist natürlich David. Er hat im Kampf immer und überall Erfolg (V. 5.14; vgl. V. 27.30). Er ist bei allen beliebt (V. 5.16). Die Frauen jubeln ihm zu (V. 7; vgl. 21,12 und 29,5). Jonatan liebt ihn wie sich selbst (V. 1.3) und übergibt ihm seine Rüstung (V. 4). Immer wieder hebt der Erzähler hervor, dass der Herr mit ihm war (V. 12.14; vgl. V. 28).

Jonatan spielt nur in wenigen Versen am Anfang eine Rolle. Er war David nicht nur eng verbunden; er

---

115   Vgl. V. Fritz, Samuel, 123, und S. Kreuzer, Saul, 68.

liebte ihn wie sich selbst (V. 1 und 3).[116] Jonatan erwies David eine echte Freundschaftstat. Er schenkte dem jungen Mann aus Betlehem eine vollkommene Ausrüstung, die David sonst nicht erhalten hätte. Damit ermöglichte er den Aufstieg Davids. Dass sich Jonatan hier schon dem kommenden Herrscher unterworfen habe,[117] deutet der Erzähler allenfalls an.

Sauls Verhältnis zu David war anfangs noch sehr wohlwollend. Nach dem Sieg über Goliat behielt er David bei sich und ließ ihn nicht nach Hause zurückkehren (V. 2; vgl. 17,15). Er stellte ihn nach den ersten Erfolgen an die Spitze aller seiner Krieger (V. 5). Doch dann lösten die Frauen mit ihrem Lied (V. 7) die Eifersucht und den Argwohn des Königs aus (V. 8.9). Es war aber vor allem der »böse Geist Gottes«, der ihn außer sich geraten ließ und dazu bewog, zweimal die Lanze auf David zu werfen. Kein Wunder, dass er sich vor dem jungen Mann fürchtete, der sich nicht festnageln ließ! Jeder Erfolg des jungen Betlehemiters musste Sauls Angst nur noch verstärken. Dadurch trat aber auch eine Kluft zwischen Saul und dem Volk zutage, das David ausnahmslos liebte (V. 16).

Saul steht vor uns als ein König, den der Herr verlassen hatte. Hatte er sich das selbst zuzuschreiben? Oder war es sein Schicksal, das er nicht zu ändern vermochte? Spricht der Erzähler nur von Saul oder hält er allen einen Spiegel vor, die in der öffentlichen Meinung anderen den Vortritt lassen müssen?

---

116 M. NISSINEN, Liebe, 250–263, spricht von einer »homoerotischen« Beziehung.
117 So D. V. EDELMAN, King, 136.

3.4. Michals Heirat (1 Sam 18,17–30)

Bei modernen Politikern erwartet man gern eine entsprechende »Ausstrahlung«, auch wenn sich die nicht so leicht definieren lässt. David scheint über diese Fähigkeit offenbar verfügt zu haben. Denn ihm flogen die Herzen der Israeliten zu. Sauls Sohn Jonatan liebte ihn wie sich selbst. Konnten sich die Töchter Sauls der Faszination Davids entziehen?

3.4.1. Sauls listige Angebote und Michals Liebe

Saul hatte David absichtlich aus seiner Umgebung entfernt (V. 13). Um so überraschender wirkt dann sein Angebot an David, die älteste Königstocher heiraten zu dürfen (V. 17). Wollte Saul damit den Sieger über den Philister Goliat belohnen (17,25)? Konnte er aber wirklich den als Schwiegersohn wünschen, auf den er schon zweimal seinen Speer geworfen hatte (V. 10.11)? An dieses Angebot knüpfte Saul nur eine Bedingung: David sollte sich als tapferer Mann erweisen und die »Kriege des Herrn« führen. Welche List hinter diesen Worten steckte, ergibt sich aus der Überlegung, die Saul für sich behielt: »Ich will nicht meine Hand gegen ihn erheben; das sollen die Philister tun.« David schien von der hinterlistigen Absicht des Königs nichts zu ahnen und fühlte sich hochgeehrt, falls er trotz seiner niedrigen Herkunft die Hand der Königstochter erhalten würde (V. 18). Da Saul aber keine konkrete Bedingung für die Heirat genannt hatte, konnte er seine Zusage ohne Angabe von Gründen wieder zurückziehen[118] und sie einem anderen Mann – Adriël aus Mehola – geben.[119]

---

118 Vgl. D. J. A. CLINES, Michal, 31.
119 In 2 Sam 21,8 wird allerdings gesagt, dass Michal mit Adriël aus Mehola verheiratet war.

Saul hatte noch eine jüngere Tochter, die David liebte (V. 20). Als Saul davon erfuhr, verfolgte er erneut die hinterhältige Absicht, David in die Hände der Philister fallen zu lassen. Geschickt bediente er sich seiner Diener, die mit David verhandelten. Dabei setzten diese voraus, dass es noch ein relativ ungetrübtes Verhältnis zwischen David und Saul gab (V. 22). Sie wussten noch nichts von der gefahrvollen Wende, die inzwischen eingetreten war. David zeigte sich auch diesmal von dem Angebot sehr angetan, da er sich selbst als »arm« und »gering« einschätzte (V. 23). Nach der Rücksprache mit Saul nannten die Diener dann die entscheidende Bedingung: den Nachweis über 100 tote Philister (V. 25).[120] David gefiel diese Chance so gut, dass er eher als vereinbart aufbrach und die doppelte Anzahl an Philistern tötete (V. 27). Damit hatte David alle Bedingungen mit einem Mal erfüllt; er brauchte also nicht weiterhin die »Kriege des Herrn« führen. Saul musste Michal David zur Frau geben. Da sein Vorhaben gescheitert war, erkannte er, dass der Herr mit David war. Saul verharrte in Furcht und Feindseligkeit (V. 29). David aber hatte gerade im Kampf mit den Philistern mehr Erfolg als alle anderen und sein Name, sein Ruf wurden immer gewichtiger (V. 30).

3.4.2. Vater, Töchter und Schwiegersohn

Leserinnen werden an dieser Erzählung zu Recht Anstoß nehmen. Die ältere Tochter Sauls ist ein Spielball in der Hand ihres Vaters. Saul bietet David eine Ehe mit seiner älteren Tochter an, ohne Merab überhaupt zu fragen. Außerdem nimmt der König in

---

120 Die Philister waren gewöhnlich unbeschnitten und wurden oft auch so bezeichnet (Ri 14,3; 15,18; 1 Sam 14,6; 17,26.36; 2 Sam 1,20).

seinen Überlegungen in Kauf, dass David nach der Eheschließung durch die Hand der Philister fällt und Merab Witwe wird. Am Ende bestimmt Saul einen anderen Ehemann für Merab.

Bei Michal ist das etwas anders. Sie ist die einzige namentlich bekannte Frau innerhalb des Alten Testaments, von der es heißt, dass sie einen Mann liebt.[121] Saul versucht das jedoch auszunutzen; sie soll für David zum Fallstrick werden. Die Diener verhandeln in Sauls Auftrag mit David, Michal ist dabei nicht beteiligt. Zum Glück für sie besteht nicht die Gefahr, dass sie bald Witwe wird. Denn Davids Kampf gegen die Philister ist Vorbedingung (V. 25), nicht Konsequenz der Eheschließung (V. 17). Falls David dabei fallen sollte, würde sie »nur« ihren Freund vor der Heirat verlieren.

Saul wird als hinterlistiger König dargestellt, der scheinbar David seine Gunst erweist, insgeheim aber ganz andere Pläne verfolgt. Er hält sich zwar – zumindest im zweiten Fall – an sein Wort und gibt Michal David zur Frau. Aber nachdem er erkannt hat, dass der Herr David beisteht und Michal ihn liebt, ist seine Feindschaft gegenüber David unumstößlich (V. 29; vgl. 19,1).

David beteuert beim ersten Angebot Sauls, dass er es auf Grund seiner Herkunft eigentlich nicht wert sei, Schwiegersohn des Königs zu werden (V. 18). Als die Diener erneut von dieser Chance sprechen, hebt er die Schwierigkeit hervor, dass er als »armer und geringer Mann« den Brautpreis nicht zu bezahlen vermag, den der König verlangen könne (V. 23b). Saul kommt ihm

---

121 So A. BERLIN, Characterization, 70. Die Moabiterin Rut wagt sich zwar auch weit vor (Rut 3,7), aber Boas ist ihr zuvor schon entgegengekommen (Rut 2,8. 911. 12.14–16).

scheinbar weit entgegen, so dass alles von dem Mut und der Kampfkraft Davids abhängt (V. 25). Der mittellose David kann Schwiegersohn des Königs werden, weil er sich durch entsprechende Tapferkeit und Erfolg auszeichnet (V. 27). Als es ihm gelungen ist, wird ausdrücklich betont, dass der Herr mit David ist (V. 29).

3.4.3. Eine kürzere und eine längere Fassung

Ähnlich wie im ersten Abschnitt dieses Kapitels bietet die alte Septuaginta auch hier einen kürzeren Text (V. 20.21a.22–26a.27–30). Der Abschnitt über die ältere Tochter Merab (V. 17–19) fehlt ganz. Dürfen wir auch hier die kürzere als die ältere Gestalt der Erzählung ansehen? Das ist aber nicht die einzige Frage, die sich uns stellt:

- Warum bietet Saul David an, seine älteste Tochter Merab zu heiraten? Erfüllt er damit ein gegebenes Versprechen (17,25)?
- Warum sprechen Saul und David über Merab direkt miteinander (V. 17.18), während Saul danach fast nur durch seine Diener mit David verhandelt (V. 22–26a)?
- Warum äußert sich Saul bezüglich seiner jüngeren Tochter Michal nur ein einziges Mal unmittelbar gegenüber David (V. 21b)?
- Welche Zeit war noch nicht um, als David aufbrach und 200 Philister tötete (V. 26b)?
- Setzt das Angebot des Königs (V. 22) nicht voraus, dass sich David nach Ansicht der königlichen Diener noch der Gunst Sauls erfreuen konnte?

In der hiesigen Erzählung wird nicht vorausgesetzt, dass Saul dem Sieger über Goliat eine seiner Töchter zur Frau geben wollte (17,25). Denn Saul fordert im Fall

Merabs wie Michals, dass David erneut mit den Philistern kämpft (V. 17.25).[122] Die Angebote Sauls stehen auch in einer gewissen Spannung zu seiner Absicht, David nur von weitem zu sehen (V. 13). Das spricht dafür, dass wir es mit einem Erzählungsstoff zu tun haben, der einmal selbständig tradiert, jetzt aber fest in das Kapitel eingebunden ist (vgl. V. 30).

Stellt die kurze Fassung der Septuaginta auch die ältere Gestalt der Erzählung dar? Für die alte griechische Version ist es bezeichnend, dass Saul darin nur über seine Diener mit David verhandelt. Die direkten Gespräche der beiden Männer fehlen (V. 17.18. 21b). In diesem Teil der Erzählung stellt Saul auch eine klare Bedingung für die Hochzeit, die David sogar erfüllt,[123] so dass Saul ihm Michal kaum noch verweigern kann.

Man hat sogar gefragt, ob Saul damit überhaupt die Absicht verbunden hat, dass David im Kampf gegen die Philister falle.[124] Immerhin setzt der Erzähler voraus, dass die engsten Vertrauten des Königs von einem Konflikt zwischen ihm und David noch nichts bemerkt haben (V. 22). Dann wären die entsprechenden Absichtserklärungen (V. 21a und 25b) in einer Zeit hinzugefügt worden, als man bereits von einer Verfolgung Davids durch Saul erzählte. Da die Erzählung auch ohne eine Hinterlist Sauls anschaulich und kontrastreich genug ist, lässt sich eine solche frühe Erzählungsform durchaus postulieren.

Warum hat man aber die Merab-Szene (V. 17–19) später vorangestellt? Zwei Gründe könnten dafür

---

122 Vgl. H. J. Stoebe, David, 91.
123 Nach der alten Septuaginta hat David nicht 200, sondern nur 100 Vorhäute vorgelegt. Das wird durch Davids Äußerung in 2 Sam 3,14 bestätigt.
124 Vgl. H. W. Hertzberg, Samuelbücher, 128, und F. Stolz, Samuel, 125.

maßgeblich gewesen sein. Saul könnte sich an der Regel orientiert haben, die Laban einmal so formuliert hat: »Es ist hierzulande nicht üblich, die Jüngere vor der Älteren zur Ehe zu geben.« (Gen 29,26). Außerdem ließ sich auf diese Weise zeigen, dass Saul nicht nur hinterlistig, sondern auch wortbrüchig handelte (V. 19). Nachdem die Merab-Szene hinzugekommen war, schrieb man Saul die Worte zu, dass David noch eine weitere Chance habe (V. 21b).[125]

3.4.4. Der Wagemut des Mannes und die Freiheit der Frau

Die ältere Erzählung von Davids Heirat mit Michal (V. 20.21a.22–26a.27–29) stellt in ungewöhnlicher Weise Michals Liebe in den Vordergrund. Die Erzählung lebt von dem Kontrast zwischen der Armut des jungen David und seiner Erhöhung zum Schwiegersohn des Königs. Da er einen kostspieligen Brautpreis nicht zahlen konnte, hat er auf Grund seiner Tapferkeit Michal zur Frau bekommen (vgl. Gen 29,18.27). Damit ist eine Hinterlist Sauls verbunden. Am Ende siegt aber nicht die Tücke des Königs, sondern der Mut und die Tatkraft Davids. Genau darin sieht man – in der entstehenden Aufstiegsgeschichte – den Erweis, dass der Herr mit David war (V. 28).

In der ersten und wohl auch etwas jüngeren Szene (V. 17–19) tut Saul nicht nur David Unrecht, sondern auch seiner älteren Tochter Merab. Ohne sie zu fragen, verfügt er über sie. Er nimmt in Kauf, dass sie nach der Eheschließung bald zur Witwe wird, falls David im Kampf gegen die Philister stirbt. Ohne auf ihre Gefühle

---

125 Die Formulierung in V. 21b ist schwierig: »Um zwei kannst du heute mein Schwiegersohn werden.« Zu den Erklärungsversuchen vgl. H. J. STOEBE, 1 Samuelis, 346.

zu achten, gibt er sie schließlich einem anderen Mann (V. 19). Vielleicht hat der jüngere Erzähler sich darüber nicht im Einzelnen Rechenschaft gegeben. Die biblische Erzählung fordert uns aber heraus, uns über die heutige Stellung der Frau klar zu werden und allen Versuchen zu wehren, sie so zu bevormunden, wie es im Fall von Saul und seiner älteren Tochter geschildert wird. Ist uns nicht jener Geist verheißen, der uns »in die ganze Wahrheit einführen« wird (Joh 16,13)?

3.5. Jonatans erste Vermittlung (1 Sam 19,1–7)

Nachdem Saul bereits seinen Speer zweimal gegen David geschleudert (1 Sam 18,11) und danach versucht hatte, David durch Philister töten zu lassen (18,25), stellt sich für die Leser der Aufstiegsgeschichte Davids die Frage, wie sich denn Jonatan im Konflikt zwischen Freund und Vater verhielt. Die Antwort wird mittels einer kurzen Erzählung gegeben, in der Jonatan im Vordergrund steht.

3.5.1. Jonatans Überzeugungsarbeit

Die kurze Erzählung beginnt mit einem Kontrast (V. 1): Während Saul gegenüber Jonatan und sogar gegenüber anderen am Hof offen von seiner Absicht sprach, David töten zu wollen, hebt der Erzähler hervor, dass Jonatan David in Freundschaft verbunden war. Jonatan wartete deshalb auch nicht ab, bis Schlimmeres geschah, sondern warnte David eindringlich vor der Gefahr (V. 2). Gleichzeitig versprach er ihm, mit dem Vater zu reden und ihn dann zu informieren (V. 3). Der Erzähler überliefert uns, wie geschickt Jonatan für den Freund eintrat: Saul hat gar keinen Grund, sich gegen David zu »versündigen«. Denn David hat ihm bisher nur Gutes getan (V. 4). David hat sein Leben gewagt und die Philister geschlagen. Eben dadurch hat der Herr Israel Rettung verschafft. Die kleine Rede schloss ähnlich, wie sie begonnen hatte. Warum wollte sich Saul »versündigen«? Er würde »unschuldiges Blut« vergießen und »ohne Grund« David töten (V. 5). Was konnte Saul darauf erwidern? Er hatte bislang keinen einzigen Grund für seine Mordlust angegeben. Er leistete einen Eid, David nicht zu töten (V. 6). So konnte Jonatan seinen Freund informieren. Am Ende war wieder alles wie zuvor. War es denn bislang gut? Die Erzählung hat im Kontext die Aufgabe, den Bruch zwischen Saul und David für kurze Zeit zu überspielen und damit die Spannung für den Leser zu erhöhen.[126]

3.5.2. Offene Fragen

In der Erzählung wird nur ein einziges Mal ein Ort der Handlung angegeben. Aber genau an diesem Punkt ist die Handlung nicht ganz einsichtig:

- Warum wollte Jonatan mit seinem Vater genau auf das Feld hinausgehen, wo sich David versteckt hielt? Wusste Jonatan überhaupt, wo sich David verborgen hatte?
- Konnte David unter diesen Umständen nicht selbst hören, was Saul sagt? Brauchte er eine zusätzliche Information durch Jonatan?

Die Erzählung setzt am Schluss voraus, dass Jonatan seinen Freund über das Gespräch mit dem Vater unterrichtet hat. Das spricht dafür, dass Saul und Jonatan nicht gerade dort miteinander gesprochen haben, wo sich David versteckt hatte. Ein jüngerer Erzähler hat offenbar die Unterredung zwischen Vater und Sohn auf jenes Feld verlegt, das auch in der

---

126   So R. W. Klein, 1 Samuel, 194.

Parallelerzählung (1 Sam 20,11.19–24.35–42) eine Rolle spielt.[127]

3.5.3. Mehr als ein Lob der Freundschaft

Diese Erzählung könnte man als ein Lob der Freundschaft charakterisieren. Jonatan erweist David seine Freundschaft und verhält sich dabei sowohl klug als auch mutig. Er nimmt die Drohung seines Vaters ernst, warnt David rechtzeitig, spricht offen mit seinem Vater, argumentiert überzeugend und hat am Ende sogar Erfolg, wenn auch nicht auf Dauer. – Sauls Feindschaft gegen David ist irrational. Er lässt sich zwar für den Moment überzeugen und leistet sogar einen Eid. Doch wie lange wird er ihn halten? Verfolgt er David allerdings weiterhin, dann bricht er nicht nur sein Wort, sondern auch seinen Schwur (Lev 19,12). Der Abschnitt weist zusammen mit dem Kontext darauf hin, dass Saul Schuld auf sich laden wird. Somit wird ihn auch sein Schicksal nicht ganz unverdient treffen.[128]

3.6. Davids Flucht und Michals Hilfe (19,8–17)

Der Leser ahnt es bereits: Sauls Zusicherung, David nicht mehr töten zu wollen (19,6), scheitert schon nach der ersten Meldung über einen erneuten Erfolg Davids (V. 8–10). David ist nicht einmal mehr in den eigenen vier Wänden sicher. Seine Rettung verdankt er allerdings seiner Frau Michal, der Tochter Sauls (V. 11–17).

---

127 Vgl. H. W. Hertzberg, Samuel, 131, und V. Fritz, Samuel, 129.
128 Vgl. J. Vermeylen, Loi, 110.

3.6.1. Erneuter Anschlag und Flucht

David gelang es, die Philister wiederum zu schlagen, so dass sie »vor ihm flohen« (V. 8). Bald sollte aber David selbst auf der Flucht sein. Dabei hätte ihm sein erneuter Sieg über die Philister eigentlich Anerkennung bringen müssen. Aber ähnlich wie schon zuvor (18,5–11) reagierte Saul unter dem Einfluss eines bösen Geistes des Herrn aggressiv. David konnte Sauls Zorn auch jetzt nicht mehr durch das Spiel der Leier besänftigen (18,10; vgl. 16,23). Es gelang ihm aber, dem Speer Sauls auszuweichen. Saul lief mit seinem Speer buchstäblich gegen eine Wand.[129] Dieses Mal fürchtete sich aber nicht Saul (18,12), sondern David. Er war es, der noch in der gleichen Nacht floh und sich in Sicherheit brachte.

Der Erzähler setzt zu unserer Überraschung voraus, dass David schlicht nach Hause zu seiner Frau Michal gegangen ist. War er aber in seinem eigenen Haus sicher? Wusste er nicht, dass ihn Saul gerade dort suchen lassen würde? Tatsächlich ließ Saul David dort zunächst bewachen; am Morgen sollte er getötet werden. David hatte offenbar den ganzen Ernst seiner Lage noch nicht erkannt. Michal musste ihn tatsächlich eindringlich warnen: »Wenn du dich nicht noch in dieser Nacht in Sicherheit bringst, wirst du morgen früh umgebracht.« (V. 11; vgl. Jos 2,15). Sie half ihm und ließ ihn durch das Fenster hinab (2 Kor 11,33). David konnte so aus der Stadt fliehen und sich jetzt wirklich retten (vgl. V. 10).

Da Michal voraussah, dass bald Boten zu ihr kommen würden, bereitete sie alles vor, um diese zu täuschen. Sie konnte auf die Terafim zurückgreifen;

---

129 Vgl. H. W. Hertzberg, Samuel, 133.

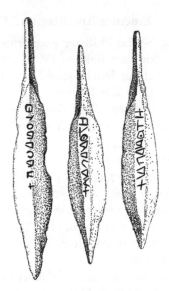

Abb. 7: Speerspitzen aus el-Khadr bei Betlehem

damit sind »Hausgötter« oder noch besser »Ahnen-Figurinen« gemeint.[130] Sie ähnelten einer menschlichen Gestalt und konnten darum auch mit einem Gewand bedeckt werden (vgl. Gen 31,19.30–35). Über den Kopf legte sie ein Netz aus Ziegenhaaren. Wer in dem dunklen Schlafgemach nicht genau hinsah, konnte das Gebilde für eine menschliche Person halten. Michal brauchte ihren »Kranken« aber den Boten Sauls gar nicht zu zeigen. Sie begnügten sich bereits mit der Auskunft der Königstochter, dass David krank sei. Saul befahl jedoch, den kranken David samt seinem Bett zu holen und vor ihn zu bringen. »Die Boten kamen – und siehe da: die Terafim auf dem Bett und das Geflecht aus Ziegenhaaren am Kopfende!« Der

---

130 K. van den Toorn / J. T. Lewis, *t^erāpîm* 775 f.

Erzähler versteht es meisterhaft, die Situation zu schildern. Die Erzählung schließt mit einem kurzen Dialog zwischen Tochter und Vater. »Warum hast du mich so getäuscht und meinen Feind fortgeschickt, so dass er sich retten konnte?« Michal berief sich schlagfertig auf eine Drohung Davids (vgl. Gen 31,35). Der Leser oder Hörer weiß, dass sie nicht die Wahrheit gesagt hat. Saul glaubte es aber unbesehen, weil es seinem Bild von David entsprach.

3.6.2. Das Bild Sauls und seiner Tochter Michal

»Der von David persönlich errungene Sieg entfacht Sauls Eifersucht wieder aufs äusserste.«[131] Es ist aber nicht nur menschliche Eifersucht, die Saul bewegt. Der Hass gegen den jungen David reicht in eine Tiefe, die mit der Rede vom »bösen Geist des Herrn« erfasst werden soll. Der Erzähler möchte von Abgründen des Bösen sprechen, die weit über menschlichen Egoismus hinausreichen. Allerdings bleibt dieser »böse Geist des Herrn« immer noch eingebunden in ein Gottesbild, das auch mit dunklen Seiten Gottes rechnete.

In den V. 11–17 steht die weitsichtige, furchtlose und schlagfertige Michal, die Tochter Sauls, im Mittelpunkt. Neunmal ist sie Subjekt der Handlung oder der Rede. Sie treibt David nicht nur zur Flucht an, sie verhilft ihm auch dazu (V. 11.12). Sie täuscht die Boten des Saul und spiegelt ihnen vor, er sei krank (V. 13.14). Sie wird beschuldigt und sie widerspricht ihrem Vater (V. 17). Das stimmt mit dem Bild überein, das wir schon kennen: Es war Michal, die David geliebt hat (18,20). – An einem Punkt könnte allerdings ein Schatten auf Michal fallen. Sie greift ohne Bedenken auf die Terafim zurück, die vielfach verpönt waren

---

131 K. Budde, Samuel, 137.

(1 Sam 15,23; 2 Kön 23,24; vgl. Ez 21,26 und Sach 10,2). Galt bei einer Frau »ein gutes Stück Aberglaube als selbstverständlich«?[132] Hat man Michal die Terafim belassen, weil sie die Tochter des verworfenen Königs war? Es ist aber zu beachten, dass sich Michal im Haus Davids befand. Jegliche Kritik an den Terafim würde dann auch David, ihrem Ehemann gelten.[133] Außerdem griff die Ahnmutter Rahel ähnlich souverän auf die Terafim zurück (Gen 31,19.30–35). Die späte Verwerfung der Terafim kann also hier noch nicht vorausgesetzt werden.

3.6.3. Eigenständige Tradition

Vergleicht man den Anschlag Sauls und die Rettungsaktion Michals untereinander und mit dem Kontext, dann lassen sich folgende Fragen formulieren:

• Was war nach dem dritten Versuch Sauls, David zu töten (vgl. 18,11), anders?
• War David in seinem eigenen Haus wirklich in Sicherheit?
• Warum wird zweimal nacheinander davon gesprochen, dass David »floh und sich in Sicherheit brachte« (V. 10.12)?
• Warum ist David nicht gleich aus der Stadt geflohen?

Während David den ersten beiden Speerwürfen nur ausgewichen war (18,11), ergriff er jetzt die Flucht (19,10). Allerdings verließ er nur Sauls Haus, um sein eigenes zu betreten. War er so naiv, dass er sich in den eigenen vier Wänden sicher fühlte? Warum führten erst Michals Worte dazu, dass David noch einmal »floh und sich rettete« (V. 12). Wie kommt es, dass zweimal nach-

---

132   So K. BUDDE, ebd., 138.
133   D. J. A. CLINES, Michal, 44.

einander davon gesprochen wird, dass David die Flucht ergriff und sich in Sicherheit brachte (V. 10.12)?[134] Die einfachste Erklärung für diese Doppelung dürfte sein: Die Erzählung von der Flucht aus dem eigenen Haus (V. 11–17) war einmal eine kleine eigenständige Erzählung, die in den jetzigen Zusammenhang nur mit einiger Mühe eingefügt worden ist.

3.6.4. Verfolgung ohne Erfolg

Der Abschnitt zeigt: Saul erreicht mit seinen Nachstellungen gar nichts. Kann David zunächst aus eigener Kraft und Geschicklichkeit seinem Herrn ausweichen (V. 10), so hilft ihm im Folgenden vor allem Michal, die Tochter Sauls, die David zum Fallstrick werden sollte (1 Sam 18,21). Es wird in diesem Abschnitt nicht ausdrücklich gesagt, dass der Herr mit David war oder die Anstrengungen Michals unterstützte. Dennoch scheint über David eine unsichtbare Hand zu schweben, die ihm Schutz bietet.

3.7. Die Verfolgung in Rama (1 Sam 19,18–24)

Saul mochte zwar seiner Tochter glauben, dass David sie bedroht habe (V. 17). Aber das war für ihn nur ein Grund mehr zu versuchen, David in seine Gewalt zu bekommen. Der Leser erwartet, dass Saul erneut scheitert. Aber das geschieht auf eine so originelle Weise, wie sie nur hier erzählt wird.

3.7.1. Eine vergebliche Verfolgung

David floh und kam zu Samuel, der in Rama zu Hause war (7,17; 8,4; 15,34; 16,13; 25,1). Konnte er bei Samuel

---

134 In V. 10 und 12 werden unterschiedliche Verben für »fliehen« gebraucht.

sicher sein? Der Erzähler spricht nur davon, dass er Samuel über die Machenschaften Sauls unterrichtet hat. Wie hat Samuel darauf reagiert? Das erfahren wir nicht. Beide begaben sich zu einem Versammlungsort[135] bei Rama und blieben dort. Als Saul das gemeldet wurde, schickte er Boten aus, die David festnehmen sollten. Bis zu diesem Zeitpunkt könnte ein Hörer oder Leser meinen, dass Samuel und David an dem genannten Ort allein waren. Darum muss der Erzähler etwas nachholen. Er schildert es aus der Perspektive der Boten: Sie sahen, wie die dort versammelten Propheten außer sich waren. Samuel stand diesen ekstatischen Propheten vor. Es wird aber nicht gesagt, dass auch er in Trance geriet. In jedem Falle kam der Geist Gottes auch über die Boten Sauls, so dass sie außer sich waren (V. 20). Das wiederholte sich mit der zweiten und der dritten Gruppe von Boten, die Saul ausgeschickt hatte (V. 21). Der Erzähler nutzt hier das Motiv der dreifachen Wiederholung, um die Spannung zu steigern (vgl. 2 Kön 1,9–14). Da Sauls Boten den flüchtigen David nicht gefangen nehmen konnten, musste sich Saul schließlich selbst auf den Weg nach Rama machen. Als er an die große Zisterne von Sechu kam, wusste er allerdings nicht, wo Samuel und David sich aufhielten. Diese Mitteilung überrascht, denn dreimal hatte Saul schon seine Boten zu dem Versammlungsort der Propheten gesandt. Was er von den Leuten erfuhr, war zudem nichts anderes als das, was seine Späher ihm schon längst gesagt hatten (vgl. V. 22b mit V. 19b). Während er sich zu der Stätte

---

135   Weder die Aussprache noch die genaue Bedeutung des Wortes »nwjt«, das nur hier in 19,18.19.22.23 und 20,1 erscheint, ist bekannt. Man darf darin aber ein »Lager« oder »Hütten« auf der Weide sehen. Vgl. R. W. KLEIN, Samuel, 198.

begab, kam auch über ihn der Geist Gottes, so dass er schon auf dem Weg dorthin außer sich war (V. 23). Das ist eine deutliche Steigerung gegenüber der Ekstase der Boten. Am Versammlungsort angekommen, führte der Trancezustand noch weiter: Saul entledigte sich seiner Kleider, fiel hin und lag einen ganzen Tag und eine ganze Nacht nackt vor Samuel, dem Vorsteher der Propheten (V. 24). Kein Wunder, wenn sich die Leute fragten: »Ist denn auch Saul unter den Propheten?«

3.7.2. Die Themen: Verfolgung und Ekstase

Die kurze Erzählung befasst sich mit zwei Themen. Zunächst spricht sie von der Flucht Davids (V. 18). Als Saul den Ort erfährt, an dem sich David aufhält (V. 19), schickt er dreimal Boten aus (V. 20.21), um ihn festnehmen zu lassen (V. 20). Zum Schluss begibt er sich selbst dorthin, ohne allerdings seine Absicht verwirklichen zu können. Das erste Thema lässt sich also als »gelungene Flucht« oder »gescheiterte Verfolgung« bezeichnen.

Ein zweites Thema bildet die Ekstase. Das entsprechende Verbum (nb') wird sechsmal gebraucht (V. $20^2.21^2.23.24$). Die ersten, die außer sich sind, sind die Propheten an dem Versammlungsort in Rama. Das hält der Erzähler auch für normal. Ungewöhnlich ist offenbar, dass auch die Boten Sauls – »auch sie« – in Ekstase geraten, wie dreimal nacheinander betont wird (V. 20b.21). Ebenso überraschend ist, dass auch über Saul – »auch ihn« – der Geist Gottes kommt und er außer sich ist (V. 23) und dass sich »auch er« am Versammlungsort seiner Kleider entledigt (V. 24). Der fünfmalige Gebrauch der Konjunktion »auch« in Verbindung mit dem entsprechenden Personalpronomen soll offenbar das Sprichwort vorbereiten: »Ist *auch* Saul unter den Propheten?« (V. 24). Letztlich ist es diese ansteckende Ekstase, die eine Festnahme Davids verhindert.

3.7.3. Die ursprüngliche Erzählung

Es ist uns bereits aufgefallen, dass sich Saul noch einmal erkundigt, wo sich Samuel und David aufhalten (V. 22). Es lassen sich gleich mehrere Fragen formulieren:

- Hat Saul nicht längst erfahren, wo er nach Samuel und David suchen musste (V. 19)?
- Hat er nicht schon mehrfach seine Boten dorthin geschickt (V. 20.21)?
- Warum ist von David nach der zweiten Erkundigung (V. 22) gar nicht mehr die Rede?

Wir gewinnen den Eindruck, dass die dreimalige Aussendung der Häscher in V. 22 nicht mehr vorausgesetzt wird. Ebenso überrascht, dass am Ende David gar nicht mehr erwähnt wird (V. 24).

Aus diesem Grund stellt sich die Frage, ob sich die kurze Szene nicht einmal – ähnlich wie ihre Parallele (1 Sam 10,10–13a) – darauf beschränkt hat, vom Besuch Sauls in der Prophetengemeinschaft von Rama zu erzählen. Die Ekstase, die Saul schon vor dem Aufenthaltsort der Propheten ergreift und die ihn dazu führt, sich zu entkleiden und einen ganzen Tag sowie eine ganze Nacht nackt vor Samuel zu liegen, sollten plausibel machen, warum alle Welt die Frage stellte: »Ist auch Saul unter den Propheten?« Was hat der sozial gut situierte und hoch geachtete Saul mit den armen Propheten zu tun?[136] Die kleine Szene könnte

---

136 Vgl. L. Schmidt, Erfolg, 107: »Die Erzählung ist folglich eine Sprichwortätiologie, in der die Gestalt Sauls im Mittelpunkt steht.«

unter den Propheten von Rama aufgekommen sein. Denn der Erzähler war sehr genau mit den lokalen Verhältnissen in Rama vertraut. Ihm war der Aufenthaltsort der Propheten ebenso bekannt wie die große Zisterne bei Sechu, eine Örtlichkeit, die wir nicht mehr identifizieren können.

Das Thema der Verfolgung Davids könnte also nachträglich hinzugekommen sein. »Man gab der Begegnung Sauls mit den Propheten einen Anlass, die Flucht Davids, und gestaltete dieses Motiv durch die mehrfache Sendung der Boten aus.«[137] Dafür spricht auch, dass Samuel im Kern der Erzählung nicht besonders fest verankert ist, während er mit dem Motiv der Verfolgung enger verbunden ist (V. 18). Die hiesige Erzählung wäre somit ein Beispiel dafür, dass das Motiv der Verfolgung Davids durch Saul auch auf Erzählungen übertragen worden ist, die damit ursprünglich gar nichts zu tun hatten.[138]

3.7.4. Das Bild Sauls

War das Bild Sauls schon von Anfang an negativ? Nacktheit wurde doch als beschämend angesehen (vgl. Gen 9,21; Hab 2,15; Klgl 4,21). Es ist nicht ausgeschlossen, dass man sich später über den nackten Verfolger Saul lustig gemacht hat.[139] Es ließ sich aber auch dann nicht leugnen, dass die Entkleidung Sauls auf seine Ekstase und diese auf den »Geist Gottes« zurückging. Gerade der »Geist Gottes« war es aber, der Saul mit den ekstatischen Propheten verband. Man konnte doch nur fragen, ob Saul auch unter den Propheten war,

---

137 L. Schmidt, ebd., 107.
138 Etwas anders sieht es P. Mommer, Saul, 53–61. Der Verfasser der Aufstiegsgeschichte Davids habe die Szene in 1 Sam 10,10–12 bewusst umgestaltet.
139 So wiederum L. Schmidt, Erfolg, 108.

wenn es neben der unterschiedlichen sozialen Lage und dem grundverschiedenen Ansehen auch etwas Gemeinsames zwischen ihnen gab. Wenn die Erzählung aus dem Prophetenkreis von Rama stammte, dann werden diese Propheten kaum ein Interesse daran gehabt haben, Saul herabzusetzen.

Die ursprüngliche Szene ist dann allerdings durch das Motiv der Verfolgung Davids ausgeweitet worden. Saul wurde dadurch zum ohnmächtigen Verfolger, der vergeblich dreimal seine Boten aussandte (V. 20.21) und sich schließlich selbst auf den Weg machen musste, ohne dadurch mehr zu erreichen (V. 22–24). Da der »Geist Gottes« für die Ekstase verantwortlich war, hat letztlich Gott selbst Saul scheitern und David entkommen lassen.[140]

3.8. Jonatans vergeblicher Beistand (1 Sam 20,1–42; 21,1)

David war auf Drängen Michals und mit ihrer Hilfe aus seinem Haus geflohen und nach Rama geeilt. Für einen Abschied von seinem Freund Jonatan war keine Zeit gewesen. Genau das wird in dieser Erzählung nachgeholt.

3.8.1. Die letzten vier Tage in der Nähe Sauls

Die umfangreiche Erzählung schildert Ereignisse und Gespräche, die an vier aufeinander folgenden Tagen stattgefunden haben. Am ersten Tag führen David und Jonatan ein langes Gespräch darüber, wie Jonatan die Absichten seines Vaters Saul erkunden und David mitteilen kann (V. 1–24a). Nachdem David nicht nur

---

140   A. Caquot/Ph. de Robert, Samuel, 236, und H. W. Hertzberg, Samuelbücher, 135.

am Neumondtag, sondern auch am folgenden Tag nicht an der Tafel des Königs erschienen ist, spricht Saul offen aus, dass er David umbringen wolle (V. 24b–34). Am vierten Tag gibt Jonatan dem sich versteckt haltenden David ein vereinbartes Zeichen (V. 35–39); am Ende können sich die beiden Freunde unter Tränen verabschieden (V. 40–42; 21,1).

David fühlte sich bald auch in Rama nicht mehr sicher. Darum suchte er bei seinem Freund Jonatan Zuflucht. »Was habe ich denn getan? Was ist meine Schuld? Was habe ich gegen deinen Vater verbrochen, dass er mir nach dem Leben trachtet?« (V. 1). »Davids Aufregung wird durch die dreimalige Frage eindrücklich hervorgehoben.«[141] Während Jonatan seinem Vater geradezu naiv vertraut (V. 2), ist David aus guten Gründen weitaus kritischer. Er ist davon überzeugt, dass Saul so klug ist, seinem Sohn gegenüber nicht mehr alles zu sagen, was dessen Freund David betrifft. »David erweist sich als der bessere Psychologe, Jonathan dagegen ist die anima candida.«[142] Der Verfolgte weiß, dass sein Leben an einem seidenen Faden hängt (V. 3). Die unterschiedliche Einstellung der beiden Freunde gegenüber Saul verleiht der Erzählung die nötige Spannung. Jonatan ist allerdings bereit, auf David zu hören (V. 4). David unterbreitet einen Vorschlag, um die Absichten Sauls zu erkunden (V. 5–7): Obwohl er unbedingt am Neumondfest (vgl. Am 8,5; Hos 2,13; Jes 1,13) am Mahl des Königs teilnehmen müsste, will er sich lieber bis zum Abend des übernächsten Tages auf dem Feld verstecken. Wenn Saul David nur vermisst, sich aber mit einer Entschuldigung – Jahresopfer der Sippe in Betlehem an eben diesem Neumondfest – zufrieden gibt,

---

141   H. W. HERTZBERG, Samuelbücher, 139.
142   H. W. HERTZBERG, ebd.

dann ist es gut. Wenn der König aber zornig wird, dann kann Jonatan erkennen, dass David Unheil droht. Nachdem David seinen Vorschlag unterbreitet hat, erinnert er Jonatan an seine Zusage (18,3.4). Danach kommt er noch einmal auf das Thema Schuld zurück: Wenn er schuldig sei, dann solle Jonatan selbst ihn töten und nicht erst zu seinem Vater bringen (V. 8; vgl. V. 31). Darauf geht Jonatan allerdings gar nicht ein. Er beteuert vielmehr: Wenn er sicher weiß, dass sein Vater David töten will, dann wird er ihm das mitteilen (V. 9).

Nach diesen Beteuerungen kann es eigentlich nur noch darum gehen, wie Jonatan seinen Freund für den Fall unterrichtet, dass ihm tatsächlich das Schlimmste droht (V. 10). Wen kann Jonatan zu David senden, wenn die Hinrichtung schon beschlossen ist? Wer wird dann noch der Versuchung widerstehen und Davids Versteck verraten? Aus diesem Grund schlägt Jonatan vor, dass sich beide auf das freie Feld begeben. Warum soll das Gespräch an einem anderen Ort fortgesetzt werden? Wir werden uns etwas gedulden müssen, bis wir darauf eine schlüssige Antwort erhalten (V. 18–24a). Auf dem freien Feld versichert Jonatan zunächst mit einer Schwurformel, dass er die Absicht Sauls erkunden wird. Wenn es gut für David steht, dann wird Jonatan niemand zu seinem Freund schicken und ihn unterrichten (V. 12).[143] Wenn Saul aber

---

143 Die Einheitsübersetzung und die Elberfelder Bibel übertragen den schwierigen hebräischen Text hier anders. Aber die Septuaginta sieht für den Fall, dass es gut für David steht, eindeutig vor, dass Jonatan dann keinen Boten zu David schickt. So lässt sich auch der hebräische Text verstehen. Vgl. A. CAQUOT/PH. DE ROBERT, Samuel, 239 und 248. Später mag der Text an die V. 18–23 angeglichen worden sein, in denen David in jedem Fall informiert wird. Vgl. H. W. HERTZBERG, Samuelbücher, 140.

Unheil für David plant, dann wird er – so beteuert Jonatan mit einer bedingten Selbstverwünschung – David auf jeden Fall informieren (V. 13a). Am Ende dieser Zusicherungen wünscht Jonatan, der Herr möge David in Zukunft so beistehen, wie er Saul in der Vergangenheit geholfen hat (V. 13b). Deutet er damit nicht schon an, dass David die Nachfolge Sauls antreten werde? Anders lassen sich auch die nachfolgenden Bitten Jonatans kaum verstehen: Er erwartet – falls er David noch als König erleben wird –, dass er an ihm nach der Huld des Herrn handeln werde (V. 14). Falls Jonatan aber vorher sterben werde, möge David dem Haus Jonatans seine Huld niemals entziehen (V. 15a). Es fällt auf, dass sich hier Jonatan um die Gunst seines Freundes bemüht. Für einen Augenblick ist der Sohn Sauls der Bittsteller, nicht David.

Im hebräischen Text wird der Dialog der Freunde an dieser Stelle unterbrochen (V. 16a): »Da schloss Jonatan einen Bund mit dem Haus Davids.«[144] Warum ist hier vom »Haus Davids« und nicht einfach von David die Rede? Kommt hier schon die spätere Dynastie Davids in den Blick? Nach einem schwer verständlichen Halbvers (V. 16b) heißt es von Davids Freund (V. 17): »Und Jonatan ließ auch David bei seiner Liebe zu ihm schwören;[145] denn er liebte ihn wie sein eigenes

---

144 Vgl. die Elberfelder und die Einheitsübersetzung. Das Wort für »Bund« fehlt im hebräischen Text.

145 In der Septuaginta schwört Jonatan noch einmal dem David. Nach den beiden Schwurformeln Jonatans in V. 12 und 13 ist das auch logisch. Darum folgt auch P. K. McCarter, 1 Samuel, 337, dem griechischen Text. Der hebräische Text berücksichtigt aber, dass David bekräftigt, Jonatans Wünsche zu erfüllen. Vgl. A. Schulz, Samuel I, 308.

Leben.« David erhält so Gelegenheit zu beteuern, dass er die Bitten Jonatans (V. 14.15a) erfüllen werde.

Nachdem der Erzähler ziemlich weit von seinem eigentlichen Thema abgeschweift ist, kehrt er zum roten Faden zurück (V. 18–24a). Jonatan kann nun David im Einzelnen mitteilen, durch welche Zeichen er die Absichten seines Vaters zu offenbaren gedenkt. Am folgenden Tag – dem Fest des Neumondes – wird David an der königlichen Tafel vermisst werden (V. 18). David soll sich dann an einem großen Stein oder einem Erdhaufen[146], wo er sich schon einmal versteckt hat, verbergen (V. 19). Wenn Jonatan dann Pfeile abschießt (V. 20), die vor seinem Diener zu Boden fallen, dann besteht für David keine Gefahr (V. 21). Wenn die Pfeile aber weiter fliegen und hinter dem Diener landen, dann soll David wissen, dass ihn der Herr wegschickt (V. 22). Der Herr soll dann Zeuge für alle Absprachen zwischen den Freunden sein. Der Abschnitt schließt damit, dass sich David sofort verbirgt (V. 24a).

Der neue Abschnitt (V. 24b–34) setzt am folgenden Tag – dem Fest des Neumondes – an und führt uns an die königliche Tafel (V. 24b). Saul und Jonatan sitzen einander gegenüber, Abner an Sauls Seite. Entscheidend ist allerdings, dass Davids Platz leer bleibt (V. 25). Saul schweigt jedoch. Der allwissende Erzähler teilt uns mit, was Saul gedacht hat: David könnte etwas widerfahren sein, was ihn kultisch unrein gemacht hat (V. 26). Eine solche Unreinheit dauerte aber – nach der üblichen Waschung – nur einen Tag (vgl. Lev 15,16–18).

---

146 Der hebräische Text spricht in V. 19 von einem Stein. Nach griechischen und lateinischen Handschriften in V. 19 und in V. 41 könnte es sich aber um einen »Erdhaufen« handeln.

Der Erzähler schildert also eine sehr gemäßigte Reaktion Sauls. Durch dieses retardierende Moment erregt der Erzähler aber die Spannung.[147] Wie wird sich Saul am folgenden Tag verhalten? Am zweiten Tag des Neumondfestes bleibt der Platz Davids wieder leer. Saul nimmt das zum Anlass, seinen Sohn Jonatan nach dem Grund zu fragen (V. 27). Jonatan antwortet so (V. 28.29), wie es David vorgeschlagen hat (V. 6). Die relativ ausführliche Antwort Jonatans hat die Spannung noch weiter steigen lassen. Saul bricht mit einem Mal voller Zorn in unflätige Beschimpfungen Jonatans aus, weil er sich den Sohn des Isai zum Freund erkoren hat (V. 31). In Sauls Augen kann Jonatans Herrschaft keinen Bestand haben, solange David lebt. Es geht um die Macht. Saul fordert von Jonatan mit knappen Worten, dass er David – der ein »Sohn des Todes« sei – herbeihole (V. 32). Als Jonatan es auch nur wagt, nach der Schuld Davids zu fragen (vgl. V. 1), schleudert der Vater den Speer gegen den eigenen Sohn (V. 33; vgl. 18,11 und 19,10). Dieser Anschlag auf den Sohn, den er eben noch als Thronerben bezeichnet hat, offenbart ein wahnsinniges Verhalten. Jetzt ist Jonatan, der bislang seinen Vater in Schutz genommen hat (V. 2) und mit seinen guten Absichten gerechnet hat (V. 12.21), auf brutale Weise eines Besseren belehrt. Jonatan zieht daraus die Konsequenzen und verlässt am zweiten Tag des Neumondfestes die königliche Tafel. Dabei bewegte ihn einerseits das Schicksal Davids, andererseits war er aber auch zornig über die Schmähungen, die sein Vater ausgestoßen hatte.

Die abschließende Szene (20,35–42; 21,1) spielt am vierten Tag auf jenem freien Feld, auf dem die beiden Freunde das Zeichen vereinbart hatten (V. 18–23).

---

147   So H. J. Stoebe, 1 Samuelis, 388.

Jonatan verhält sich so, wie er es für jenen Fall vorgesehen hat, dass Saul David zu töten beabsichtigt (V. 22). Er schießt allerdings nur einen Pfeil ab, um das Zeichen ganz eindeutig zu machen.[148] Jonatan kann jedenfalls auf diese Weise David Bescheid geben, ohne dass sie direkt miteinander sprechen müssen. Überrascht ist der Hörer oder Leser jedoch, dass es dann doch noch zu einer persönlichen Begegnung der beiden Freunde kommt. Nachdem der Diener in die Stadt zurückgeschickt worden ist (V. 40), kann David aus seinem Versteck hervorkommen. Beide verabschieden sich mit Küssen und unter Tränen. Jonatan erinnert noch einmal an die beiderseitigen eidlichen Zusagen, die auch alle ihre Nachkommen binden (V. 14–17). Die Erzählung schließt mit dem Abgang der beiden Männer (21,1).

3.8.2. Saul, David und Jonatan

In diesem Teil der Aufstiegsgeschichte erleben wir einen David, der bei Jonatan Zuflucht sucht, ihn mit Fragen bestürmt und nach seiner Schuld fragt (V. 1), sich dem Tode nahe fühlt (V. 3) und fast verzweifelt (V. 8). Als Verfolgter durchschaut er das Verhältnis zwischen Saul und seinem Sohn (V. 2). Ihm fällt auch ein Weg ein, wie er erkunden kann, ob er sich noch einmal an Sauls Tafel sehen lassen kann oder besser nicht (V. 5–8). Er ist allerdings von der Hilfe seines Freundes abhängig. Am Ende behält er mit seiner Skepsis recht (V. 29–33). So kann er Jonatan, der ihm zunächst nicht geglaubt hat, überzeugen.

Saul ist in den Augen Davids schlau genug, sich gegenüber seinem Sohn Jonatan nicht mehr dazu zu äußern, was er mit dessen Freund David zu tun

---

148   Vgl. H. W. Hertzberg, Samuel, 142.

gedenkt (V. 3). Der Erzähler schildert uns zunächst noch einen beherrschten Saul, der nicht gleich lospoltert, als David zum Neumondfest nicht an der königlichen Tafel erschienen ist (V. 26). Dazu steht aber in starkem Kontrast, wie er auf die – zugegeben ausgeklügelte – Erklärung seines Sohnes Jonatan reagiert: »Du Sohn eines entarteten und aufsässigen Weibes!« Warum gereicht eigentlich das, was Jonatan getan hat, nur dem Schoß seiner Mutter zur Schande und nicht auch seinem Vater (V. 30)? Jonatan hat in den Augen Sauls weder sein eigenes Schicksal noch seine künftige Macht im Auge (V. 31). Als sich Jonatan weigert, David herbeizuschaffen, schleudert Saul seinen Speer gegen den einzigen Sohn (V. 32), wie er es zuvor dreimal gegen David getan hat (18,11 und 19,10). Sauls Zorn ist grenzenlos. Er hat sich überhaupt nicht mehr unter Kontrolle.

Jonatan wandelt sich im Laufe der Erzählung. Am Anfang vertraut er noch auf seinen Vater, der ihm angeblich alles Wichtige unterbreitet (V. 2). Aber er ist bereit, sich eines Besseren belehren zu lassen und seinen Freund zu warnen (V. 9.13). Er lässt sich auf den Vorschlag ein, den David unterbreitet hat, und bietet seinem Vater eine Erklärung dafür an, warum David nicht an der königlichen Tafel erschienen ist (V. 29). Er bringt auch den Mut auf, den vor Zorn schäumenden Vater zu fragen, warum David umgebracht werden soll (V. 32).

Innerhalb der Erzählung vollzieht sich allerdings auch ein anderer Wandel, der nicht so leicht zu erklären ist: Mitten im Gespräch blickt Jonatan »auf Davids künftige Stellung als König«[149] (V. 13b). Er bittet den Freund um dessen Gunst für sich wie für

---

149 H. W. Hertzberg, Samuel, 138.

141

seine Nachkommen (V. 14.15). Es geht jetzt nicht mehr allein um Zusagen Jonatans, sondern auch um Beteuerungen Davids (V. 17.23.42). Hier steht dem augenblicklichen Kronprinzen Jonatan ein David gegenüber, der eines Tages weitaus mächtiger sein wird.

3.8.3. Der rote Faden und die Erweiterungen

Da der rote Faden bei den Absprachen am ersten Tag leicht verloren geht und die beiden Freunde zum Teil ihre Rollen tauschen, gibt es gute Gründe, Fragen zur Entstehung der Erzählung zu stellen:

- Warum wird immer noch damit gerechnet, dass David am Mahl des Königs teilnehmen soll? Ist er nicht längst geflohen (19,11–17)?
- Warum schlägt Jonatan schon so früh vor, das Gespräch an einem anderen Ort fortzusetzen (V. 11)? Das freie Feld spielt erst wesentlich später (V. 19–22) eine Rolle.
- Warum macht sich Jonatan jetzt schon Gedanken über die Gunst, die er von seinem Freund David später einmal erwarten kann (V. 14.15)?
- Warum wird von einem Bund Jonatans mit dem »Haus Davids«, nicht mit David selbst gesprochen (V. 16)?
- Warum findet sich in der Septuaginta nichts von einem Bund Jonatans mit dem »Haus Davids«, dafür aber der Wunsch, dass der Name Jonatans erhalten bleibe, auch wenn der Herr die Feinde Davids ausrotten wird (V. 15b.16)?[150]
- Was ist mit dem »Tag der Tat« (V. 19) gemeint?
- Welchen Sinn hat das vereinbarte Zeichen noch (V. 35–39), wenn Jonatan anschließend seinen Diener einfach in die Stadt zurückschicken kann, um sich feierlich von David zu verabschieden (V. 40–42)?

---

150   Vgl. die revidierte Lutherbibel.

Was ergibt sich aus diesen Beobachtungen und Fragen? Erstens handelt es sich um eine selbständige Erzählung, in der sich David endgültig von Jonatan verabschiedet (vgl. 19,1–7). Sie konkurriert natürlich mit der Erzählung, in der Michal ihm zur Flucht verhilft (19,11–17). Denn sie setzt eine Situation voraus, in der selbst Jonatan noch daran zweifeln kann, ob sein Vater David wirklich verfolgt. Vielleicht war diese Erzählung aber schon früh mit einer oder mehreren anderen Traditionen verbunden. So ließe sich am ehesten der »Tag der Tat« erklären, dem innnerhalb der Aufstiegserzählung ein Bezugspunkt fehlt.

Zweitens dürfte die Erzählung einmal kürzer und einfacher gewesen sein. Nach dem Vorschlag Davids, sich von Jonatan entschuldigen zu lassen (V. 5–7), hat ihm sein Freund vorgeschlagen, aufs Feld hinauszugehen (V. 11). Dort angekommen hat Jonatan David an Ort und Stelle sofort gezeigt, wie er ihn ohne Boten mittels der abgeschossenen Pfeile informieren wollte (V. 18–24). Dieser enge Zusammenhang wird in der heutigen Erzählung durch die Unterredung in V. 12–17 unterbrochen.

Innerhalb dieses Gespräches weicht Jonatan von seinem späteren Vorschlag ab, David durch seine Pfeile und nicht durch einen Boten zu benachrichtigen (V. 12.13). Das weckt bereits den Verdacht, dass diese »sorglose« Information später eingefügt worden ist. Noch klarer wird das, wenn Jonatan der Zeit weit vorauseilt, in David den kommenden König sieht und für sich wie für seine Nachkommen um Davids Gunst fleht (V. 13b.14.15). Die Rollen sind jetzt vertauscht. Nun bittet nicht mehr David um Hilfe, sondern Jonatan. Jonatan fasst hier bereits die Situation ins Auge, dass er vor David stirbt (31,2). Außerdem sorgt er sich um Merib-Baal, seinen vermeintlichen Sohn

(2 Sam 9,1–13; 16,1–4; 19,25–31; 21,7). Die Worte Jonatans verraten also eine große Weitsicht. Vermutlich hat ihm ein Erzähler, der die weitere Geschichte Israels bzw. die Thronfolgeerzählung Davids genau kennt, diese Worte in den Mund gelegt. Der Bund Jonatans mit dem »Haus Davids« (V. 16a) zeigt, dass nicht mehr an David selbst, sondern an seine Dynastie gedacht ist. Wenn die Septuaginta an dieser Stelle vom hebräischen Wortlaut abweicht und einen schwer verständlichen Wunsch Jonatans formuliert,[151] dann zeigt diese Diskrepanz, wie sehr der Text bis in das Frühjudentum hinein veränderbar blieb.

3.8.4. Freundschaft in höchster Gefahr

Die Erzählung kann als »Lehrstück« über wahre Freundschaft angesehen werden. Jonatan und David sind zu Beginn keineswegs einer Meinung. Noch bildet sich der Kronprinz ein, seinen Vater gut genug zu kennen. David muss das aus seiner Situation heraus schon anders sehen. Die beiden jungen Männer finden aber einen Weg, ihre unterschiedlichen Ansichten an der Realität zu überprüfen. Und sie erkennen eine Chance, einander auch dann noch zu benachrichtigen, wenn das lebensgefährlich ist. Wir können Jonatans Mut nur bewundern, der seinem Freund auch in der Gefahr treu und seinem Vater gegenüber loyal bleibt. Er wagt es, seinem Vater auch dann noch Fragen zu stellen, als dieser sich längst in unflätigen Beschimpfungen ergeht. Am Ende ist doch noch ein Abschied der Freunde möglich, bei dem die Tränen fließen. Sie, die Konkurrenten um die Macht sein müssten, scheiden als Freunde. Es gibt auch das.

---

151   Vgl. B. Grillet/M. Lestienne, Règnes, 328.

3.9. Sauls Rache an den Priestern von Nob
(1 Sam 21,2–10; 22,6–23)

Saul wird zum Vorwurf gemacht, er habe bei seiner Verfolgung auch die Priester von Nob getötet (1 Sam 22,6–23). Die Stadt Nob lag zwischen dem Gibea Sauls und Jerusalem (Jes 10,32), in der Nähe von Anatot (Neh 11,32).[152] Dabei wird vorausgesetzt, dass David in Nob gewesen ist und sich dort Hilfe beim Priester Ahimelech geholt habe (1 Sam 21,2–10).

3.9.1. David bei Ahimelech (21,2–10)

Nachdem sich David und Jonatan getrennt hatten (V. 1)[153], ging David nach Nob. Als David zu Ahimelech kam, lief ihm der Priester ängstlich, zitternd entgegen (vgl. 1 Sam 16,4). Warum zitterte Ahimelech? Was erfüllte ihn mit Angst und Schrecken? Die anschließende Frage Ahimelechs könnte einen Hinweis geben: »Warum bist du allein und hast niemand bei dir?« (V. 2). Wir können daraus nur folgern, dass David gewöhnlich von anderen begleitet wurde. David beruhigte Ahimelech unter Berufung auf eine geheime Mission des Königs (V. 3). Er habe außerdem seine jungen Leute an einen bestimmten Ort gesandt, den er aber wohlweislich nicht verriet. Die Wahrheit konnte er nicht sagen, weil er damit Ahimelech und sich selbst in Gefahr gebracht hätte. Diese Auskünfte konnten den Priester nur dann überzeugen, wenn er von dem Zerwürfnis zwischen Saul und David noch nichts wusste (vgl. 22,14.15). David bat sodann um Nahrungsmittel – fünf Brote oder ähnliches (V. 4). Der

---

152 W. Zwickel, Bahurim, 84–93, plädiert für *rās et-ṭamīm* zwischen Anatot und Ananja.
153 V. 1 gehört noch zur vorangegangenen Erzählung. Vgl. A. Caquot/Ph. de Robert, Samuel, 257.

Priester war gern bereit zu helfen. Aber ihm stand nur »heiliges Brot« zur Verfügung (vgl. Ex 25,30; 35,13; 40,23; Lev 21,6).[154] Im Unterschied zur nachexilischen Ordnung (Lev 24,5–9; 1 Chr 9,32) durften vor dem Exil auch Laien davon essen. Sie mussten aber »kultisch rein« sein, d. h. sie durften nicht gerade mit Frauen verkehrt haben (vgl. Ex 19,15). Nach Davids Worten haben sich seine Männer an diese Bedingung gehalten, die für Teilnehmer an einem Krieg galt (2 Sam 11,11), obwohl sie im Augenblick in profaner Mission unterwegs waren (V. 6). Der Priester gab daraufhin David die Brote, die jetzt auch »Brot des Angesichts«, d. h. Schaubrote genannt werden (V. 7).

Der Erzähler führt danach den Edomiter Doëg ein, der gerade zu diesem Zeitpunkt »vor dem Herrn festgehalten wurde«, d. h. eine bestimmte Zeit am Heiligtum verweilte.[155] Er war der Oberste der Hirten Sauls und damit einer seiner wenigen Angestellten. Leser oder Hörer können zu diesem Zeitpunkt noch nicht erkennen, welche Folgen die Anwesenheit Doëgs haben wird (22,6–23). Nach dieser Unterbrechung führen David und Ahimelech ihren Dialog fort (V. 9.10). David erkundigte sich nach einem Speer oder Schwert, angeblich konnte er wegen des dringenden königlichen Auftrags keine eigene Waffe mitnehmen (V. 9). Der Priester reagierte mit einer verblüffenden Auskunft: »Das Schwert des Philisters Goliat, den du im Terebinthental erschlagen hast, liegt hier…« (V. 10).

---

154 Die Terminologie ist im Hebräischen allerdings recht unterschiedlich.

155 Der genaue Grund, warum Doëg sich dort aufhielt, lässt sich jedoch nicht mehr erkennen. Vgl. H. J. STOEBE, 1 Samuelis, 394. Die Exegeten schwanken zwischen Gelübde (S. MOWINCKEL, Psalmenstudien III, Oslo 1923, 24) und Bußübung (H. W. HERTZBERG, Samuel, 146).

Wusste David nicht mehr, dass das unvergleichliche Schwert in Nob gelandet war (vgl. aber 17,54)?

3.9.2. Sauls Rache an den Priestern von Nob (22,6–23)

Die Szene in Gibea beginnt blass und konventionell damit, dass man Saul den Aufenthaltsort Davids und seiner Männer mitgeteilt habe (V. 6; vgl. 23,19; 24,2; 26,1). Wenn Saul den Speer in seiner Hand hielt, dann sollte das bereits die aggressive Einstellung des Königs andeuten (vgl. 18,10.11; 19,9.10). Saul bezichtigte seine engsten Vertrauten einer Verschwörung (vgl. V. 13), weil sie ihm die Unterstützung Davids durch Jonatan verschwiegen hatten (V. 8). Saul vermochte in allen Leuten nur noch Feinde zu sehen. Er unterstellte seinen Dienern, dass sie sich vom kommenden König Felder, Weinberge und militärische Karrieren versprachen (V. 7). Zugleich zog er diese Erwartungen in Zweifel, da sie als Benjaminiter kaum auf den Judäer David bauen konnten. Aus den Worten Sauls lässt sich ableiten, dass er sich vor allem auf Männer aus seinem eigenen Stamm Benjamin gestützt hat. Wir erhalten einen guten Einblick in die politische Struktur der frühen Königszeit: Der König zog Felder und Weinberge ein und gab sie an seine Beamten weiter, um ihnen ihre Dienste zu vergelten (8,14). Außerdem erhob er sie zu Offizieren (8,12).[156] Etwas überraschend ist, dass auch der Edomiter Doëg bei den Dienern Sauls aus dem Stamm Benjamin stand (V. 9). Dass er bei der Begegnung Davids und Ahimelechs anwesend war, ist bereits bekannt (21,8). Aber seine Aussage wich dann doch von dem, was bisher erzählt worden ist, ab. Wir wissen zwar bereits, dass David das Schwert des Goliat erhielt. Von den »Schaubroten« sagte Doëg jedoch

---

156   Vgl. C. SCHÄFER-LICHTENBERGER, Views, 97.

147

nichts. Er sprach statt dessen von der »Reisekost«, die
David bekommen habe. Interessierte sich der fremde
Edomiter nicht für die Details des Kultes in Nob? Neu
ist vor allem Doëgs Aussage, dass Ahimelech den
Herrn für David befragt und damit ihm in seiner
ureigensten Eigenschaft geholfen haben soll. Davon
war in der Szene in Nob gar nicht die Rede.

Saul hätte sich damit begnügen können, Ahimelech
persönlich zur Verantwortung zu ziehen. Aber er ließ
alle Priester aus dem Hause Ahitubs rufen (V. 11). Sein
krankhaftes Misstrauen führte ihn dazu, an eine
Verschwörung zwischen David und Ahimelech zu
glauben (V. 13). Davon hatte nicht einmal der Edomiter
gesprochen. Ahimelech begann nicht damit, sich selbst
zu verteidigen, sondern trat mit seinen Fragen zunächst für David ein: »Wer hat sich denn unter deinen
Dienern so sehr bewährt wie David, der Schwiegersohn des Königs, der Anführer deiner Leibwache, der
in deinem Haus hochgeehrt ist?« (V. 14; vgl. 2 Sam
23,23). Erst nach dieser Lobeshymne trug Ahimelech
seine Beweggründe vor: Er stellte die Frage, ob er den
Herrn zum ersten Mal für David befragt habe. »Die
Form der Frage kennzeichnet gekränkte Unschuld.«[157]
Von einer Verschwörung mit dem Sohn des Isai sei ihm
nichts bekannt. Doch Sauls Urteil stand längst fest
(V. 16). Die damalige Rechtsordnung machte ihm das
Spiel leicht: Der Ankläger war zugleich Richter. Als
König konnte er seinen Dienern sofort die Hinrichtung
befehlen. Doch die Offiziere weigerten sich standhaft,
die Hände gegen die »Priester des Herrn« zu erheben.
Ihre Weigerung offenbarte, dass sie das Urteil ihres

---

157   H. J. Stoebe, 1 Samuelis, 410. Allerdings fehlt die Frage-
      partikel. Zu einer alternativen Übersetzung vgl. A. Ca-
      quot/Ph. de Robert, Samuel, 272.

Königs für ungerecht hielten. Der Erzähler nennt die Opfer nicht ohne Grund wiederholt »Priester des Herrn«, um damit zu unterstreichen, dass Saul mit diesem Ansinnen einen Anschlag auf den Herrn verübte (V. 17). Der fremde Edomiter fürchtete freilich den Gott Israels nicht und erwies sich als williges Werkzeug des Tyrannen; 85 Priester sollen ihm zum Opfer gefallen sein (V. 18). Anschließend habe er alles Lebendige in der Stadt Nob – selbst Säuglinge und Tiere – getötet (V. 19).

Saul gelang es nicht, alle Nachkommen Ahitubs umbringen zu lassen (vgl. Ri 9,5; 2 Kön 11,2.3). Abjatar konnte zu David flüchten, der selbst auf der Flucht vor Saul war (V. 20). Abjatar sprach nicht von seinen getöteten Angehörigen, sondern von den »Priestern des Herrn« (V. 21). Im Mittelpunkt der abschließenden Szene steht nicht der Schmerz Abjatars, sondern die Haltung Davids. David nahm den Flüchtling unter seinen besonderen Schutz, weil er einsah, dass sein Gang nach Nob die dortigen Priester in Gefahr gebracht hatte (V. 22.23). In der Folge sollte sich erweisen, dass David in Abjatar eine wertvolle Stütze bekommen hatte (23,9–12; 30,7.8).

3.9.3. Charaktere und Rollen

Welche Rollen spielen Ahimelech und David, Saul und der Edomiter Doëg? Ahimelech hat David geholfen, wo er nur konnte (21,9.10; 22,10). Er war sogar bereit, David die Schaubrote unter ganz bestimmten Bedingungen zu überlassen (21,5–7). Er hat in David einen der treuesten Diener Sauls gesehen, ihn als Schwiegersohn des Königs und Anführer der Leibgarde geachtet und nichts von einem getrübten Verhältnis zwischen Saul und David geahnt (22,14.15). Ahimelech wird übrigens erst in der zweiten Erzählung »Sohn des

149

Ahitub« genannt (22,9.11.12.20). Er könnte ein Urenkel des Priesters Eli von Schilo gewesen sein (14,3).[158]

David war offenbar auf der Flucht vor Saul. Das wird allerdings erst gesagt, nachdem er schon auf dem Weg nach Gat war (21,11). Als Flüchtling war David auf Ahimelech angewiesen. Er brauchte Proviant und eine Waffe. Er verschwieg vor dem Priester seine Situation als Flüchtling und bediente sich der Unwahrheit, um Brot und ein Schwert zu erhalten. Am Ende erkannte er selbst an, dass er damit das Haus Ahimelechs in Gefahr gebracht hatte (22,22). Darum stellte er Ahimelechs Sohn Abjatar unter seinen Schutz (V. 23). War er damit negativ dargestellt?[159] Der Erzähler hat offenbar berücksichtigt, dass David in einer schwierigen Situation war.

Der Edomiter Doëg war der Oberste der Hirten Sauls. Wir lernen ihn zunächst am Heiligtum in Nob kennen, wo er »vor dem Herrn festgehalten« wurde (21,8). Der Erzähler weist also darauf hin, dass der Edomiter bewusst eine gewisse Zeit am Heiligtum verbrachte. Auf kein Fall ahnen wir, dass Doëg sehr bald seinem Herrn berichtete, was er in Nob erfahren hat (22, 9.10). Er war auch bereit, die »Priester des Herrn« niederzustoßen, während sich die anderen Diener Sauls weigerten (22,18).

Die Schuld für die Ermordung der Priester trug allerdings in der Sicht des letzten Überlebenden nicht

---

158 Dann müsste der in 14,3 genannte Ahija, Sohn des Ahitub und Urenkel Elis, Ahimelechs Bruder gewesen sein: so P. K. McCarter, Samuel I, 239. Aber Ahitub war ein verbreiteter Name (vgl. 2 Sam 8,17).

159 C. Riepl, David, 359, hat angenommen, dass David in 1 Sam 21,1–10; 22,6b–18.20–23 negativ dargestellt worden sei. Dieses Bild sei erst in der Gesamtkomposition durch 21,11–16; 22,3 f.5 abgeschwächt.

der Edomiter, sondern Saul selbst (2,21). Er tritt erst in der zweiten Szene auf. Seine kleine Rede vor seinen Dienern ist von einem grenzenlosen Misstrauen beherrscht (22,8): Alle seine Diener sollen sich gegen ihn verschworen haben. Niemand hat ihm von dem Bund zwischen David und seinem Sohn berichtet (18,3; 20,17). Jonatan habe David angestiftet, Saul aufzulauern. Diese haltlosen Vorwürfe zeigen, wie sehr sich Saul durch seinen Argwohn isoliert hat. Als alle Priester aus Nob vor den König gebracht worden sind, wiederholt er die Anklage einer allgemeinen Verschwörung (22,13). Ahimelech rechtfertigt sich vergeblich. Er überzeugt Leser und Hörer, nicht aber den starrsinnigen Saul, der Ahimelech samt seinem gesamten Vaterhaus willkürlich zum Tod verurteilt (22,16). Er lässt sich in seinem Zorn nicht einmal dadurch aufhalten, dass sich alle seine Diener – bis auf Doëg – weigern, die »Priester des Herrn« umzubringen (22,17). Saul hat schließlich in der Priesterstadt Nob alles Leben – Männer und Frauen, Kinder und Säuglinge, Rinder, Esel und Schafe – vernichten lassen (22,19).[160] Das schrankenlose Misstrauen hat Saul zu einem unfassbaren Verbrechen geführt.

3.9.4. Die Herkunft der Erzählungen

In welcher Beziehung stehen die beiden Szenen in Nob (21,2–10) und Gibea (22,6–23) zu den benachbarten Erzählungen? Wie eng sind sie untereinander verbunden? Auf den ersten Blick hin lässt sich die Verknüpfung nicht übersehen: Der Edomiter Doëg, der in Nob

---

160 In V. 19 könnte Doëg immer noch Subjekt sein. Aber es fällt auf, dass sein Name nicht mehr genannt ist. Darum trägt in V. 19 wohl vor allem Saul die Verantwortung. So H. J. Stoebe, 1 Samuelis, 410.

das Gespräch zwischen Ahimelech und David belauschen konnte (21,8), verrät das Geschehene wenig später dem König Saul (22,9.10). Wenn wir aber genauer hinsehen, ergeben sich Fragen:

- Hatte David nicht Goliats Waffen selbst übernommen (1 Sam 17,54)? Wieso konnte das Schwert des Philisters in Nob aufbewahrt werden (21,10)?
- Warum wird der Priester Ahimelech in Nob nur mit seinem Namen vorgestellt (21, 2.3.9), während in Gibea dreimal der Name seines Vaters hinzugefügt wird (22,9.11. 20)? Wäre die ausführlichere Präsentation nicht am Anfang zu erwarten?
- Warum spielen die Schaubrote nur in Nob eine besondere Rolle (21,5–7), während sie in Gibea nicht mehr eigens erwähnt werden?
- Wie kommt es, dass der Edomiter Doëg am Heiligtum von Nob eine religiöse Aufgabe erfüllt (21,8),[161] während er in Gibea entscheidend dazu beiträgt, dass der Priester Ahimelech angeklagt wird (22,10) und dass seine Kollegen sterben müssen (22,18)?
- Warum gibt Ahimelech in Gibea zu, den Herrn für David befragt zu haben (22,15; vgl. V. 10.13), während in Nob darüber kein Wort fällt?
- Wurden außer den 85 Priestern noch andere Männer in der Priesterstadt Nob getötet (V. 18.19)?

Die Angabe darüber, dass das Schwert Goliats in Nob aufbewahrt worden ist (21, 10), zeigt wieder einmal, dass sich die hiesige Erzählung von anderen Traditionen innerhalb der Aufstiegsgeschichte Davids unterscheidet (vgl. 17,54). In der heute vorliegenden Komposition kann aber vorausgesetzt werden, dass David

---

161   A. CAQUOT/PH. DE ROBERT, Samuel, 260: »Doëg n'est pas jugé mal.«

auf der Flucht ist. Es braucht daher in der ersten Szene gar nicht gesagt zu werden (vgl. 21,11). Saul kann an den Bund seines Sohnes mit David erinnern (22,6), obwohl davon nur im größeren Kontext die Rede war (18,3; vgl. 20,17).

Wie eng sind die beiden Szenen in Nob und Gibea miteinander verbunden? Sie müssen nicht auf den gleichen Erzähler zurückgehen. Denn die erste Szene läuft nicht ganz zielstrebig auf die zweite zu; die zweite fügt sich nicht völlig fugenlos an. Die erste Erzählung räumt den Schaubroten größere Bedeutung ein (21,5–7). Sie erwähnt ausdrücklich, dass sich Doëg aus einem religiösen Grund ins Heiligtum »zurückgezogen« habe (21,8). Vor allem findet sich in ihr kein Hinweis, dass Ahimelech den Herrn für David befragt habe (vgl. 22,10.13.15).

Auf wen kann diese Überlieferung zurückgehen? Es bietet sich besonders bei der zweiten Erzählung (22,6–23) an, an einen Erzähler aus dem Umfeld Abjatars zu denken, der dem Massaker entrinnen konnte und bei David Zuflucht fand.[162] Er selbst oder jemand aus seiner näheren Umgebung könnte eine Erinnerung an die Katastrophe bewahrt haben. Dafür spricht auch, dass Abjatars Vater Ahimelech durchweg eine positive Rolle spielt. – Gilt das aber auch für die erste Szene in Nob (21,2–10)? Vermutlich hat sie einen ähnlichen Hintergrund. Der konkrete Erzähler nutzte aber die Freiheit, von Ahimelechs großzügiger Einstellung gegenüber den Schaubroten zu erzählen und hervorzuheben, dass Doëg – Sauls Diener in wirtschaftlichen Belangen – sich nicht nur am Heiligtum aufhielt, um die Priester zu kontrollieren und Ahimelech zu verraten. Noch ahnt man nicht, dass sich der

---

162 So A. Caquot/Ph. de Robert, ebd., 271 und 273.

fromme Doëg in Gibea zum Verräter und bereitwilligen Schergen wandeln werde.[163]

Sind die beiden Szenen in Nob und Gibea redaktionell bearbeitet worden? Am ehesten kommt dafür die Angabe in 22,19 in Frage, wonach Saul das Leben in der gesamten Priesterstadt vernichtet habe. Bis zu diesem Zeitpunkt war Gibea der Schauplatz der Handlung; jetzt wechselt er für einen Augenblick nach Nob. Die Angabe, dass Doëg 85 Priester niederschlug (V. 18), erübrigt sich zudem, wenn danach ohnehin alle Männer der Stadt niedergemetzelt wurden (V. 19).[164] Die ältere Erzählung war bereits grausam genug.

3.9.5. Schuld und Strafe

Die beiden eng verwandten Erzählungen (21,2–10 und 22,10–23) weisen auf die unterschiedliche Einstellung gegenüber den Priestern von Nob hin. Während Saul die Hilfsbereitschaft Ahimelechs gegenüber dem Flüchtling hart bestraft, nimmt David den letzten Priester, der dem Massaker entkommen ist, unter seinen besonderen Schutz.

Das Blutbad unter den Priestern von Nob wird aber nicht zum Anlass genommen, mit dieser Schuld Sauls zu begründen, warum seine Königsherrschaft nicht auf Dauer bestehen konnte. Warum hat dieses offenkundige

---

163 Nach A. CAQUOT/PH. DE ROBERT, Samuel 260 f., habe der Erzähler in der Auslieferung der Schaubrote an die Laien eine grobe Pflichtverletzung des Ahimelech gesehen. Die Erzählung in 21,2–10 sei darum eine Satire, die auf einen Gegner der Priester von Nob zurückginge. Dafür komme nur der sadokidische Geschichtsschreiber (»historien sadocide«) in Frage.

164 Anders urteilt jedoch J. VERMEYLEN, Loi, 138, der alle Erwähnungen Doëgs aus einem priesterlichen Milieu der persischen Ära herleiten möchte. Dabei übersieht er aber das unterschiedliche Bild Doëgs in 21,8 und 22,9. 10. 18.22.

Unrecht keine Folgen für seine Königsherrschaft? Hier hätte man auf den Zusammenhang zwischen Sauls Schuld und Strafe doch viel klarer und eindeutiger als nach dem Opfer Sauls in Gilgal (1 Sam 13,7b–15a) oder nach dem Sieg über die Amalekiter (1 Sam 15) hinweisen können. Aber in der »Aufstiegserzählung« geht es um die Zukunft Davids, nicht um das Ende Sauls.

Die Ausrottung der Priester von Nob wird aber nicht für immer als Verbrechen angesehen. Der Gottesmann, der Eli die Strafe für die tolerierten Sünden seiner Söhne ankündigt, wird ihm u. a. sagen (1 Sam 2,33):

> »Nur einen werde ich nicht wegreißen von meinem Altar, wenn ich deine Augen brechen und deine Seele verschmachten lasse; aber der ganze Nachwuchs deines Hauses wird im besten Mannesalter sterben.«

Das bezieht sich offenbar auf die Rettung Abjatars und die Hinrichtung all seiner Verwandten. Vorausgesetzt ist in dieser späten Prophetie, dass die Priester von Nob von Eli und seinen Söhnen abstammten. Dann müsste Ahitub, der Vater Ahimelechs (22,9.11.12.20), tatsächlich der Enkel Elis gewesen sein (vgl. 1 Sam 14,3).

3.10. David in Keïla und in der Steppe Sif (1 Sam 23,1–28)

Drei kurze Erzählungen illustrieren, dass Saul nicht davon ablässt, David zu verfolgen. Nachdem David die Stadt Keïla – 13 km nordwestlich von Hebron – den Philistern mit der Hilfe des Herrn entrissen hat, kann er sich doch nicht länger dort aufhalten, da die Bewohner bereit sind, ihn an Saul auszuliefern (23,1–13). Den flüchtigen David unterstützt sein treuer Freund Jonatan (23,14–18). Die Bewohner von Sif – 6 km südöstlich von Hebron – bieten von sich aus an, Saul bei der Suche nach David behilflich zu sein; beinahe wäre David auch Saul in die Hände gefallen (23,19–28).

Was erfahren wir hier über Saul? Es sei hier gestattet, ohne eine nähere Untersuchung der Handlung, der Rollen und der Komposition des Kapitels einige Beobachtungen zusammenzufassen:

- Nach dem Massaker von Nob könnte man meinen, dass Saul nur noch wenig Freunde und Helfer habe. Doch das Gegenteil ist der Fall. Die Bewohner der Steppe Sif verraten Davids Versteck an Saul und sind offenbar zu weiterer Mitarbeit bereit (23,19.20). Selbst bei den Bewohnern der Stadt Keïla kann David nicht sicher sein, obwohl er doch gerade die Philister aus dem Stadtbereich vertrieben hat. Saul fehlt es danach nicht an Unterstützung im Land.

- Als Saul davon hört, dass sich David in Keïla aufhält, folgert er (23,7): »Gott hat ihn mir ausgeliefert. Er hat sich selbst gefangen, indem er in eine Stadt mit Tor und Riegel gegangen ist.« Ähnlich werden sehr bald die Männer um David (24,5) und besonders sein Begleiter Abischai (26,8) urteilen. Darf man aber die Ohnmacht eines anderen als Fügung Gottes betrachten und aus diesem Grunde ausnutzen?

- Saul war David so dicht auf den Fersen, dass er ihn beinahe gefangen genommen hätte. Aber die Nachricht, Philister seien ins Land eingefallen, rettete den Sohn des Isai in letzter Minute (23,27.28). Saul ließ von seiner Privatfehde ab, um sein Land vor den Philistern zu schützen. Müsste man ihm das nicht zugute halten?

- Aus dem Gespräch zwischen David und Jonatan ist besonders zu beachten, dass Saul – nach Ansicht seines Sohnes – durchaus bereits weiß, dass David eines Tages König über Israel sein werde (23,17). Sagen wird er das allerdings erst, nachdem ihn David durch sein Verhalten völlig überrascht hat (24,21).

3.11. Davids Achtung vor Sauls Leben
(1 Sam 24,1–23)

In der Bergpredigt lässt Christus das Prinzip »Auge um Auge, Zahn um Zahn« nicht gelten und fordert dazu auf, auch die Feinde zu lieben (Mt 5,38–47). Für diese Haltung bietet David ein gutes Beispiel. Er rächt sich an seinem Verfolger auch dann nicht, als dieser in seiner Gewalt ist. Am Ende erkennt Saul an, dass David gerechter als er ist.

3.11.1. Die Verschonung des Verfolgers

Der Kampf gegen die Philister (23,27) hat Saul nur für kurze Zeit davon abgehalten, David weiter zu verfolgen. David hat sich in der Zwischenzeit in die schwer zugänglichen Berge bei En-Gedi am Westufer des Toten Meeres zurückziehen können. Aber er ist nach den einleitenden Versen seinem Verfolger weit unterlegen. Saul verfügt nicht nur über 3000 sorgfältig ausgewählte Männer (vgl. 13,2). Ihm hat man auch zugetragen, wo sich David zur Zeit aufhält (vgl. 23,19). Er ist – wie die Fortsetzung der Erzählung zeigt – nicht schlecht beraten, wenn er David bei den Steinbock-Felsen sucht. David hat unter diesen Bedingungen wiederum kaum eine Chance, Saul zu entkommen. Der Erzähler versteht es, den Hörer oder Leser in Spannung zu versetzen. Die konkreten Ortsangaben tragen dazu bei, einen realistischen Eindruck von der Bedrohung Davids zu erhalten.

Als Saul an einigen Schafhürden vorbeikam, die am Weg aufgestellt waren, nahm er auch eine Höhle wahr. Da er ein menschliches Bedürfnis spürte, ging er – natürlich allein (Dtn 23,13.14; Ri 3,24) – in die Höhle. Er konnte nicht wissen, dass sich David mit seinen Männern bereits in dieser geräumigen Höhle aufhielt. Damit hat sich das Machtverhältnis mit einem Mal umgekehrt. Jetzt ist der Verfolger in Gefahr, nicht mehr der Verfolgte. Die Begleiter Davids berufen sich auf ein Wort des Herrn: »Sieh her, ich gebe deinen Feind in deine Gewalt, und du kannst mit ihm machen, was dir richtig erscheint.« (V. 5). Von einem solchen Wort des Herrn haben wir allerdings bislang nichts gehört. Damit wird aber nur zum Ausdruck gebracht, was für die Männer Davids und wenig später auch für Saul (V. 19) selbstverständlich war: Wenn Saul in diesem Augenblick in der Hand Davids war, dann hatte das der Herr so gefügt (vgl. 23,7; 26,8). David nutzt die Situation auch aus, aber anders als der Hörer oder Leser vielleicht erwartet. Er tastet das Leben Sauls nicht an, sondern schneidet nur »heimlich« einen Zipfel vom Mantel Sauls ab. Und er erklärt seinen getreuen Begleitern sogleich, warum er Saul am Leben lässt: Der »Gesalbte des Herrn« ist für ihn unantastbar (26,9; 2 Sam 1,14). Er fährt außerdem seine Männer hart an und gestattet ihnen nicht, dass sie Hand an Saul legen. Saul scheint von all diesen Auseinandersetzungen nichts gehört zu haben.

Nachdem Saul die Höhle verlassen hat, folgt ihm David, um ihn anzusprechen und mit ihm zu reden. David erweist dabei dem gesalbten König alle Ehre, indem er ihn gebührend als Herrn und König anredet und vor ihm niederfällt (1 Kön 1,16.31). Danach aber stellt David seinen König direkt zur Rede. Er wirft ihm vor, auf andere Leute zu hören, die ihn – David – verleumden (V. 10). David weist nachdrücklich auf den Zipfel des Mantels hin: »Mein Vater, sieh doch hin!« Saul soll »erkennen und sehen«, dass David weder Unheil noch Aufruhr im Sinne hat (V. 12).[165] David

---

165 Der Imperativ »sieh« wird insgesamt dreimal in V. 12 gebraucht.

hebt hervor, dass der Herr zwischen ihm und Saul entscheiden, ihm Recht verschaffen, ja sogar ihn rächen soll (V. 13.16; Ijob 5,18). Mit einem Sprichwort (vgl. Spr 11,3.5) betont er, dass seine eigene Hand Saul nicht anrühren werde. David vermeidet dabei sorgsam, als der Überlegene zu erscheinen, sondern vergleicht sich mit einem toten Hund (2 Sam 9,8; 2 Kön 8,13; vgl. 2 Sam 16,9) und mit einem Floh (26,20), um seine Bescheidenheit zu unterstreichen.

Saul scheint seinen Ohren nicht zu trauen: »Ist das nicht deine Stimme, mein Sohn David?« (V. 17). So spricht jemand, der einem lange und schmerzlich vermissten Freund wieder begegnet. Davids Großmut hat Saul offenbar so erschüttert, dass dieser zu weinen beginnt (vgl. 20,41; 30,4; 2 Sam 3,32). Er erkennt an, dass David Böses mit Gutem vergolten und ihn nicht als seinen Feind angesehen und behandelt hat, obwohl der Herr ihn – Saul – in die Gewalt Davids gegeben hat (vgl. V. 5). Saul ruft nun auch den Herrn als den an, der David das Gute vergelten möge. Saul weiß von daher, dass David eines Tages König werden und dass seine Herrschaft Bestand haben wird. Darum bittet er um die eidliche Versicherung, dass David das Haus seines Vorgängers schonen und nicht ausrotten werde (vgl. 20,14.15). Nachdem David den Schwur geleistet hat, geht Saul nach Hause. Eine weitere Verfolgung Davids ist nun eigentlich nicht mehr möglich. Die Erzählung hat ein so positives Ende gefunden, dass damit auch der Konflikt gelöst sein müsste. Aber David und seine Männer ziehen sich wieder in die Bergfeste zurück. Was hat das zu bedeuten? Traut David dem Frieden nicht?

3.11.2. Ältere Überlieferung und jüngere Gestaltung

Nach der heftigen Verfolgung Davids in den vorangegangenen Erzählungen überrascht es, dass Saul und

David wieder miteinander sprechen. Im Einzelnen ergeben sich folgende Fragen:

- War David mit allen seinen 600 Männern in der Höhle (vgl. 23,13)?[166] Oder hielt er sich dort nur mit wenigen Begleitern auf?
- Wann hat der Herr zu David gesagt, dass er dessen Feind in seine Gewalt geben werde (V. 5)?
- Konnte David seine Begleiter in der Höhle mit scharfen Worten anfahren, ohne dass es Saul hören musste (V. 8)?
- Warum verließ David die sichere Höhle, wenn ihn Saul doch mit 3 000 Männern verfolgte? Rechnete er nicht mit einer Verhaftung?
- Warum zeigte David dem König demonstrativ den Zipfel seines Mantels (V. 12), wenn er zuvor bereits die Tat bereut hat (V. 6)?[167]
- Warum zog sich David mit seinen Männern am Ende doch wieder in die Bergfeste zurück (V. 23)? Traute er Saul nicht?

Was ergibt sich aus diesen Beobachtungen und Fragen? David war wohl nur mit wenigen Männern in der Höhle (V. 4b; vgl. 23,13). Die Erzählung hebt sich in dieser Hinsicht deutlich von der vorangehenden Überlieferung (23,13) ab.

Der Ablauf der Handlung wird einmal deutlich gestört. Nachdem David den Zipfel des Mantels abgeschnitten hat, wird der Satz eingeflochten: »Hinterher aber schlug David das Gewissen, weil er einen Zipfel vom Mantel Sauls abgeschnitten hatte.« (V. 6). Wann soll das gewesen sein? Innerhalb der Erzählung spüren wir nichts davon, dass David diese Tat bereut habe. Im

---

166   Vgl. K. A. D. Smelik, Saul, 187.
167   Vgl. A. Schulz, Samuel I, 348.

Gegenteil! Er beruft sich vor Saul eben darauf, weil er seinem Verfolger auf diese Weise seine Ehrfurcht demonstrieren kann (V. 12). Es handelt sich in V. 6 offenbar um den Zusatz eines Späteren, der ein so hohes, idealisiertes Bild von David hatte, dass nicht einmal diese Handlung dazu passte.

Einige der oben gestellten Fragen beziehen sich darauf, dass die Erzählung nicht allzu »realistisch« wirkt. David konnte mit seinen Begleitern kaum heftig diskutieren, »denn eine derartige längere Auseinandersetzung im Innern der Höhle wäre Saul kaum verborgen geblieben«.[168] Wenn Saul wirklich daran interessiert war, David in seine Gewalt zu bekommen, dann durfte David die Höhle auch nicht verlassen, sich vor Saul niederwerfen und auf den Zipfel des Mantels verweisen. Wir gewinnen den Eindruck, dass eine wirkliche Verfolgung nicht mehr vorausgesetzt wird. Selbst nach den harten Vorwürfen Davids reagiert Saul völlig anders, als erwartet. Unter Tränen bekennt er vor David (V. 17b.18): »Du bist gerechter als ich; denn du hast mir Gutes erwiesen, während ich böse an dir gehandelt habe.« Saul weiß jetzt auch schon, dass David König werden und dass seine Herrschaft Bestand haben wird (V. 21). Er geht so weit, David um Schonung seiner Nachkommen zu bitten (V. 22). Die Grundgestalt der Erzählung spricht von einer klaren Einsicht Sauls in seine Schuld und legitimiert gleichzeitig die Herrschaft Davids durch Sauls Worte.

Warum zieht sich David überhaupt noch in die Bergfeste zurück (V. 23)? Soll damit nur die Parallelerzählung möglich gemacht werden, die wieder mit der Verfolgung Davids beginnt (26,1.2)? Oder handelt es sich hier um einen Rest alter Tradition? Steht hinter

---

168 P. STEIN, Saul, 59.

der heutigen Erzählung nicht doch eine alte, derbe Geschichte? Sie könnte ganz kurz gewesen sein: Saul musste sich auf der Suche nach David wegen eines menschlichen Bedürfnisses in eine Höhle begeben, in der David schon saß (V. 4). David gelang es, heimlich einen Zipfel des königlichen Mantels abzuschneiden (V. 5b). Damit war für den Erzähler wie für seine Zuhörer erwiesen, dass auch der mächtige und bisweilen wutschnaubende Saul eben auch Augenblicke durchlebte, in denen er schwach und hilflos war. Diese drastische Geschichte löste sicher bei ihren ursprünglichen Hörern ein herzhaftes Gelächter aus.

3.11.3. Die größere Gerechtigkeit

In der hiesigen Erzählung behält Saul das letzte Wort. Was er sagt, müsste uns aufhorchen lassen (V. 18): »Du bist gerechter als ich; denn du hast mir Gutes erwiesen, während ich böse an dir gehandelt habe.« Gerechtigkeit meint hier gerade nicht: wie du mir, so ich dir. Es geht um ein »gemeinschaftsgemäßes Verhalten«[169], um die Förderung, nicht um die Zerstörung der Gemeinschaft. Im Vergleich mit Saul hat David mehr für die Gemeinschaft beigetragen.[170] Darum ist er dazu berufen, König zu werden und eine beständige Herrschaft zu beginnen (V. 20). Dann soll er aber auch die Nachkommen Sauls verschonen (V. 21).

Ist David ein leuchtendes Beispiel dafür, dass man Frieden stiften kann, wenn man Böses mit Gutem vergilt? Oder hat er Saul nur geschont, weil er der Gesalbte des Herrn war (V. 7.11)? Hätte er an einem anderen Feind jederzeit Rache genommen? Wir dürfen eine Äußerung Sauls nicht außer Acht lassen (V. 20):

---

169 Vgl. K. Koch, ṣdq, 515.
170 Vgl. B. Johnson, ṣādaq, 919.

»Wenn jemand auf seinen Feind trifft, lässt er ihn dann im Guten seinen Weg weiterziehen?« (V. 20). Mit dieser rhetorischen Frage verallgemeinert Saul das Geschehene: David hat seinen Feind nicht angetastet.

Was bedeutet diese Erzählung für unsere Frage nach dem Bild des Saul in der Aufstiegserzählung Davids? Auch wenn im Kontext (V. 23; vgl. 26,1.2) die Verfolgung Davids fortgeführt wird, steht in der gegenwärtigen Erzählung ein geläuterter Saul vor uns, der durch das Verhalten Davids Argwohn, Hass und Zorn überwunden hat. Er darf hier ein hohes Lied auf das gerechte, gemeinschaftsfördernde Verhalten Davids singen. Der Erzähler legt dem »Gesalbten des Herrn« eine alttestamentliche »Bergpredigt« in den Mund.

3.12. Die zweite Verschonung Sauls (1 Sam 26,1–25)

Nachdem die schöne und kluge Abigajil David davon abgehalten hatte, wegen eines verweigerten »Schutzgeldes« Blutschuld auf sich zu laden (25,33.34), hören wir zum zweiten Mal, dass David das Leben des »Gesalbten« verschont habe. Wieder rückt Saul mit 3000 Männern aus, um David zu ergreifen (V. 1–3). David gelingt es aber, des Nachts in das Lager Sauls einzudringen und ihm Speer und Wasserkrug zu entwenden (V. 4–12). Aus sicherer Entfernung hält er Abner vor, den König nicht hinreichend beschützt zu haben (V. 1–16). Dann mischt sich Saul in die Unterredung ein, die wiederum versöhnlich endet (V. 17–25).

3.12.1. Davids Abenteuer und die Versöhnung mit Saul

Schon einmal haben einige Sifiter den Aufenthaltsort Davids an Saul verraten (23,19). Jetzt sind es erneut »die Sifiter«, die zu Saul sagen (V. 1): »Hält sich David nicht auf der Anhöhe von Hachila gegenüber von

163

Jeschimon auf?« Dabei suggerieren sie, dass Saul auch bereits davon gehört hat. Die Erzählung knüpft also in ihrer gegenwärtigen Gestalt an die Schilderung in 23,19–28 an. Saul begibt sich mit einem ebenso großen Aufgebot wie in der anderen Parallelerzählung (24,2) auf die Suche (V. 2). Er schlägt sein Lager genau an dem Ort auf, an dem sich nach Aussage der Sifiter David befinden soll (V. 3a). David ist zu dieser Zeit freilich nicht dort, sondern »in der Wüste«, wie es ganz allgemein heißt.

Wer die Einleitung gelesen hat, erwartet nun, dass sich Saul mit seinen 3 000 Männern aufmacht, um David gefangen zu nehmen. Aber genau hier nimmt die Erzählung eine erste überraschende Wendung: Es ist David und nicht Saul, der den Aufenthaltsort seines Kontrahenten durch Kundschafter ausfindig machen lässt (V. 4). Danach begibt sich David selbst in die Nähe des Lagers, so dass er den Ort sehen kann, an dem Saul und Abner (vgl. 14,50; 17,55.57; 20,25) inmitten des Kriegsvolkes schlafen. David fragt seine beiden Begleiter – den Hetiter Ahimelech und Abischai, den Sohn seiner Schwester Zeruja –, ob sie bereit wären, mit ihm ins Lager Sauls einzudringen (V. 6). David weiß, dass er einen solchen Dienst nicht einfordern kann, sondern auf die freie Entscheidung seiner Getreuen angewiesen ist. Der eigene Neffe Abischai erklärt sich dazu bereit. David und Abischai wählen die Nacht für dieses Abenteuer. So ist es leicht erklärlich, dass Saul inmitten der Wagenburg schläft; aber auch Abner und die anderen Kämpfer liegen und schlafen offenbar (V. 7; vgl. V. 12). Abischai und David führen nun einen langen Dialog, der wiederum (vgl. 24,5–8) nicht ganz zu dieser gefährlichen Situation passt.[171] Abischai

---

171   Vgl. P. Stein, Saul, 50 f.

äußert sich zunächst ähnlich wie Saul nach der Aktion Davids in Keïla (23,7): »Gott« (*Elohim*) habe Davids Feind ihm »ausgeliefert« (*siggar*). Abischai will darum die bereitstehende Lanze Sauls nehmen und Saul mit einem einzigen Stoß töten (V. 8). Doch davor warnt ihn David mit allem Nachdruck: Der »Gesalbte des Herrn« ist unantastbar; Abischai würde der Strafe nicht entgehen (V. 9; vgl. 24,7). Nach einer erneuten Redeeinleitung und einer Schwurformel fügt David ein zweites Argument an: Der Herr allein mag darüber verfügen, wie Saul eines Tages sterben wird (vgl. 25,38). Er – David – weist den Gedanken weit von sich, dass er selbst Hand an den Gesalbten legen könne (V. 11a). David möchte allerdings später darauf hinweisen können, dass er den Gesalbten absichtlich verschont hat. Darum bittet er Abischai, die Lanze Sauls und den bisher noch nicht erwähnten Wasserkrug – die in Reichweite Sauls standen – mitzunehmen (V. 11b). Im nächsten Augenblick nimmt freilich David selbst Lanze und Krug an sich (V. 12a). Sind die Schlafenden durch die Worte Abischais und Davids nicht wach geworden? Das ist nicht der Fall, wie dreifach unterstrichen wird: »Niemand sah und niemand bemerkte etwas, und keiner wachte auf.« Denn der Herr hat Saul, Abner und die übrigen Männer in einen tiefen Schlaf fallen lassen (V. 12b). Ein solcher Tiefschlaf ist im Alten Testament bis auf eine Ausnahme (Spr 19,15) immer das Werk Gottes (Gen 2,21; 15,12; Ijob 4,13; 33,15; Jes 29,10).

Nachdem Abischai und David ihr Abenteuer glücklich überstanden haben, ist noch offen, was David mit der Lanze und dem Wasserkrug anfangen wird. David bemüht sich zunächst darum, sich in Sicherheit zu bringen. Er durchschreitet ein Tal und stellt sich auf dem Gipfel des gegenüberliegenden Berges auf, so dass er genügend weit von Saul und seinem Heerführer Abner entfernt ist (V. 13). Denn wenn er sich jetzt bemerkbar macht, muss er befürchten, dass er sofort ergriffen wird. Er ruft hinüber ins Lager und wendet sich dabei an Abner (V. 14). Abner erkennt David nicht sofort und fragt deshalb: »Wer bist du, der du gerufen hast?«[172] David beginnt seine Diskussion über die weite Entfernung mit einem Kompliment für Abner, erhebt aber dann den Vorwurf, dass Abner seinen Herrn nicht genügend bewacht habe, so dass »einer aus dem Volk« ins Lager eindringen konnte (V. 15). Die Kritik wird sodann mit reichlich abstrakten Worten wiederholt: »Das war nicht gut, was du da gemacht hast.« Daran anschließend richtet David den Vorwurf an eine Mehrzahl von Personen, die wegen ihrer fehlenden Wachsamkeit den Tod verdient haben (V. 16a). Erst danach geht David dazu über, ein Indiz für die Wahrheit seiner Worte anzuführen. Er fordert den Heerführer Abner auf, dort nachzusehen, wo bisher die Lanze und der Wasserkrug Sauls gestanden haben (V. 16b).

Abner kann nichts erwidern. Denn im nächsten Moment meldet sich Saul selbst zu Wort. Die Entfernung ist so groß, dass er zunächst wissen will: »Ist das deine Stimme, mein Sohn David?« David antwortet mit der vorwurfsvollen Frage, aus welchen Gründen ihn Saul so beharrlich verfolge (V. 18). David kann sich zwei verschiedene Ursachen denken: Zum einen könnte der Herr selbst Saul dazu angestachelt haben (vgl. 2 Sam 24,1). In einem solchen Fall kann ein Opfer Abhilfe schaffen. Zum anderen können aber auch

---

172 So die alte Septuaginta (Codex Vaticanus). In der Hebraica sind diese Worte erweitert: »Wer bist du, der du *den König* angerufen hast?«

Menschen Saul dazu bewogen haben (vgl. 23,19; 24,2). Ihnen will David nicht entgegenkommen. Er verflucht sie vielmehr, weil sie ihn vom Erbland des Herrn vertreiben und sagen: »Geh, diene anderen Göttern!« (V. 19). Dieses Wort setzt voraus, dass man dem Gott Israels nur im eigenen Land, auf israelitischer Erde (vgl. 2 Kön 5,17), dienen kann. Der Erzähler mag hier auch an den zeitweiligen Aufenthalt Davids bei den Philistern gedacht haben, der durch die Verfolgung Sauls verursacht gewesen sein soll (21,11–16; 27,1–12).[173] Hat David etwa im Philisterland anderen Göttern gedient? In jedem Fall wünscht er sich, dass er nicht fern vom Herrn auf fremdem Boden und vogelfrei sterben muss (vgl. Gen 4,14). Unmittelbar vor einer ersten Antwort Sauls beklagt sich David noch einmal über die Verfolgung durch den König, wobei er sich mit einem Floh vergleicht und damit seine Niedrigkeit unterstreicht (vgl. 24,15).

Saul bekennt sich zu seiner Schuld. Am Anfang seiner Antwort steht: »Ich habe gesündigt.« Und er schließt mit dem doppelten Bekenntnis: »Ich habe töricht gehandelt und sehr schwer gefehlt.« (V. 21). Er fordert daher David auf zurückzukehren. Sollte damit auch die Rückkehr an den Hof Sauls möglich sein? Das geht aus der kurzen Äußerung Sauls nicht hervor. Auf jeden Fall versichert Saul, dass er David nicht mehr Unrecht tun werde. Denn David hat gezeigt, dass er das Leben seines Königs achtet.

David wendet sich in seiner Antwort zunächst nicht an Saul, sondern an Abner, denn er spricht vom König in der dritten Person: »Hier ist der Speer des Königs. Einer von den jungen Männern soll herüberkommen und ihn holen.« (V. 22). David lehnt es nach diesen

---

173 Vgl. H. J. STOEBE, 1 Samuelis, 471.

Worten offenbar ab, Saul entgegenzugehen. Er glaubt den Versicherungen Sauls nicht ganz. Er erwartet keine Wende von Seiten Sauls, sondern richtet seine ganze Hoffnung auf den Herrn. »Der Herr wird jedem seine Gerechtigkeit und Treue vergelten.« (V. 23a). Davids Gerechtigkeit hat sich nun einmal daran gezeigt, dass der Herr zwar Saul in seine Gewalt gegeben hat, dass aber David seine Hand nicht gegen den Gesalbten des Herrn erheben wollte (V. 23b). David sagt nicht zu Saul: So wie dein Leben in meinen Augen wertvoll war, so möge auch mein Leben in deinen Augen kostbar sein. Vielmehr folgert er aus seinem eigenen Handeln, dass sein Leben *in den Augen des Herrn* wertvoll sei, so dass ihn der Herr aus aller Bedrängnis errette (V. 24).

3.12.2. Der Vergleich mit der Parallelerzählung (1 Sam 24)

Nachdem wir die beiden Erzählungen in 1 Sam 24 und 26 gelesen haben, fallen die Gemeinsamkeiten ins Auge. Beide Erzählungen weisen die gleiche Struktur auf:[174]

A. David war in der Wüste auf der Flucht vor Saul.

B. Er hatte eine Chance, seinen Verfolger zu töten.

C. Ein oder mehrere Begleiter erklärten ihm, dass der Herr es so gefügt habe.

D. David aber weigerte sich, Hand an den Gesalbten zu legen.

E. David nahm ein Beweismittel mit, um auf seine Chance hinzuweisen.

F. Saul erkannte Davids Unschuld und Überlegenheit an.

---

174 Vgl. K. KOCH, Formgeschichte, 174.

Die Übereinstimmungen betreffen selbst die Wortwahl.[175] Saul wird fast nur in diesen beiden Parallelerzählungen als »Gesalbter des Herrn« bezeichnet wird (1 Sam 24,7.11; 26,9.11.16.23).[176] Hinzu kommen weitere Gemeinsamkeiten:

24,2	Saul wird informiert	26,1	Sifiter informieren Saul
24,3	Saul nahm 3 000 Männer mit	26,2	Saul hatte 3 000 Männer bei sich
24,5	Männer Davids: Der Herr gibt deinen Feind in deine Gewalt	26,8	Abischai: Heute hat Gott deinen Feind in deine Hand gegeben
24,7	David: Der Herr bewahre mich davor, ... meine Hand gegen ihn [den Gesalbten des Herrn] auszustrecken	26,11	David: Der Herr bewahre mich davor, meine Hand gegen den Gesalbten des Herrn auszustrecken
24,7.9	David gegenüber Saul: mein Herr	26,17.18.19	David gegenüber Saul: mein Herr
24,11	David: Heute hat der Herr dich mir in meine Gewalt gegeben	26,23	David: Der Herr hat dich mir heute in meine Gewalt gegeben
24,12	David: Es gibt nichts Böses in meiner Hand	26,18	David: Was gibt es an Bösem in meiner Hand?
24,15	David: Wen verfolgst du?	26,18	David: Warum verfolgt mein Herr seinen Knecht?
24,16	David: Der Herr rette mich aus deiner Gewalt	26,24	David: Er wird mich aus aller Not erretten
24,17	Saul: Ist das deine Stimme, mein Sohn David?	26,17	Saul: Ist das deine Stimme, mein Sohn David?

Die gemeinsamen Ausdrücke und Wendungen sind so zahlreich, dass wir mit einer vergleichbaren Bearbei-

---

175   Vgl. die Übersicht bei R. W. KLEIN, Samuel, 236 f.
176   Darüber hinaus wird Saul nur noch in Samuels Abschiedsrede (1 Sam 12,3.5) und in Davids Reaktion auf den Tod Sauls (2 Sam 1,14. 16. 21) »Gesalbter des Herrn« genannt.

tung beider Erzählungen rechnen müssen. Vielleicht ist die Erzählung in 1 Sam 24 in Anlehnung an die hiesige Fassung entstanden. Sauls Frage »Ist das deine Stimme« passt jedenfalls besser zu dem großen Abstand zwischen beiden (V. 13).

3.12.3. Indizien für eine ältere Fassung

Neben den strukturellen und sprachlichen Gemeinsamkeiten zwischen 1 Sam 24 und 26 gibt es freilich auch Unterschiede. Wir können folgende Fragen stellen:

- Was ist das Besondere an der hiesigen Erzählung? Wofür gibt es keine Parallele in 1 Sam 24?
- Warum wird das Lager Sauls zweimal beschrieben (V. 5 und 7)?
- Warum gebot David Abischai, Speer und Wasserkrug zu ergreifen (V. 11) und warum nahm er die Gegenstände dann selbst weg (V. 12)?
- Warum gab sich David gegenüber Abner nicht zu erkennen (V. 14), wohl aber gegenüber dem König (V. 17)?
- Warum spricht David in der Unterredung mit dem König plötzlich von diesem in der dritten Person (V. 22)?

Die beiden Erzählungen gehen in ihrem Kern durchaus verschiedene Wege.[177] Während Saul zufällig in die Höhle gerät (24,4), in der sich David bereits aufhält, nähert sich David des Nachts dem Lager Sauls (26,5). Schneidet David in der Höhle nur den Zipfel des Mantels ab (24,5), so nimmt David aus dem Lager Sauls dessen Speer und Wasserkrug mit (26,12). Neu ist in 1 Sam 26, dass sich David erst äußert, nachdem er

---

177 Vgl. K. Koch, Formgeschichte, 174 f.

weit genug von seinen Verfolgern entfernt ist (V. 13). Damit entspricht die hiesige Erzählung noch eher der Situation der Verfolgung. David redet auch nicht unmittelbar mit dem König, sondern zunächst nur mit Abner (26,14–16). Mitten im Wortwechsel mit dem König spricht David noch einmal Abner an (26,22). David macht Abner dabei zum Vorwurf, dass er den König nicht genügend beschützt habe, so dass »einer aus dem Volk« unerkannt ins Lager Sauls eingedrungen sei (V. 15).

Waren es aber nicht zwei – David und Abischai? An zwei Stellen erhält man tatsächlich den Eindruck, dass David allein dieses Husarenstück fertig gebracht hat. Schon bevor er mit Abischai ins Lager gegangen ist (V. 7), befindet er sich so sehr in der Nähe von Saul und Abner, dass das Lager aus seinem Blickwinkel beschrieben werden kann (V. 5). Außerdem fällt auf, dass er Abischai zwar auffordert, Speer und Wasserkrug an sich zu nehmen (V. 11), dass er es dann aber doch selbst tut (V. 12). Damit lässt sich der Umfang der alten, eigenständigen Erzählung in 1 Sam 26 klar umreißen: David ging allein ins Lager Sauls (V. 5), entwendete Speer und Wasserkrug (V. 12), stellte anschließend Abner in gebührendem Abstand zur Rede, erkundigte sich nach den entwendeten Gegenständen (V. 13–15.16*),[178] präsentierte schließlich den Speer von weitem und bot Abner an, dass einer von den jungen Männern die Waffe Sauls bei ihm abholen könne (V. 22).[179]

Die alte Erzählung ist später so erweitert worden, dass Abischai David ins Lager Sauls begleitete (V. 6.7.11b).

---

178 Die plurale Anrede in V. 16 – »Ihr habt den Tod verdient, weil ihr euren Herrn, den Gesalbten des Herrn nicht bewacht habt« – ist nach P. STEIN, Saul 55, jünger.
179 Ebenso P. STEIN, ebd., 61.

Auf diese Weise konnte David ausdrücklich das Ansinnen zurückweisen, Hand an den Gesalbten des Herrn zu legen (V. 8.9). Außerdem mischte sich in der jüngeren Überlieferung Saul in den Wortwechsel zwischen Abner und David ein. Dabei verlagerte sich der Akzent von der Verschonung des Gesalbten zu der Frage, ob David oder Saul an dem Konflikt schuldig sei (V. 18.21).[180] So entstand jene Gestalt der Erzählung, die zahlreiche Parallelen mit 1 Sam 24 aufweist.

3.12.4. Die Verschonung Sauls und dessen Reaktion

Abischai geht von der Tatsache aus, dass es David gelungen ist, ins Lager Sauls einzudringen. Damit habe Gott selbst Saul in seine Gewalt gegeben (V. 8). Ähnlich haben sich bereits Saul (23,7) und die Begleitung Davids in der Höhle (24,5) geäußert. Das kann nicht ganz falsch sein, denn David urteilt ebenso (26,23). Aber David weiß auch, dass eine solche Lage nicht dazu berechtigt, Hand an den Gesalbten des Herrn zu legen (V. 9.11.23; 24,7.11). Vielmehr gilt: Wer das Leben des anderen schützt, den wird auch der Herr aus aller Gefahr erretten (V. 24).

Wenn David Saul verschont, dann ist er aber nicht dazu verpflichtet, das Unrecht schweigend zu übergehen. Ähnlich wie in der Parallelerzählung (24,10–16) verlangt David auch hier zu wissen, warum er verfolgt wird (26,18). Die vorhandenen Spannungen werden nicht unter den Tisch gekehrt. David spricht offen aus, dass Saul von dritter Seite beeinflusst ist (V. 19). Hat der Herr seine Hand im Spiel (vgl. 18,10.11; 19,9.10), dann ist David zu einem Opfer bereit. Menschen aber, die David aus dem Erbbesitz des Herrn verjagen und in ein Land treiben, wo man anderen Göttern dient,

---

180   Vgl. J. Vermeylen, Loi, 157.

sollen verflucht sein. Kann klarer gesagt werden, dass David nie in das Philisterland ausweichen wollte? Davids selbstbewusste und zugleich bescheidene Äußerung – er vergleicht sich mit einem Floh oder einem Rebhuhn (V. 20; vgl. 24,15) – löst ein Sündenbekenntnis Sauls aus (V. 21; vgl. 24,18.19). Saul ist zur Umkehr bereit und bittet sogar: »Komm zurück, mein Sohn David!« Das ist auch dann voll und ganz ernst zu nehmen, wenn es David in der Folge doch für richtig hält, in die Philisterstadt Gat zu fliehen (27,4). Die vorgegebene Tradition der Verfolgung darf uns nicht daran hindern, von einer inneren Verwandlung Sauls in 1 Sam 24 und 26 zu sprechen.[181] Saul segnet David und kündigt ihm – wenn auch verhalten – eine machtvolle Zukunft an (V. 25). Hinter der deutlicheren Legitimation Davids in der – vielleicht etwas jüngeren – Parallelerzählung (24,21) bleiben die hiesigen Worte Sauls allerdings zurück.

4. DAS ENDE SAULS

Wir nähern uns dem Ende Sauls. Am Vortag der Entscheidungsschlacht geht Saul heimlich zu einer Totenbeschwörerin, um das Votum des inzwischen verstorbenen Samuel einzuholen (1 Sam 28,3–25). Was Samuel angekündigt hat, trifft auf dem Berg Gilboa ein: Angesichts der siegreichen Philister stürzt sich Saul selbst ins Schwert (1 Sam 31,1–13). Als sich ein Amalekiter bei David meldet und ihm mitteilt, dass er Saul den Todesstoß gegeben hat, lässt ihn David hinrichten (2 Sam

---

181 Anders S. NICHOLSON, Faces, 72, die eine wirkliche Versöhnung Sauls und Davids ausschließt, weil sie nicht zwischen Tradition und Redaktion unterscheidet.

1,1–16). Anschließend hält David seine bewegende
Klage über Saul und Jonatan (2 Sam 1,17–27). Welches
Bild erhalten wir in den letzten Erzählungen von Saul?
War er wirklich der tragisch Gescheiterte?

4.1. Der Besuch der weisen Frau in En-Dor
(1 Sam 28,3–25)

Am Anfang steht die Ratlosigkeit Sauls, der angesichts
des Aufmarsches der Philister eine Auskunft des
Herrn erbittet, aber nicht erhält (V. 3–6). Darum sucht
Saul eine Frau in En-Dor auf, damit sie ihm durch
einen Totengeist wahrsagt bzw. Samuel aus der Unterwelt heraufholt (V. 7–14). Samuel erscheint tatsächlich
und kündet dem glücklosen König Niederlage und
Tod an (V. 15–19). Nachdem Saul hoffnungslos zusammengebrochen ist, gelingt es der Frau, ihn wieder auf
die Beine zu bringen (V. 20–25).

Abb. 8: Rembrandt, Federzeichnung um 1655:
Die weise Frau bewirtet Saul und seine Diener

174

4.1.1. Die Befragung der Frau in En-Dor
und die Unterredung mit Samuel

Der Erzähler nennt am Anfang zwei Voraussetzungen, die für das weitere Geschehen wichtig sind:[182] Samuel ist bereits gestorben, betrauert und beigesetzt worden (V. 3a). Außerdem habe Saul selbst die Totenbeschwörer[183] und Wahrsager aus dem Land vertrieben (V. 3b). Die Handlung beginnt damit, dass die Philister und die Israeliten aufmarschierten und in Schunem bzw. auf dem Gebirge Gilboa ihr Lager aufschlugen (V. 4). Angesichts des philistäischen Lagers erfasste Saul eine panische Angst (V. 5). Was war zu tun? Saul befragte den Herrn. Aber der Herr antwortete nicht. Verstärkt durch die dreifache Verneinung – »weder durch Träume noch durch Lose noch durch Propheten« – (V. 6) kommt die Erzählung zum ersten Mal an einen toten Punkt. Saul wusste sich allerdings zu helfen und ließ nach einer Frau suchen, die über einen Totengeist

---

182 In diesen Sätzen ist jeweils der Name – Samuel bzw. Saul – betont vorangestellt. Das ist nicht die geläufige Erzählform.

183 Das hebräische Wort 'ōb ist umstritten. Einige Autoren haben sich in jüngerer Zeit für die Bedeutung »Grube« entschieden. Damit sei der Ort gemeint, aus der die Toten aus der Unterwelt heraufsteigen konnten. Vgl. H. A. HOFFNER, 'ōb, 141–145, und J. EBACH/U. RÜTERSWÖRDEN, Unterweltsbeschwörung, 57–70. Ihnen hat J. TROPPER, Nekromantie, 312, widersprochen und 'ōb als »Ahnengeist« bzw. »Totengeist« verstanden. Doch diese Bedeutungen scheitern in der hiesigen Erzählung. Denn wenn die Frau sich fürchtet, weil Saul die 'ōbōt »ausgerottet« hat, dann muss es sich bei ihnen um sterbliche Menschen handeln. Daher ist in V. 3 und 9 an der klassischen Übersetzung »Totenbeschwörer« festzuhalten. Vgl. M. KLEINER, Saul, 121–123, sowie W. DIETRICH/TH. NAUMANN, Samuelbücher, 109.

(*'ōb*)[184] verfügte, um sie zu befragen (V. 7). Der Hörer oder Leser ahnt, dass das nicht so einfach sein konnte, hatte Saul doch selbst Totenbeschwörer und Wahrsager aus dem Land verwiesen (V. 3b). Als seine Diener doch eine Frau in En-Dor ausfindig gemacht hatten, verkleidete sich Saul und machte sich mit zwei Begleitern des Nachts auf den Weg, weil er nicht erkannt werden wollte (V. 8a). Als er die Frau darum bat, eine bestimmte Person aus der Unterwelt heraufzuholen (V. 8bβ), weigerte sie sich. Wir erfahren, dass Saul die Totenbeschwörer und Wahrsager nicht nur vertrieben (V. 3b), sondern sogar getötet hat (V. 9). Kein Wunder, wenn sich die Frau sträubte. Sie befürchtete, dass sie das gleiche Schicksal wie die anderen Mantiker zu erleiden hatte. Doch der Unbekannte sicherte ihr mit einem Eid zu, dass sie keine Strafe zu befürchten habe (10). Der Erzähler versteht es, diese dramatische Situation noch zu steigern. Denn als die Frau hörte, dass sie Samuel aus der Totenwelt heraufholen sollte (V. 11), erkannte sie mit einem Schlag, dass eine solche Bitte wohl nur der König selbst aussprechen konnte (V. 12aβ.b). Saul musste sie unbedingt beruhigen (V. 13a). Danach bedient sich der Erzähler eines »Kunstgriffs«, um die Vorstellungskraft des Lesers oder Hörers herauszufordern:[185] Nur die Frau vermochte die seltsame Erscheinung zu sehen. Saul konnte sie lediglich befragen und daraus seine Schlüsse ziehen. »Was siehst du?«, war seine Frage. Die Antwort der Frau lässt sich nur ungefähr übersetzen: »Göttliche Wesen (*'ᵃlohim*) sehe ich aus der Erde

---

184 Zur Bedeutung des Singulars *'ōb* in V. 7 und 8 vgl. J. TROPPER, Nekromantie, 224 f.
185 Vgl. M. KLEINER, Saul, 187.

aufsteigen.«[186] Saul fragte erneut nach: »Wie sieht er
aus?« Er setzte also einfach voraus, dass nur eine
einzelne Gestalt erschienen war. Die Frau akzeptierte
das und gab ihm zur Antwort: »Ein alter Mann steigt
herauf, er ist in einen Mantel gehüllt.« Saul erkannte
daran, dass es sich um Samuel handelte, und warf sich
voller Ehrfurcht auf den Boden (V. 14). Danach trat die
Frau völlig in den Hintergrund. Samuel stellte Saul zur
Rede, warum er ihn aufgeschreckt und heraufgerufen
habe. Saul rechtfertigte sich mit Worten, die wir bereits
kennen (V. 15; vgl. V. 4–6). Auch die weiteren Anklagen
Samuels   (V. 16–18)   fußen   auf   bisherigen
Urteilen.[187] Neu ist jedoch die Ankündigung dessen,
was am nächsten Tag geschehen sollte (V. 19). Danach
brach Saul völlig zusammen. Der Erzähler gibt dafür
zwei Gründe an. Erstens fürchtete er sich wegen der
Worte Samuels sehr. Zweitens hatte Saul schon einen
ganzen Tag keinen Bissen zu sich genommen (V. 20).
Sofort trat die Frau hinzu und bat Saul eindringlich,
auf sie zu hören und etwas zu essen (V. 21.22). Als er
sich weigerte, redeten ihm auch seine beiden Begleiter
gut zu (vgl. V. 8). Gemeinsam erreichten sie es, dass
Saul vom Boden aufstand und sich auf das Bett setzte
(V. 23). Die Frau bereitete sehr schnell ein kräftiges
Mahl für Saul und seine Diener, die noch in der Nacht
aufbrechen konnten (V. 25).

---

186   Der Plural ergibt sich eindeutig aus der Verbform. Dazu
      wird immer wieder Jes 8,19 verglichen, wo das Wort
      »göttliche Wesen« (*'ælohim*) parallel zu »Totengeistern«
      (*'ōbōt*) und zu »Toten« (*mētīm*) steht. Vgl. J. TROPPER, Nek-
      romantie, 273.
187   Vgl. V. 16 mit 18,12; V. 17 mit 15,28; V. 18 mit 15,19.

4.1.2. Die unterschiedlichen Rollen
Samuels und der Frau

Welche Rolle spielt die Frau von En-Dor in dieser Erzählung? Und welche Aufgabe fällt Samuel zu? Die Erzählung geht weithin davon aus, dass es die Aufgabe der Frau ist, Samuel aus dem Totenreich heraufzuholen und dadurch dessen Gespräch mit Saul zu ermöglichen (V. 8bβ.11). Wir können von einer »Evokation« sprechen.[188] Die Frau in En-Dor ist zunächst nicht dazu bereit, weil sie befürchtet, das Schicksal der übrigen Totenbeschwörer (*'ōbōt*) zu erleiden, die Saul ausgerottet hat (V. 9). Doch im Gespräch zwischen Saul und Samuel wird vorausgesetzt, dass Samuel heraufgeholt worden ist (V. 15). Nur unter dieser Voraussetzung können die beiden Männer miteinander sprechen. Die Rolle der Frau besteht also darin, das Gespräch zwischen Samuel und Saul zu vermitteln. Die entscheidenden Auskünfte erteilt allein Samuel.

In einigen Sätzen wird die Rolle der Frau allerdings anders beschrieben. Saul fordert seine Diener dazu auf, eine Frau zu suchen, die über einen Totengeist bzw. Ahnengeist (*'ōb*) verfügt.[189] »Ich will zu ihr gehen und sie befragen.« (V. 7). In diesem Fall soll also die Frau selbst Auskunft über die Zukunft geben. Sauls Aufforderung lautet darum auch (V. 8bα): »Wahrsage mir durch den Totengeist.« Wir können in diesem Fall von Divination sprechen.[190] Erfüllt die Frau innerhalb der Erzählung die Aufgabe, die ihr Saul am Anfang (V. 7.8bα) zuweist? Von einer wirklichen Divination

---

188 Das lateinische Wort »evocatio« bezeichnet das »Heraus- oder Hervorrufen«.
189 Vgl. J. TROPPER, Nekromantie, 312.
190 Mit diesem lateinischen Wort kann man die Kraft zur Weissagung, die Sehergabe bezeichnen.

hören wir nichts. Erst im letzten Abschnitt spielt die Frau wieder eine maßgebliche Rolle. Sie drängt den völlig erschöpften Saul dazu, etwas zu essen und sich auf diese Weise für seinen schweren Gang zu stärken.

Eine Szene verdient jedoch besondere Aufmerksamkeit (V. 13.14). Da nur die Frau die aus der Erde aufsteigende Gestalt zu sehen vermag, ist Saul auf die Auskunft der Frau ganz und gar angewiesen. Das entspricht der wichtigen Rolle, die die Frau in einer Divination spielt. Aber das ist nur die eine Seite. Denn die Erscheinung, die aus der Erde »aufsteigt«, wird im Laufe der Befragung mit Samuel identifiziert. Damit ähnelt das Geschilderte doch wieder einer Evokation. Wie die Fortsetzung zeigt, kann sich danach Saul unmittelbar an Samuel wenden.

Wie ist es zu erklären, dass die Rollen Samuels und der Frau unterschiedlich verteilt sind? Warum bleiben ihre Aufgaben innerhalb der Erzählung nicht konstant?

4.1.3. Die Rückfrage nach dem Werdegang der Erzählung

Die Beobachtungen zur Rolle Samuels und der Frau haben mit offenen Fragen geendet. Das sind aber nicht die einzigen Rätsel, die die Erzählung uns aufgibt. Es lassen sich eine Reihe weiterer Fragen stellen:

- Warum lässt sich Samuel darauf ein, im Rahmen einer Totenbeschwörung aufzutreten? Wieso erhält Saul auf verbotenem Wege (Dtn 18,10.11; Lev 19,31; 20,6.27) doch eine Auskunft vom Herrn?
- Hat Saul die Totenbeschwörer und Wahrsager vertrieben (V. 3) oder ausgerottet (V. 9)?
- Was soll die Frau genau tun? Soll sie Saul durch einen Totengeist (')ōb) wahrsagen oder soll sie einen bestimmten Verstorbenen (V. 7) – Samuel (V. 11) – heraufholen?

- Hat die Frau Samuel gleich erkannt (V. 12)? Warum spricht sie wenig später nur von »göttlichen Wesen« (V. 13)?
- Wie kommt es, dass die Frau »göttliche Wesen« – Plural! – sieht (V. 13), danach aber nur von einer einzigen Gestalt – Samuel – ausgegangen wird (V. 14)?
- Warum wiederholt Samuel weithin nur bekannte Urteile (V. 16–18) und warum kommt er erst mit den letzten Worten auf das Anliegen Sauls zu sprechen (V. 19)?

Die Differenzen in der Erzählung weisen darauf hin, dass die Erzählung selbst eine Entwicklung durchlaufen hat. Mit jüngerer Bearbeitung müssen wir bereits in der Exposition rechnen. Die Nachricht vom Tod Samuels (V. 3a), die in 1 Sam 25,1 ihren ursprünglichen Ort hatte,[191] wurde wiederholt (vgl. 25,1), weil die Frau Samuel aus der Unterwelt heraufführen sollte. Die Ausrottung der Totenbeschwörer und Wahrsager (V. 9), die in der Erzählung eng mit der Todesfurcht der Frau verbunden ist, milderte man in eine Vertreibung ab (V. 3b).[192] Dass die Frau Samuel sofort sah (V. 12aα), nachdem Saul nach Samuel verlangt hatte, überrascht. Denn dadurch wird der enge Zusammenhang zwischen seiner Bitte (V. 11) und dem Aufschrei der Frau (V. 12aβ) unterbrochen: Weil der Verkleidete nach Samuel verlangte, erkannte sie, dass der König vor ihr stand.[193] In dem Gespräch zwischen Samuel und Saul (V. 15–19) kommt vieles zur Sprache, das wir bereits kennen. Von der Bedrängnis durch die Philister und

---

191 So P. K. McCarter, Samuel I, 388. Anders allerdings W. Dietrich, David, 21.
192 Vgl. M. Kleiner, Saul, 170.
193 So M. Kleiner, ebd., 171.

dem Schweigen des Herrn (V. 15) war bereits in der Exposition die Rede (V. 5.6). Dass der Herr von Saul gewichen ist (V. 15.16), ist dem Leser der Aufstiegsgeschichte Davids auch nicht mehr neu (18,12). Wenn Samuel davon spricht, dass der Herr Saul die Königsherrschaft entrissen habe, erinnert er an eine Szene im Anschluss an den Amalekiterkampf (15,27.28). Dass er während dieser Auseinandersetzung nicht auf den Herrn gehört habe, wissen wir längst (15,19). Musste Samuel aus dem Totenreich heraufgeholt werden, um längst Bekanntes zu wiederholen? Neu ist lediglich, was er im letzten Vers über die unmittelbare Zukunft sagt (V. 19): »Morgen wirst du mit deinen Söhnen bei mir sein. Auch das Heer Israels wird der Herr in die Gewalt der Philister geben.«[194] Es dürfte also eine ältere Gestalt der Erzählung gegeben haben, die etwas kürzer war (V. 4–11.12aβ–14.19aβ–25).

Oben wurde bereits die Frage gestellt: Wie kommt es, dass die Rolle der Frau und damit auch die Rolle Samuels nicht überall gleich ist? Weisen diese Differenzen auf eine längere Überlieferung der Erzählung hin, in der sie sich veränderte? In der heutigen Fassung steht, wie schon gesagt, eindeutig die Evokation im Vordergrund. Die entscheidende Unterredung zwischen Samuel und Saul (V. 15–19) ist davon geprägt. Die Erzählung enthält aber noch Partien, in denen Saul nicht Samuel, sondern die Frau befragen will (V. 7.8bα). Dabei ist der unterschiedliche Sprachgebrauch zu beachten. Die Frau verfügt über einen Ahnen- bzw. Totengeist ('ōb). Das Wort 'ōb wird in V. 7.8bα im Singular gebraucht und bezeichnet nicht – wie in V. 3 und 9 – Totenbeschwörer im Plural ('ōbōt).

---

194 Der erste Satz in V. 19 dürfte eine spätere Verdopplung zu V. 19b sein. Vgl. M. KLEINER, Saul, 178 f.

Die überragende Rolle, die die Frau in einer Divination spielen soll, entspricht ihrer Aktivität in der letzten Szene (V. 20–25). Diese Elemente sind auch dadurch miteinander verbunden, dass Saul nicht allein, sondern mit zwei Begleitern nach En-Dor gekommen ist (V. 8a), die ihm am Ende deutlich zureden, die Gastfreundschaft der Frau in Anspruch zu nehmen, mit ihm essen und gemeinsam mit ihm wieder weggehen (V. 23.25).

Dürfen wir zur Divination auch die Szene vor dem Auftritt Samuels (V. 13.14) zählen? Saul ist darauf angewiesen, die Frau zu befragen, da er die Erscheinung nicht zu sehen vermag. Die erste Antwort der Frau steht einer Divination noch sehr nahe (V. 13): »Göttliche Wesen (*ᵃlohim*) sehe ich aus der Erde aufsteigen.« Wir könnten auch »Ahnengeister« statt »göttliche Wesen« übersetzen (vgl. Jes 8,19). Die zweite Frage Sauls schließt sich nicht ganz fugenlos an: »Wie sieht er aus?« (V. 14a). Dabei setzt Saul bereits voraus, dass es sich nicht mehr um mehrere, sondern nur noch um eine Gestalt handelt. Nach der Beschreibung der Frau – ein alter in einen Mantel gehüllter Mann – weiß Saul, dass Samuel vor ihm steht. Doch wie ist der Wechsel von den »Ahnengeistern« zu Samuel zu erklären? Offenbar soll die Szene von der älteren Divination zur jüngeren Evokation überleiten.

Damit lässt sich der Werdegang der Erzählung skizzieren. Am Anfang stand eine Befragung der Frau, die über einen Totengeist verfügte (V. 7.8a.bα). Davon hat sich bis heute erhalten, dass sich die Frau nach der niederschmetternden Auskunft sehr darum bemühte, den ohnmächtigen und kraftlosen Saul durch ein Mahl wieder auf die Beine zu bringen (V. 20–25). Der Übergang von der Divination zur Evokation ist in einer kurzen Szene (V. 13.14) noch gut zu erkennen. In jüngerer Zeit hat sich die Evokation als beherrschende Vorstellung durchgesetzt (V. 8bβ–11.12aβ.b). Nun war es eindeutig Samuel, der Saul Niederlage und Tod ankündigte (V. 19aβ.b). Die späte Bearbeitung (V. 3.12aα.15–18) milderte Sauls Verdienste (V. 3b), vereinfachte die Evokation (V. 12aα) und brachte einen tiefen Gegensatz zwischen Samuel und dem Herrn einerseits und Saul andererseits zum Ausdruck (V. 15–18).

Können wir jetzt auch die entscheidende Frage beantworten, warum Samuel gegen das Gesetz (Dtn 18,10.11; Lev 19,31; 20,6.27) aus dem Totenreich heraufgeholt wird, um Saul eine gültige und richtige Botschaft mitzuteilen? Gab es keinen anderen als diesen verworfenen Weg? Vermutlich liegen die Anfänge der hiesigen Erzählung lange vor der Formulierung der deuteronomischen und priesterlichen Gesetze.[195] Die Erzählung setzt zwar voraus, dass man Totenbeschwörung und Wahrsagerei schon in der frühen Königszeit verurteilt hat (V. 9). Aber sie gibt auch zu erkennen, dass man im Notfall vor Divination oder Evokation nicht zurückschreckte. Gab es erst einmal die Erzählung über die Befragung einer Frau in En-Dor durch Saul, dann wurde sie auch weiter tradiert. Daran konnten selbst die späteren Gesetze wenig ändern. Denn was sie verboten, galt noch als wirkmächtig. Außerdem war es der verworfene König Saul, der diesen Weg eingeschlagen hatte. Von ihm war hinlänglich bekannt, dass er nicht auf die Stimme des Herrn gehört hatte, dass der Herr von ihm gewichen war und ihm die Königsherrschaft längst entrissen hatte (V. 16–18).

---

195 W. Dietrich, David, 24, leitet die Grunderzählung aus »nordisraelitischer Tradition« her und setzt sie damit vor 722 v. Chr. an.

4.1.4. Saul und die Mantik

Welches Bild wird von Saul entworfen? Er hatte die Totenbeschwörer nicht nur vertrieben, sondern sogar ausgerottet (V. 9). Er befragte den Herrn, d. h. er wollte wissen, was er angesichts des mächtigen Philisterheeres tun sollte. Dabei musste er die schmerzliche Erfahrung machen, dass sich der Herr in Schweigen hüllte (vgl. 14,37). Er war also in äußerster Bedrängnis, als er nach einer Frau suchte, die über einen Totengeist verfügte und ihm Auskunft geben sollte (V. 7.8a.bα). Auf der Ebene der Evokation suchte er das Gespräch mit Samuel (V. 8bß.11). Mit ihm war er so vertraut, dass er ihn auf Grund der bloßen Beschreibung der Frau erkennen konnte. Nachdem er wusste, dass Samuel vor ihm stand, warf er sich voller Ehrfurcht auf den Boden (V. 14). Von Samuel erfuhr er auch, dass er schon morgen bei ihm, d. h. in der Scheol sein werde (vgl. 2 Sam 12,23). Als er auf Grund dieser Auskunft zusammengebrochen war, bemühte sich die Frau in En-Dor sehr darum, dass er wieder zu Kräften kam. Sie wahrte die Ehrfurcht vor Saul und behandelte ihn wie einen hohen Gast. Danach ging er tapfer seinen Weg zurück in die Nacht. Saul wird also mit großer Sympathie dargestellt.[196] Die ältere Überlieferung stimmt bei allen Differenzen im Detail darin überein, dass Saul ein tragischer Held war, der trotz aller Anstrengungen seinem Schicksal nicht entgehen konnte. Erst in der späten Bearbeitung wird eine tiefe Kluft zwischen Saul und dem Herrn sichtbar (V. 15–18). War damit das letzte Wort gesprochen? Wir dürfen nicht vergessen, dass die wohlwollendere Darstellung Sauls nicht ausgelöscht, sondern bewahrt wurde.

---

196 Vgl. M. Kleiner, Saul, 198, und W. Dietrich, David, 24.

An der Geschichte der Erzählung lässt sich außerdem ablesen, mit welcher Großzügigkeit die frühen Erzähler die vorisraelitische Mantik in ihren Dienst zu nehmen verstanden. Sie entschieden sich nicht für die schroffe Ablehnung von Divination oder Evokation, sondern integrierten die fremdartige Mantik in ihre Überlieferung. Am Ende siegte allerdings der Geist der Prophetie über Wahrsagerei und Totenbeschwörung. Der verstorbene Samuel sagte nichts anderes, als der lebende es getan hatte.

4.2. Der Tod auf dem Gebirge Gilboa (1 Sam 31,1–13)

Sauls Herrschaft endete jäh damit, dass er die Entscheidungsschlacht gegen die Philister verlor. Dass seine Regierung vorzeitig endete, kann den aufmerksamen Leser des ersten Samuelbuches nicht überraschen. Denn darauf ist er bereits mehrmals vorbereitet worden (1 Sam 13,7b–15a; 15,22.23.26; 28,15–19). Es ist auch schon gesagt worden, dass die Philister ihr Heer bei Afek – an der *via maris* in der Scharon-Ebene – zusammenzogen, während die Israeliten ihr Lager an der Harod-Quelle (ᶜ*en ğālūd*; vgl. Ri 7,1)[197] – südlich von Jesreël – aufgeschlagen hatten (1 Sam 29,1). Die Einleitung zur Erzählung vom Besuch Sauls bei der Totenbeschwörerin setzt vermutlich schon einen späteren Zeitpunkt voraus: Da waren die Philister bis nach Schunem (*sōlem*) in der Jesreël-Ebene vorgerückt; die Israeliten zogen sich deshalb ins Gebirge Gilboa zurück (1 Sam 28,4). Es empfiehlt sich, eine Karte heranzuziehen, um den Aufmarsch der Gegner verfolgen zu können.

---

197 Dass es sich um die Harod-Quelle handelt, geht nicht aus dem hebräischen Text hervor, sondern lässt sich nur aus der Parallele Ri 7,1 folgern.

4.2.1. Das Ende auf dem Gebirge Gilboa (V. 1–7)

Die erste Szene zeigt anschaulich, wie sich das Schicksal über Saul bedrohlich zusammenzieht. Der Erzähler beginnt damit, dass die Israeliten vor den Philistern geflohen und dann auf dem Gebirge Gilboa gefallen sind (V. 1; vgl. V. 8).[198] Die Philister haben sehr bald auch die drei erwachsenen Söhne Sauls tödlich getroffen (V. 2).[199] Schließlich ist auch Saul in der Reichweite der feindlichen Bogenschützen (V. 3). In dieser Situation ergreift Saul noch ein letztes Mal das Wort und wendet sich an seinen Waffenträger: Er soll sein Schwert ziehen und Saul durchbohren, »damit nicht diese Unbeschnittenen kommen, mich durchbohren und ihren Mutwillen mit mir treiben« (V. 4). Aber der Waffenträger ist dazu nicht bereit; die einzige Negation in der Erzählung und der Gebrauch des seltenen Verbums »wollen« unterstreichen das. So bleibt Saul nichts anderes übrig, als sich selbst in sein Schwert fallen zu lassen. Hier wird »mit tiefem Ernst und wirklicher Ergriffenheit von der letzten Einsamkeit Sauls und der Tragik seines Todesschicksals erzählt«[200]. Damit ist der Höhepunkt erreicht. Der Erzähler kann jetzt nur noch die Folgen beschreiben (V. 5–7): den Selbstmord des Waffenträgers, das Ende der Söhne Sauls und seiner Männer und die Flucht der Israeliten aus ihren Städten.

Der erste Abschnitt (V. 1–7) ist vor allem vom Wortfeld des Krieges geprägt. Das zeigt sich an den Substantiven (Krieg, Bogen, Bogenschützen, Waffen-

---

198 Vgl. H. J. STOEBE, 1 Samuelis, 524: »Das Interesse liegt hier ganz bei dem Ende Sauls … der militärische Rahmen, in dem das alles geschieht, bleibt im Schatten.«

199 Der Erzähler lässt nach H. J. STOEBE, ebd., die Söhne vor Saul sterben, »weil alles darauf ausgerichtet ist, die letzte Einsamkeit Sauls miterleben zu lassen«.

200 H. J. STOEBE, ebd., 523.

ACTⱯ͞E AVT͞E
noſtam mozuuſ eſt ſaul·uc

Abb. 9: Der Tod Sauls und seiner Söhne:
Miniatur aus der Lambeth-Bibel um 1150

träger), aber auch an den Verben (kämpfen, fliehen,
fallen, schlagen, Schwert ziehen, durchbohren, sterben). Es geht aber gar nicht so sehr um eine Schilderung des Kampfgeschehens, sondern um das Ende
Sauls und seiner Söhne.

Lässt sich noch erkennen, wie der biblische Erzähler das Ende Sauls verstanden hat? Die Aufforderung, die Saul an seinen Waffenträger richtet, erinnert an die Worte Abimelechs an seinen Waffenträger, als er bei der Belagerung der Stadt Tebez durch einen Mühlstein schwer verwundet worden war, den eine Frau von der Mauer auf ihn geworfen hatte: »Schnell, zieh dein Schwert, und töte mich! Man soll nicht von mir sagen: Eine Frau hat ihn umgebracht.« (Ri 9,54). So wie Abimelech war auch Saul auf seine Ehre bedacht und wollte als ein tapferer Mann sterben. Während Abimelechs Wunsch erfüllt wurde, weigert sich der Waffenträger Sauls, weil er sich »sehr fürchtete«. Mehr wird leider nicht gesagt. Wir werden aber an David erinnert, der nicht gewagt hat, dem Gesalbten des Herrn den Todesstoß zu versetzen (1 Sam 24,7; 26,9). Saul gilt damit immer noch als legitimer König, auch wenn er in der ganzen Erzählung nicht so genannt wird. Er muss sich selbst den Tod geben, um den Philistern zu entkommen. Ein solcher Selbstmord bringt für uns negative Assoziationen mit sich. Doch das war in Israel nicht so; Selbstmord war nach den uns erhaltenen Zeugnissen außerordentlich selten und wurde nicht negativ bewertet (Ri 9,54; 16,30).[201]

4.2.2. Der Triumph der Philister (V. 8–10)

Die Szene am folgenden Morgen (V. 8–10) beschreibt den Triumph der Philister. Nachdem sie die Gefallenen entdeckt hatten, schlugen sie Saul den Kopf ab und schickten Boten mit der erbeuteten Rüstung – eventuell auch mit dem Kopf Sauls[202] – in ihrem Land umher, um den Göttern in den Tempeln und dem ganzen Volk

---

201 Vgl. H. J. STOEBE, Samuelis, 527, und F. STOLZ, Samuel, 183.
202 Vgl. H. J. STOEBE, 1 Samuelis, 522.

Abb. 10: Anthropoider Sarkophag aus Bet-Shean

die Freudenbotschaft zu überbringen. Die Rüstung
fand schließlich im Aschtartetempel ihren endgültigen
Ort (V. 10a).[203] Denn die Waffen besiegter Feinde
wurden gern in Tempeln hinterlegt (1 Sam 21,9.10). Sie
stellten außerdem den Leichnam Sauls an der Mauer
von Bet-Schean zur Schau (V. 10b). Die Stadt, die zu
dieser Zeit nach biblischem Zeugnis noch nicht israe-
litisch war (Ri 1,27),[204] lag an wichtigen Straßen. Eine
führte von Süd nach Nord durchs Jordantal an Bet-
Schean vorbei, eine andere verband die Stadt mit dem

---

203 HERODOT, Historien I, 105, bezeugt einen Astartetempel in
     Aschkelon.
204 Zur Geschichte der Stadt vgl. M. GÖRG, Bet-Schean, 286 f.

westlich gelegenen Megiddo.[205] Für die vielen, die an der Stadtmauer vorüberkamen, sollte das Schicksal Sauls abschreckend wirken.

Der Abschnitt konzentriert sich darauf, die Erniedrigung Sauls zu beschreiben. Ihm wird wie dem Philister Goliat der Kopf abgeschlagen (1 Sam 17,51). Nur sein Leichnam wird an die Mauer von Bet-Schean gehängt; von den Leichen seiner Söhne ist hier noch nicht die Rede (vgl. aber V. 12).

4.2.3. Die ehrenvolle Beisetzung (V. 11–13)

Der letzte Abschnitt schließt sich eng an die bisherige Schilderung an. Denn nachdem man den Leichnam an die Mauer von Bet-Schean geheftet hatte, konnte diese Schändung Sauls den Bewohnern von Jabesch in Gilead nicht lange verborgen bleiben (V. 11). Sie brachen daher spontan auf und überwanden die 30 km von Jabesch nach Bet-Schean noch in der Nacht. Sie nahmen nicht nur den Leichnam Sauls, sondern auch die Leichen seiner Söhne von der Mauer ab, brachten sie in ihre Stadt und setzten sie unter einer weithin bekannten Tamariske bei (vgl. Gen 35,8). Dann fasteten sie sieben Tage, um ihrer Trauer Ausdruck zu verleihen (vgl. 2 Sam 1,12; 3,35; 12,16).

Der Erzähler braucht daher nicht daran zu erinnern, dass die Bewohner der ostjordanischen Stadt Saul die Befreiung aus ammonitischer Belagerung zu verdanken hatten (1 Sam 11,1–11). Die entschlossene und mutige Tat der Männer von Jabesch in Gilead konnte zwar die Niederlage und den Tod Sauls nicht aus der Welt schaffen, aber dennoch die Ehre Sauls und seiner Söhne retten.

---

205   A. NEGEV (Hg.), Bibel-Lexikon, 423 f. (Straßen).

4.2.4. Ursprung und Bearbeitung der Erzählung

Obwohl Saul bereits im ersten Abschnitt stirbt (V. 4), steht er doch weiterhin im Mittelpunkt des Interesses. Da das Augenmerk kontinuierlich auf Saul ruht, darf die Erzählung als geschlossen und kohärent gelten. Dennoch bleiben Fragen offen:

- Warum haben die Bogenschützen der Philister Saul nach seinem Freitod unbeachtet gelassen, wenn sie ihm schon so dicht auf den Fersen waren (V. 3)?
- Warum waren die Bewohner von Jabesch in Gilead immer noch in ihrer Stadt (12), wenn die Israeliten »jenseits des Jordan« ihre Städte verlassen haben (V. 7)?
- Haben die Philister nur den Leichnam Sauls an die Mauer von Bet-Schean gehängt (V. 10) oder auch die Leichen seiner Söhne (V. 12)?
- Passt die Verbrennung der Gebeine (V. 12b) zur ehrfurchtsvollen Beisetzung und zur siebentägigen Trauer (V. 13)?

Was lässt sich aus den Fragen und Beobachtungen folgern? Gibt es Anzeichen für eine spätere Bearbeitung? Etwas seltsam ist die Angabe, dass die Jabeschiter die Leichen Sauls und seiner Söhne noch in Bet-Schean verbrannt haben sollen (V. 12e). Waren sie schon so dem Verfall preisgegeben, dass dies der einzige Ausweg war?[206] Handelte es sich dabei um einen Brauch, der im Ostjordanland geübt wurde?[207] Es fällt auf, dass zuvor von »Leichnamen« die Rede war, während danach von »Gebeinen« gesprochen wird. Das könnte auf eine vorsichtige Verbrennung

---

206   Vgl. H. W. HERTZBERG, Samuel, 190.
207   Vgl. A. SCHULZ, Samuel I, 417, und jetzt W. ZWICKEL, Quadratbau, 165–174.

hindeuten, die die Gebeine intakt ließ.[208] Wenn man die Gebeine zu Kalk verbrannte, dann galt das in jedem Fall als ein schwerwiegender Frevel (Am 2,1). Falls das hier gemeint wäre, könnte es sich nur um einen Zusatz handeln, mit dem »ein Glossator dem verhassten Saul noch im Tode einen Schimpf angethan hat«[209]. Es fällt immerhin auf, dass der Chronist, der aus seiner Abneigung gegen Saul keinen Hehl gemacht hat, diese Angabe in seiner Vorlage offenbar noch nicht vorfand (vgl. 1 Chr 10,12).[210]

Der Vergleich mit dem chronistischen Text ist auch in anderer Hinsicht hilfreich.[211] Nach 1 Chr 10,6 sind nur die Israeliten aus der »Ebene« – gemeint ist die Jesreel-Ebene – geflohen. Nach 1 Sam 31,7 haben auch die Israeliten »jenseits des Jordan« die Flucht ergriffen und ihre Städte verlassen. Dem widerspricht aber, dass die Leute aus Jabesch die Leichen Sauls und seiner Söhne holen und auf ihrem Territorium begraben (1 Sam 31,11–13). Die Niederlage der Israeliten ist in 1 Sam 31,7 nachträglich vergrößert worden. In der Version des ersten Samuelbuches ergibt sich ein weiterer Widerspruch. Nach 1 Sam 31,10b hefteten die Philister nur den Leichnam Sauls an die Stadtmauer von Bet-Schean; nach V. 12 nahmen die Jabeschiter aber nicht nur Sauls Leichnam, sondern auch seine toten Söhne »von der Mauer von Bet-Schean«. In der Chronik holten die Leute aus Jabesch die sterblichen Überreste Sauls und seiner Söhne vom Schlachtfeld. In der Samuel-Fassung hat offenbar ein Bearbeiter die

---

208 Danach könnte es sich um eine unvollständige Verbrennung handeln; vgl. F. Stolz, Samuel, 184.
209 K. Budde, Samuel, 192.
210 Für P. K. McCarter, Samuel I, 442, ist das ein hinreichender Grund, die Angabe für sekundär zu halten.
211 Vgl. J. Vermeylen, Loi, 178–181.

Pietätlosigkeit der Philister durch V. 10b und den Zusatz in V. 12 noch verstärkt. Der Wortlaut der Chronik ist also für uns eine große Hilfe, um eine ältere Fassung von 1 Sam 31,1–13 rekonstruieren zu können.

Lässt sich noch etwas über die Herkunft des ersten Erzählers sagen? Der letzte Abschnitt (V. 11–13) weist auf einen Erzähler hin, der aus Jabesch stammte, die dortige Tamariske genau kannte und der an die mutige Tat seiner Landsleute ausdrücklich erinnern wollte.[212]

4.2.5. Zum historischen Hintergrund

Auch wenn es sich im letzten Kapitel des ersten Samuelbuches nur um eine Erzählung handelt, dürfen wir die Frage nach dem historisch fassbaren Geschehen nicht unterdrücken. An der Tatsache, dass Saul und seine drei ältesten Söhne im Kampf gegen die Philister gefallen sind, lässt sich kaum zweifeln.[213] Aber es spricht einiges dafür, dass der Triumph der Philister nicht so überwältigend war, wie es nach 1 Sam 31 den Eindruck macht. Das Ostjordanland wurde von den Philistern nicht besetzt (vgl. 1 Chr 10,7). Abner konnte den am Leben gebliebenen Sohn Sauls mit nach Mahanajim nehmen und ihn dort zum König über »ganz Israel« erheben (2 Sam 2,9). Zum Herrschaftsbereich Ischbaals gehörte auch die Stadt Jesreel. Das bedeutet, dass die Israeliten nicht einmal die Ebene von Jesreel vollständig verließen. Die Philister konnten oder wollten die Leute aus Jabesch in Gilead auch nicht

---

212 J. H. Grønbæk, Aufstieg, 198, hält 1 Sam 31,2–13 für eine »Grabtradition«, die eventuell aus Bet-Schean stammt und über Jabesch nach Zela in Benjamin gewandert ist, wo die Gebeine Sauls und Jonatans ihre endgültige Ruhe gefunden haben sollen (2 Sam 21,11–14).
213 Vgl. W. Dietrich, Königszeit, 152.

daran hindern, sich auf dem Gebirge Gilboa der Leichname Sauls und seiner Söhne anzunehmen, um sie ehrenvoll beizusetzen.

Damit kommen wir zu der grundsätzlichen Frage: Warum zogen die beiden Heere in die Jesreel-Ebene, um dort die Entscheidung zu suchen? Warum kam es nicht an der Grenze zwischen dem Kerngebiet der Philister und der Israeliten zum Kampf? Es kann sich dabei um einen klugen Schachzug der Philister gehandelt haben. Wenn sie das israelitische Heer in der Jesreel-Ebene angriffen, dann konnten sie einen Keil zwischen die Israeliten im galiläischen Norden und auf dem Gebirge Efraim treiben.[214] Vielleicht spielte dabei auch eine Rolle, dass sie von den kanaanitischen Städten der Jesreel-Ebene eher unterstützt als gefürchtet wurden.

4.2.6. Respekt vor dem tragisch Gescheiterten

Die kurze Erzählung ist – in deutlichem Unterschied zu ihrer chronistischen Variante (1 Chr 10,13.14) – frei von einem theologischen Urteil über Saul. Das gereicht ihr aber eher zum Vorteil als zum Nachteil. Vor unseren Augen entsteht das Bild eines tapferen Königs, der zwar tragisch scheitert, aber dessen Taten in Israel – vor allem im ostjordanischen Jabesch – noch nicht vergessen sind.[215] Wir werden daran erinnert, dass auch der tragische Tod Joschijas ohne Kommentar geschildert wird (2 Kön 23,28–30). In Israel war man durchaus in der Lage, der geschichtlichen Wirklichkeit ins Auge zu sehen, auch wenn man sie nicht verstand.

---

214 H. Donner, Geschichte I, 209.
215 Vgl. T. R. Preston, Heroism, 27–46.

4.3. Davids Reaktion auf den Tod Sauls (2 Sam 1,1–16)

Während Saul in den Kampf gegen die Philister gezogen und schließlich gefallen war, hatte David zu einem Schlag gegen die Amalekiter ausgeholt (1 Sam 30). An diese biblische Überlieferung wird zu Beginn erinnert (V. 1). Damit wird das Verhalten Davids ins rechte Licht gesetzt: Er ist keinesfalls dem Kampf mit den Philistern ausgewichen. Im Gegenteil, er hat während dieser Zeit andere Feinde Israels tatkräftig bekämpft.

4.3.1. Nachricht, Klage und Urteil (V. 2–16)

Die Handlung setzt mit dem Unheilsboten ein, der – wie damals üblich – seine Nachrichten »mit zerrissenen Kleidern und Staub auf dem Haupt« überbrachte (V. 2; vgl. 1 Sam 4,12). Er äußerte sich aber nicht von sich aus, sondern beschränkte sich darauf, sich vor David niederzuwerfen. Er antwortete immer nur, wenn er von David gefragt wurde. Auf diese Weise kann der Erzähler das große Interesse Davids an den Ereignissen herausstellen. Dabei werden die Antworten immer umfangreicher.

Die erste Auskunft ist noch kurz und knapp: »Ich habe mich aus dem Lager Israels gerettet.« (V. 3). Danach hat er einmal zum »Lager Israels« gehört und war einer der wenigen, die den Kampf überlebt haben. Die zweite Frage formuliert David ganz allgemein: »Wie stehen die Dinge? Berichte mir!« Danach hat David keinerlei Ahnung, wie der Kampf mit den Philistern ausgegangen ist. In seiner Antwort spricht der junge Mann zunächst von dem israelitischen Kriegsvolk: Alle sind geflohen, viele gefallen. Es wird also deutlicher als in 1 Sam 31,1 gesagt, dass nur wenige den Kampf überlebt haben. Der Zeuge schließt mit dem Hinweis auf den Tod von Saul und Jonatan (vgl. V. 17.21–26); damit ist der Höhepunkt der Unheilsbotschaft erreicht. David möchte nun genauer erfahren, woher der junge Mann weiß, dass Saul und Jonatan tot sind (V. 5). Die Antwort beschränkt sich allerdings auf das Ende Sauls; wie Jonatan umgekommen ist, erfahren wir nicht. Der junge Mann hebt zunächst in seiner Schilderung hervor, dass er »zufällig« auf das Gebirge Gilboa gekommen sei (V. 6). Bislang war der Eindruck entstanden, dass er zum »Lager Israels« gehört und mitgekämpft habe (V. 3). Wir fragen uns unwillkürlich, wie ein Unbeteiligter mitten in das Kampfgetümmel geraten konnte. Denn immerhin wurde der junge Mann Zeuge, wie sich Saul auf sein Schwert stützte, während Kriegswagen und Reiter auf ihn eindrangen. Saul rief ihn herbei und erkundigte sich, wen er vor sich habe. So erfährt nicht nur Saul, sondern auch wir, dass es sich bei dem jungen Mann um einen Amalekiter handelt (V. 8). Damit stimmt die Auskunft überein, dass er »zufällig« auf das Schlachtfeld geraten war und nicht zum Lager Israels gehörte. Er hat Saul allerdings nicht von sich aus, sondern nur auf dessen Bitte hin getötet (vgl. Ri 9,54). Den erbeuteten Stirnreif des Königs – ein Zeichen königlicher Würde (vgl. 2 Kön 11,12; Ps 89,40; 132,18) – und Sauls Armspange[216] kann der Amalekiter zum Beweis für die Richtigkeit seiner Aussage vorzeigen (V. 10).

Nachdem David gehört hat, dass Saul getötet worden ist, hat er zunächst keine weiteren Fragen mehr. Er und seine Männer trauern nun über Saul, Jonatan und die gefallenen Israeliten (V. 11.12), die als

---

216 Die Armspange war bei ägyptischen und assyrischen Herrschern beliebt.

»Volk des Herrn«, aber auch als »Haus Israel« bezeichnet werden können (vgl. 2 Kön 9,6). Dabei zerreißt man die Kleider (vgl. Gen 37,34; Jos 7,6; 1 Sam 4,12; 2 Sam 13,31), man weint (vgl. Gen 37,35; 2 Sam 18,33) und fastet bis zum Abend (vgl. 1 Sam 31,13; 2 Sam 3,35).

Erst nach Stunden erinnert sich David offenbar des Amalekiters wieder und stellt ihm erneut Fragen. Dabei erfahren wir zunächst, dass es sich um einen Amalekiter handelt, der in Israel als Fremder (*ger*) aufgenommen worden ist (V. 13). Das ist angesichts der sonstigen Einstellung gegenüber den Amalekitern bemerkenswert (Ex 17,16; Dtn 25,17–19; 1 Sam 15). David stellt noch eine zweite Frage, die der junge Amalekiter aber nicht mehr beantworten kann: »Wie kommt es, dass du dich nicht davor gefürchtet hast, deine Hand auszustrecken, um den Gesalbten des Herrn umzubringen?« (V. 14). Jetzt will David nicht mehr die näheren Umstände erfahren, sondern er erhebt mit dieser Frage die Anklage. Dem entspricht, dass das Todesurteil sofort ausgesprochen und vollstreckt wird (V. 15). Mit der Formel »dein Blut über dein Haupt« (1 Kön 2,32.33.37) rechtfertigt David die Todesstrafe und schützt den, der sie vollstreckt, vor Vergeltung (V. 16).

4.3.2. Die Frage nach der Einheitlichkeit der Erzählung

Nach der Nachricht von der Niederlage Israels und dem Tod Sauls wie Jonatans (V. 4) könnte David mit seinen Männern schon in die große Klage ausbrechen (V. 11.12). Dazwischen steht aber als retardierendes Element das Gespräch Davids mit dem Amalekiter über die genauen Umstände von Sauls Tod (V. 5–10). Verzögert ist auch die Szene, in der David Rechenschaft von dem jungen Amalekiter fordert (V. 13–16).

Durch diesen interessanten Aufbau kann der Erzähler die Spannung auf Seiten der Leser oder Hörer erhöhen. Gab es diese Struktur aber von Anfang an? Einige Beobachtungen werfen Fragen auf:

- Gehörte der Amalekiter zum Lager Israels, hat er sogar mitgekämpft (V. 3)? Oder war er rein »zufällig« auf das Gebirge Gilboa gekommen (V. 6)?
- Warum forderte David von dem jungen Amalekiter nicht sofort Rechenschaft, nachdem er dessen Bericht gehört hatte (V. 6–10)? Warum ließ er sich damit bis zum Abend Zeit (V. 13–16)?
- Hat sich der Amalekiter an den Trauerriten (V. 11.12) beteiligt oder hat er nur zugesehen?
- Ist der Bericht des Amalekiters (V. 5–10) der entscheidende Anstoß für die anschließende Trauer Davids oder dient er vor allem der abschließenden Verurteilung (V. 13–16)?

Wir haben zunächst den Eindruck, dass der junge Mann deswegen so gut informiert ist, weil er sich am Kampf gegen die Philister beteiligt hat und als einer der wenigen aus dem Lager Israels entkommen konnte (V. 3). Damit lässt sich schwer in Einklang bringen, dass er rein »zufällig« auf das Gebirge Gilboa gekommen sei (V. 6).[217] Für David mochte die Trauer wichtiger sein als die Bestrafung des Amalekiters. Doch warum stellte er den jungen Mann nicht sofort zur Rede, sondern erst am Abend nach langer Klage? Diese Beobachtungen sprechen dafür, dass die Befragung (V. 5–10) wie die Verurteilung (V. 13–16) des Amalekiters einer jüngeren Schicht der Erzählung angehören. Sie unterstreicht, dass niemand Hand an den »Gesalbten des Herrn« legen darf (vgl. 1 Sam 24,7.11 und 26,9.11.16.23).

---

217   A. van der Lingen, David, 87.

4.3.3. Der Vergleich mit der vorangegangenen Erzählung (1 Sam 31,1–6)

Der Bericht des Amalekiters (2 Sam 1,5–10) folgt heute allerdings auf eine etwas anders geartete Schilderung von Sauls Tod am Ende des ersten Samuelbuches (1 Sam 31,1–6). Danach verliefen die letzten Augenblicke in Sauls Leben anders: Saul hat danach nicht den zufällig anwesenden Amalekiter um den Todesstoß gebeten (1,9), sondern seinen eigenen Waffenträger (31,4.5). Saul wird nicht durch fremde Hand getötet (1,10), sondern muss sich selbst in sein Schwert stürzen (31,4). Es sind nicht Kriegswagen und Reiter, die ihn bedrohen (1,6), sondern Bogenschützen (1 Sam 31,3). Saul leidet nicht unter einem Schwächeanfall, sondern befürchtet, dass die Philister ihn durchbohren und mit seinem Leichnam ihren Mutwillen treiben werden (1 Sam 31,4).

Da der Amalekiter in zahlreichen Punkten vom Bericht des Erzählers (1 Sam 31,1–6) abweicht, entsteht der Eindruck, dass er sich einer Tat rühmt, die er in Wirklichkeit nie begangen hat. Leser, die die vorangegangene Erzählung kennen, vermögen es kaum anders zu sehen.[218] Dann wäre der Amalekiter wegen einer frechen Lüge gestorben. Das ist aber kaum die Absicht des jüngeren Erzählers, der dessen Bericht (2 Sam 1,5–10) hier eingefügt hat. Denn der Amalekiter kann immerhin den Stirnreif und die Armspange Sauls vorzeigen (V. 10). David hegt an der Schilderung des Amalekiters auch keinen Zweifel.[219] David wird kein »Justizirrtum« zugeschrieben.

Die Differenzen zwischen der Schilderung des Erzählers (1 Sam 31,1–6) und dem Bericht des Amale-

---

218 Vgl. J. H. Grønbæk, Aufstieg, 218.
219 Vgl. A. A. Anderson, Samuel, 5.

kiters (2 Sam 1,5–10) dürften also einen anderen Grund haben. Wir haben zwei verschiedene Erzählungen vor uns, die in mehreren Details voneinander abweichen. Die Schilderung am Ende des ersten Buches Samuel stammt offenbar aus der Saul-Tradition. Der Bericht des Amalekiters dagegen geht auf eine davidfreundliche Überlieferung zurück: David verurteilt den Amalekiter ohne Umschweife, weil er glauben muss, dass dieser es gewagt hat, dem gesalbten König Saul den Todesstoß zu versetzen. Auf diese Weise kann er vor aller Welt bezeugen, dass er selbst unschuldig am Tod des ersten Königs Israels ist. Die beiden Überlieferungen unterscheiden sich aber nicht nur, weil der Amalekiter den Hergang anders schildert als der Erzähler in 1 Sam 31,1–6. Auch die vermutete ältere Tradition in 2 Sam 1,1–4.11.12 hebt sich von der vorangegangenen Parallele ab. Denn die beiden jüngeren Söhne Sauls – Abinadab und Malkischua – werden auch im älteren Bestand von 2 Sam 1 nicht berücksichtigt. Wir dürfen nicht vergessen, dass die gesamte Erzählung in 2 Sam 1,1–16, die Sauls Tod aus Davids Perspektive betrachtet, zur Davids-, und nicht zur Saultradition zählt.

4.3.4. Die glaubwürdigere Tradition

Lässt sich noch erkennen, welche der beiden Schilderungen über Sauls Ende (1 Sam 31,1–6 oder 2 Sam 1,6–10) der geschichtlichen Wahrheit näher kommt? Der Bericht des Amalekiters hat den Vorteil, dass damit ein Zeuge genannt ist, während der allwissende Erzähler in 1 Sam 31 voraussetzt, dass es keinen unmittelbaren Zeugen gibt, der lebend davongekommen ist. Aber es ist auch zu erkennen, dass die Schilderung des jungen Amalekiters mit einer klaren Absicht verbunden ist: David soll von dem Vorwurf befreit werden, dass er die Tötung des gesalbten Königs gutgeheißen habe. Ebenso klar ist zu Tage getreten, dass es sich hierbei nicht um die älteste Erzählungsschicht, sondern um eine Ergänzung handelt. Die Aburteilung vermeintlicher Freudenboten ist außerdem nicht ganz ohne Analogie (vgl. 2 Sam 4). Es spricht somit einiges für die nüchterne Schilderung des Erzählers in 1 Sam 31,1–6. Ob es sich aber tatsächlich so zugetragen hat, können wir nicht mehr sagen. Relativ sicher können wir nur in den Punkten sein, die übereinstimmend mitgeteilt werden: Saul und seine erwachsenen Söhne sind im Gebirge Gilboa gefallen, nachdem sie die Schlacht gegen die Philister verloren haben. Das sind ziemlich unerfindliche Nachrichten.

4.3.5. Ehrfurcht und Trauer

Die Erzählung spricht zwar nicht von Gott, wohl aber vom Gesalbten des Herrn (V. 14.16). Wen der Herr gesalbt hat, der ist unantastbar. Der Waffenträger von 1 Sam 31,4 hatte sich deshalb auch gefürchtet und war der Aufforderung Sauls nicht nachgekommen. Der Amalekiter kannte dagegen eine solche Scheu nicht (2 Sam 1,10.14). Darum musste David diese Tat klar verurteilen, wenn er nicht in den Verdacht geraten wollte, den Anschlag auf Saul mit Blick auf die eigene Karriere gutzuheißen (vgl. 2 Sam 4,10). Dabei spielte wohl auch eine Rolle, dass es ein Amalekiter war, der den ersten König Israels umbrachte. Schließlich war David gerade aus einem Kampf mit den Amalekitern zurückgekehrt.[220] Die ewige Feindschaft zwischen Israel und Amalek (Ex 17,16; Dtn 23,4) schien sich wieder einmal zu bestätigen.

---

220   J. H. GRØNBÆK, Aufstieg, 220.

Die ältere Überlieferung (V. 1–4.11.12) spricht von tiefer Trauer Davids über Saul, Jonatan und das »Volk des Herrn« (V. 12). Die letzte Erzählung über Saul endet mit großer Hochachtung und Ehrfurcht. Saul und Jonatan werden miteinander genannt. David denkt nicht nur an seinen Freund, sondern auch an dessen Vater. Selbst wenn man den alten Spruch berücksichtigt – *de mortuis nisi bene*: von den Toten soll man nur Gutes sagen –, dürfen wir doch den Ernst der Klage Davids nicht in Zweifel ziehen. Nach der inneren Umkehr Sauls (1 Sam 24,18–21; 26,21.25) hat er ein solches Schicksal auf dem Gebirge Gilboa nicht verdient.

4.4. Davids Klage über Saul und Jonatan (2 Sam 1,17–27)

Die vorausgegangene Erzählung hat betont, dass David zusammen mit seinen Männern über den Tod Sauls geklagt, geweint und bis zum Abend gefastet habe (V. 12). Jetzt vernehmen wir den Wortlaut der Klage. Entspricht sie dem, was wir bisher über das Verhältnis von Saul und David gehört haben?

4.4.1. Struktur und Inhalt der Klage

Der eigentlichen Totenklage (V. 19–27) ist eine Einleitung vorangestellt, die den Urheber, die Namen der Gefallenen und die Quelle nennt (V. 17.18). In der Klage selbst fällt der wiederholte Kehrvers auf: »Wie sind die Helden gefallen!« (V. 19.25.27). Dadurch ist das Klagelied bereits grob gegliedert. Achtet man zudem auf Themen und Personen in den einzelnen Zeilen, dann lässt sich eine gewisse chiastische Struktur erkennen:[221]

---

221 Die chiastische Struktur ist oft behandelt worden. Vgl. u. a. D. V. EDELMAN, Authenticity, 66–75.

A	V. 19	Kehrvers: Wie sind die Helden gefallen
B	V. 20	Kein Jubel der Töchter der Philister
	V. 21	Weder Tau noch Regen auf dem Gebirge Gilboa
C	V. 22	Erfolg der Helden Jonatan und Saul
C^1	V. 23	Saul und Jonatan – im Leben wie im Tod ungetrennt
B^1	V. 24	Trauer der Töchter Israels
A^1	V. 25	Kehrvers: Wie sind die Helden gefallen
	V. 26	Jonatan – der geliebte Bruder
A^2	V. 27	Kehrvers: Wie sind die Helden gefallen

Durch diese Struktur sind zweifellos Akzente gesetzt. Im Mittelpunkt zwischen den beiden ersten Kehrversen stehen die »Helden« Jonatan und Saul (V. 22.23). Der Bogen Jonatans und das Schwert des Saul waren bislang immer erfolgreich gewesen (V. 22). Saul und Jonatan waren im Leben wie im Tod unzertrennlich. Der Vergleich mit den Tieren sollte die natürliche Kraft der »Helden« unterstreichen. Der Adler galt als der schnellste Vogel (Dtn 28,49; Spr 23,5; Klgl 4,19), der Löwe als Symbol der Stärke (Ri 14,18; 2 Sam 17,10). Eingerahmt werden die Verse über die Helden dadurch, dass die Töchter der Philister nicht jubeln, dafür aber die Töchter Israels klagen sollen (V. 20.24). Da es Sache der Frauen war, heimkehrende Helden zu begrüßen und zu bejubeln (1 Sam 18,6.7; 21,12; 29,5), oblag ihnen auch, nach einer Niederlage zu klagen und zu trauern. Der fromme Wunsch, dass die jungen Frauen in Gat und Aschkelon nichts vom Tod der Israeliten erfuhren, war selbst ein Teil der Klage. Der Vers über das Gebirge Gilboa (V. 21) fällt zwar etwas aus der chiastischen Struktur heraus, ist aber formal und thematisch doch mit dem Kontext verknüpft. Das doppelte Verbot, das Geschehen weder in Gat noch in Aschkelon zu verkünden (V. 20), gebraucht die gleiche Negation wie der Fluch, auf die

Höhen des Gilboa mögen weder Tau noch Regen fallen. Und die Schilde der Helden und des Saul fügen sich gut zu Bogen und Schwert im folgenden Vers. Die ledernen Schilde, die vor dem Kampf mit Öl eingerieben wurden, liegen jetzt beschmutzt und unbrauchbar herum.

Zwischen dem zweiten und dem dritten Kehrvers wendet sich David seinem »Bruder« Jonatan zu. Die persönliche Anrede hebt die Klage um Jonatan besonders heraus. David bekennt im Augenblick der Trauer, dass ihm die Freundschaft Jonatans über alles ging, selbst über die Liebe der Frauen. War die Beziehung der beiden Männer gar homosexuell?[222] Aber auch dann, wenn man die erotisch gefärbten Ausdrücke (1 Sam 18,1; 19,1; 20,42) beachtet, lässt sich die innige und gegenseitige Männerfreundschaft zwischen David und Jonatan allenfalls als »homoerotisch« bezeichnen.[223]

4.4.2. Das Bild Sauls und Jonatans in der Klage

Entspricht das Bild, das die Klage von Saul entwirft, den vorangegangenen Erzählungen? In einem Punkt stimmen beide überein: Auch die Prosaerzählungen (1 Sam 18,1.3. 4; 19,1–7; 20,1–42; 23,15b–18) bezeugen eine echte Freundschaft zwischen David und Jonatan. Anders steht es jedoch mit dem Verhältnis zwischen Saul und Jonatan. Während in den Erzählungen von erheblichen Spannungen die Rede ist (1 Sam 20,30–34), sollen Vater und Sohn nach dem hiesigen Klagelied (V. 23) nicht erst im Tod, sondern schon im Leben unzertrennlich gewesen sein. Vielleicht ist das eine Übertreibung, wie sie in einer Klage über Verstorbene nicht gerade selten ist. Aber der Autor des Liedes sieht in Saul offenbar einen Herrscher, an dem nichts zu tadeln ist. Das lässt sich auch daran ablesen, wie

---

222 So S. Schroer/Th. Staubli, Saul, 15–22.
223 Vgl. M. Nissinen, Liebe, 262.

»David« seine Aufforderung begründet, über Saul zu klagen: Der gefallene König habe die Töchter Israels in köstlichen Purpur gekleidet und goldenen Schmuck auf ihre Kleider geheftet (V. 24). So schlecht kann es also den Israeliten unter Saul gar nicht gegangen sein. Vor allem müssen wir beachten, dass Saul ebenso wie Jonatan uneingeschränkt zu den Helden gerechnet wird.[224] Die Erzählungen sprechen zwar auch von Sauls Siegen über Ammoniter (1 Sam 11,1–11), Philister (14,31) und Amalekiter (15,4–8),[225] aber auch von Angst (13,7; 17,11; 28,5), Hilflosigkeit (13,15b–18) und großer Bedrängnis (14,24). In diesem Lied ruht der Akzent auf dem Mut, der Tapferkeit und dem Erfolg der Helden, nicht auf der Hilfe des Herrn (1 Sam 11,6.7.13; 14,15.23).

Saul wird also in diesem Lied als ein erfolgreicher Herrscher angesehen, der im Frieden wie im Kampf Großartiges geleistet hat. Wenn er gemeinsam mit seinem Kronprinzen Jonatan dennoch auf dem Gebirge Gilboa gefallen ist, dann ist das ein tragisches Geschehen, das von »David« tief beklagt wird. Ob das »Bogenlied«[226] wirklich auf den Sohn des Isai aus Betlehem zurückgeht, wird man weder beweisen noch bestreiten können. Entscheidend ist aber, dass dieses Klagelied mit seiner Hochschätzung gegenüber Saul und Jonatan mit dem Namen Davids verbunden ist.

---

224 Dem entspricht, dass das Lied im »Buch des Aufrechten« enthalten gewesen sein soll, in dem wohl auch andere Heldenlieder gesammelt waren (Jos 10,12.13). Vgl. auch das »Buch der Kriege des Herrn« (Num 21,14.15).
225 Nicht zu vergessen ist das Summarium in 1 Sam 14,47.48, in dem auch von Kämpfen mit Moab, Edom und den Königen von Zoba die Rede ist.
226 In einigen Übersetzungen wird der Titel der Klage mit »Bogenlied« (*qæšæt* = Bogen) angegeben (V. 19). Das Wort »Bogen« wird allerdings nur einmal gebraucht (V. 22).

C. DIE WIRKUNGSGESCHICHTE

Wie hat die Gestalt Sauls nachgewirkt? Haben die Späteren den ersten König Israels als einen verworfenen Herrscher angesehen oder sind die tragischen Züge Sauls hervorgehoben worden? Lässt sich in der jüdischen oder christlichen Wirkungsgeschichte noch etwas von der Ambivalenz des Saulbildes erkennen?

1. SAUL IN DER CHRONIK

In der Chronik werden die meisten Erzählungen über Saul ausgelassen. Der Chronist übernimmt nur die Erzählung vom Ende Sauls und seines Hauses (1 Chr 10; vgl. 1 Sam 31). Das liegt daran, dass das nördliche Israel für ihn nicht mehr wichtig ist. Nur Juda führt die Tradition des Gottesvolkes fort. Der Norden ist längst vom Herrn abgefallen. Mit der Epoche Sauls soll »ein typisches Unheilsbild Israels erstehen«.[227]

Wir haben schon beobachtet, dass die chronistische Erzählung durchaus einen relativ alten Text bezeugt, der in mancher Hinsicht ursprünglicher als die Schilderung in 1 Sam 31,1–13 sein kann.[228] Der Chronist hat aber die überkommene Erzählung seinem eigenen Anliegen dienstbar gemacht. Es fällt bereits in 1 Chr 10,6 auf, dass das gesamte Haus Sauls stirbt.[229] David kann darum sofort die Herrschaft über ganz Israel

---

227   J. BECKER, 1 Chronik, 51.
228   Siehe oben 4.2.4.
229   In Chr 8,33.34 beginnt allerdings eine Genealogie der Nachkommen Sauls, die über seinen Tod und den seiner ältesten Söhne hinaus weiterleben.

übernehmen (1 Chr 11,1–3).[230] Die eigene Sicht des Chronisten kommt vor allem nach der Beisetzung Sauls und seiner Söhne zum Ausdruck. Da in der Chronik die gesamte übrige Saultradition samt ihren kritischen Urteilen (1 Sam 13,7b–15a; 15,9–28*; 28, 15–19) fehlt, kann die entscheidende Erklärung nur nachgeholt werden (1 Chr 10,13.14). Saul starb demnach wegen der Treulosigkeit, die er gegen den Herrn begangen hatte. Das ist ein allgemeiner Vorwurf, den der Chronist gegenüber anderen Königen (2 Chr 26,16. 18; 28,19.22), aber auch gegenüber den Israeliten (2 Chr 12,2; 29,6; 30,7; 36,14) erhebt. Die Anklagen gegen Saul werden dann noch näher bestimmt. Saul hat das Wort des Herrn nicht befolgt (1 Chr 10,13aβ). Damit kann die mangelnde Ausführung des Banns nach dem Sieg über die Amalekiter gemeint sein (1 Sam 15,19.22–23.26), aber auch die Darbringung des Opfers, das Samuel vorbehalten war (1 Sam 13,7b–15a). Der Chronist konnte bei seinen Adressaten offenbar den Inhalt der Samuelbücher voraussetzen. Das zeigt sich besonders deutlich bei dem konkreten Vorwurf, Saul habe »den Totengeist befragt, um Auskunft zu erhalten« (1 Chr 10,13b).[231] Es unterliegt keinem Zweifel, dass der Chronist dabei an die nächtliche Totenbeschwörung in En-Dor dachte (1 Sam 28,3–25). Allerdings sagt er auch, dass Saul den Herrn nicht befragt habe (1 Chr 10,14aα). Diese Anklage steht in klarem Widerspruch zu der Erzählung über die Totenbeschwörung (1 Sam 28,6). Dabei muss man aber die besondere Sicht des Chronisten beachten. Er war davon überzeugt, dass sich der

---

230 So S. Japhet, 1 Chronik, 232, und S. Zalewski, Purpose, 462.
231 Dass Samuel befragt wurde, wird übrigens auch in Sir 46,20 erwähnt.

Herr von jedem finden lässt, der ihn sucht (z. B. 1 Chr 28,9; 2 Chr 15,2). Die Strafe für all diese Vergehen bestand darin, dass der Herr Saul tötete (1 Chr 10,14aβ). David war jedenfalls an diesem Tod völlig unschuldig (vgl. 1 Chr 12,20), denn er hätte auch nie die Hand an den Gesalbten gelegt (1 Sam 24,7.8.11; 26,10.11). So wandte der Herr das Königtum David, dem Sohn Isais, zu (1 Chr 10,14b). »Saul wird verworfen, aber nicht sein Königtum.«[232] Vielleicht hat der Chronist die Erzählung deshalb mit Saul begonnen, weil er nicht von einer völligen Neugründung der Monarchie durch David sprechen wollte.

2. Saul in der Septuaginta

Wie wird Saul in der Septuaginta dargestellt? Worin unterscheidet sie sich vom hebräischen Wortlaut? Wird das Bild Sauls aufgehellt oder zusätzlich verdüstert? Lässt die Septuaginta noch erkennen, in welcher Zeit und mit welcher Absicht sie verfasst ist?

Die Septuaginta kann bisweilen noch eine ältere hebräische Vorlage bezeugen. Im Abschnitt über Jonatans Freundschaft und Sauls Argwohn (18,1–16) fehlen in der Septuaginta sowohl das Bündnis der Freunde (V. 1–4), die Erhebung Davids zum Heerführer (V. 5) als auch der zweifache Anschlag auf das Leben Sauls (V. 10.11.12b). Die Erzählung, die im hebräischen Text enthalten ist, ist damit viel dramatischer. Aber sie steht auch in deutlicher Spannung zum Kontext, in dem David nur Offizier wird (V. 13) und in dem sich der Angreifer, nicht der Angegriffene fürchtet (V. 12a.15; vgl. 19,10). Die jüngeren hebräischen Erweiterungen

---

232 S. Japhet, 1 Chronik, 236.

haben also den Konflikt noch verschärft. In der alten Septuaginta vermissen wir ebenfalls das Angebot Sauls, Merab heiraten zu können (18,17–19). In der hebräischen Fassung wird Sauls List verdoppelt, durch vermeintliche Hochherzigkeit David in den Tod zu schicken. Das wirft die Frage auf, ob die jüngere Überlieferung nicht dazu neigt, Saul in ein schlechteres Licht zu rücken.

Die Septuaginta stellt natürlich nicht immer die ältere Textgestalt dar. Achtet man auf jene Passagen, in denen die Septuaginta den Text erweitert hat, dann ist damit nicht unbedingt eine Verschlechterung von Sauls Image verbunden. In der Septuaginta salbt Samuel Saul mit den Worten (1 Sam 10,1): »Du wirst über das Volk des Herrn herrschen. Du wirst es aus der Hand seiner Feinde ringsum befreien. Und das wird dir zum Zeichen dienen, dass dich der Herr über sein Erbe zum Fürsten gesalbt hat.« Diese Worte werden zwar von vielen als ursprünglich erachtet. Im hebräischen Text seien sie durch ein Versehen ausgefallen.[233] Aber alles Wesentliche im Plus der Septuaginta kann dem Kontext entnommen sein.[234] Dabei ist deutlich zu erkennen, dass die Vorlagen verallgemeinert worden sind: die Feinde sind nicht mehr die Philister allein (vgl. 1 Kön 14,47.48). Sauls Aufgabe ist größer geworden.

Aber wir brauchen nicht lange zu suchen, um in der Septuaginta eine erste zaghafte Kritik an Saul zu erkennen. Während es in der hebräischen Erzählung Saul ist, der den Gedanken zurückweist, am Tag des Sieges über die Ammoniter jene zu töten, die mit Sauls

---

233 Vgl. die Literaturangaben bei S. Pisano, Additions, 166 Anm. 31.
234 S. Pisano, ebd., 167–169.

Herrschaft unzufrieden sind (1 Sam 11,13), wird diese Entscheidung in der alten Septuaginta Samuel zugeschrieben. Diese Lesart stimmt mit einer Tendenz in der Septuaginta zusammen, Samuel und nicht Saul die erste Rolle zu überlassen.[235]

Nach der Salbung Sauls wird seine Verwerfung schon in der alten Septuaginta klarer vorbereitet. Saul soll nicht nur sieben Tage auf Samuel warten; er soll vor allem nach Gilead gehen (1 Sam 10,8). Dorthin hat er sich ganz gewiss nicht begeben (13,4b.7). Die nachträgliche Änderung von »Gilgal« in »Gilead« soll dem Leser helfen, Sauls Vergehen einzusehen.[236]

In der Erzählung, in der sich Jonatan gegen das Verbot seines Vaters Saul den Honig auf freiem Feld schmecken lässt (1 Sam 14,24–46), tritt die Kritik an Saul noch deutlicher zu Tage. Die Septuaginta beginnt mit einem Satz, der im Hebräischen völlig fehlt (V. 24a): »An jenem Tag beging Saul einen großen Irrtum.« Damit steht Sauls Schuld von vornherein im Vordergrund.[237] Während das Volk in der hebräischen Erzählung erst ganz am Schluss zu Gunsten Jonatans eingreift, widersprechen die Israeliten Saul nach der Septuaginta bereits, als Saul auch nur andeutet, dass er selbst seinen Sohn töten würde, wenn dieser schuldig sein sollte (V. 42). – Nach dem Sieg über Amalek beabsichtigt Saul nicht nur zu opfern, sondern schreitet sogleich zur Tat (1 Sam 15,12): »Siehe, er hat dem Herrn ein Ganzopfer aus den besten Beutetieren dargebracht, die er aus Amalek herbeigeschafft hat.« Die nachfolgende Kritik Samuels ist damit viel berechtigter als in der hebräischen Fassung.

---

235 So ausdrücklich B. Grillet/M. Lestienne, Règnes, 227.
236 B. Grillet/M. Lestienne, Règnes, 213.
237 Vgl. B. Grillet/M. Lestienne, ebd., 258.

Der größeren Schuld entspricht die härtere Strafe. In der hebräischen Fassung kündigt der heraufbeschworene Samuel Saul an (1 Sam 28,19): »Morgen wirst du mit deinen Söhnen bei mir sein.« Die Septuaginta setzt nicht mehr eine allen Toten gemeinsame Unterwelt voraus. Darum gibt der Übersetzer die Worte Samuels so wieder: »Morgen werdet ihr, du und deine Söhne, fallen.«[238]

Generell lässt sich also sagen: Die alte Septuaginta – wie sie vor allem durch den Codex Vaticanus bezeugt wird – repräsentiert in 1 Sam 18 eine ältere hebräische Vorlage, die noch nicht alle Vorwürfe gegenüber Saul kennt. Das schließt aber nicht aus, dass die gleiche Septuaginta an anderen Stellen überarbeitet und verändert worden ist. Achtet man auf diese jüngeren Passagen, dann nimmt in ihnen die Kritik an Saul zu.

3. SAUL BEI JOSEPHUS

In den »Antiquitates Judaicae«, die 93 oder 94 n. Chr. veröffentlicht worden sind, hat Josephus die Geschichte des jüdischen Volkes von den Anfängen bis zum jüdischen Krieg nacherzählt. Mit diesem Werk wollte er zeigen, »dass die Geschichte des jüdischen Volkes nicht weniger glorreich sei als die der Griechen und Römer«. Die Leser sollten erkennen, »dass das Judentum wie kein anderer Glaube zur Tugend erziehe« (vgl. Ant 1,15–23).[239] Der erste König Israels spielt in diesem

---

238 B. GRILLET/M. LESTIENNE, ebd., 399, verweisen auf Henoch 22,8–13. Dort wird von unterschiedlichen Räumen in der Unterwelt gesprochen.
239 K.-S. KRIEGER, Priester, 53. – Leider gibt es nur eine ältere deutsche Übersetzung (H. CLEMENTZ) aus dem Jahr 1899.

Werk eine herausragende Rolle.[240] Doch wie wird Saul dargestellt? Wird das Bild Sauls düsterer, als es in der Septuaginta schon ist, oder hellt es sich auf? Woran liegt es nach Josephus, dass Saul gescheitert ist? Dabei ist im Auge zu behalten, dass Josephus politisch nicht unerfahren war, dass er selbst aktiv am Kampf gegen die Römer teilgenommen, sich dann aber von den eigenen jüdischen Extremisten distanziert hat.

3.1. Die Stärken Sauls

Josephus stellt Saul zu Beginn sehr sympathisch dar: Er war »von hervorragender Gestalt, hochgewachsen und überragte andere durch Mut und Verstand« (Ant 6,45). Seine Bescheidenheit zeigte sich vor allem bei der Volksversammlung in Mizpa. Dort wurde bekanntlich Saul durch das Los ermittelt. »Sobald Saul dies erfuhr, verbarg er sich, um nicht den Schein zu erwecken, als ob er begierig nach der Königswürde sei.« (6,63). Sein Mut zeigte sich bei der Befreiung der Stadt Jabesch. Er versprach den Bewohnern von Jabesch noch vor der Einberufung der Israeliten, »er werde ihnen am dritten Tage zu Hilfe kommen« (6,76). Tatsächlich befreite Saul nicht nur Jabesch, sondern unterwarf das gesamte Ostjordanland, das die Ammoniter bislang unter ihre Kontrolle gebracht hatten. Josephus bewundert den neuen König der Israeliten: »Diese herrliche Kriegstat vermehrte Sauls Ruhm bei allen Israeliten, die über ihn voll des Lobes und der Bewunderung waren. Selbst die, die ihn früher verachtet hatten, änderten ihre

---

240 L. H. FELDMAN, Interpretation, 509, weist darauf hin, dass die Lobrede auf Saul (Ant 6,343–350) dreimal so lang ist wie die des Mose (4,328–331) und viermal so lang wie die des Samuel (6,292–294).

Ansicht, ehrten ihn und hielten ihn für den besten von allen.« (6,80). Das Volk war »stolz darauf, einen solchen König zu haben« (6,81).

Dass Josephus Saul als König geschätzt hat, zeigt sich erneut bei der Wiedergabe des kurzen Summariums (1 Sam 14,47–52). Das Heer wird bei Josephus noch größer (6,130): »Saul besaß eine große Menge Streitwagen und eine zahlreiche Reiterei, weshalb er in jedem Kriege Sieger blieb. Er führte die Hebräer zu großem Wohlstand und Glück und wurde mächtiger als alle anderen Völker.«

Die Tapferkeit Sauls lässt sich nach Josephus daran ablesen, dass er trotz der niederschmetternden Auskunft Samuels in En-Dor (1 Sam 28,19) nicht dem Kampf ausgewichen ist. Denn tapfer sei der zu nennen, »der, obgleich er im Kriege kein Glück zu erwarten hat, sondern voraussieht, dass er seinem Tode entgegengeht, sich dennoch ohne Furcht und Schrecken der Gefahr aussetzt« (6,348). Das kam auch in Sauls Kampfgeist auf dem Gebirge Gilboa zum Ausdruck.[241] Saul und seine Söhne durchbrachen die feindlichen Linien und richteten unter den Feinden ein gewaltiges Blutbad an (6,368 f.). Die Israeliten wandten sich erst zur Flucht, als die Söhne gefallen waren (6,369). Am Ende blieb Saul allerdings keine andere Wahl, als sich in sein Schwert zu stürzen (vgl. 1 Sam 31,4). Da er aber infolge seiner schweren Wunden zu schwach gewesen sei, um sich selbst zu töten, habe er den Amalekiter um den Todesstoß gebeten (vgl. 2 Sam 1,7–10).

3.2. *Vergehen und Reue*

Nimmt Josephus bei seiner hohen Meinung, die er über Saul hegt, überhaupt dessen Fehler und Schwächen

---

241 Vgl. C. T. BEGG, Death, 485–505.

wahr? Er mildert in der Tat die erste Sünde Sauls in Gilgal (1 Sam 13,7b–15a) bereits ein wenig ab. Angesichts eines großen Philisterheeres habe Saul die Initiative ergriffen und Samuel gebeten, mit ihm zu beraten, was zu tun sei (6,100). Samuel gebot ihm jetzt erst, sechs Tage zu warten (anders 1 Sam 10,8).[242] Da sich der »Prophet« aber verspätete und Saul die Nachricht über einen unmittelbar bevorstehenden Angriff der Philister erhalten hatte, brachte er das Opfer selbst dar (6,101). Dafür wurde er von Samuel heftig getadelt (6,102). Josephus übergeht also die biblische Kritik an Saul nicht.

Wie wird Josephus mit der Verwerfung Sauls nach dem Amalekiterkampf (1 Sam 15) fertig? Josephus bemüht sich zunächst, die schwer begreifliche Forderung des Herrn verständlich zu machen. Da Gott Herr über alle Völker sei, könne er die Bestrafung der Amalekiter verlangen (6,131). Saul habe denn auch versprochen, dem Befehl Gottes pünktlich und schnell nachzukommen (6,134).[243] Rasch stellte sich der Erfolg ein (6,135): »Als der Kampf kaum begonnen hatte, wandten sich die Feinde schon zur Flucht.« Josephus spricht aber nicht nur davon, dass Saul auch Frauen und Kinder niedergemetzelt habe, sondern versucht, die rohe Gewalt zu erklären: Saul glaubte nichts Grausames oder Unmenschliches zu begehen, einerseits weil es Feinde waren, andererseits weil er Gott den Gehorsam nicht verweigern dürfe (6,136). Saul ließ allerdings den König der Amalekiter »wegen seiner

---

242 Vgl. C. T. Begg, King, 687.

243 Nach C. T. Begg, War, 391 Anm. 31, steht das im Kontrast zur jüdischen Meinung, Saul habe am Beginn des Kampfes die Gerechtigkeit Gottes in Zweifel gezogen, wenn er die Tiere und die Kinder zu töten befohlen hatte (vgl. Midrasch Samuel 18,2 und Talmud b. Yoma 22b).

Schönheit und seines stolzen Wuchses am Leben« (6, 137). Mit dieser Motivation – die in der Bibel fehlt – nimmt Josephus auf seine hellenistischen Leser Rücksicht. Da Saul hier zum ersten Mal vom göttlichen Befehl abweicht, kommentiert das Josephus genauer: »Hiermit handelte er indes nicht nach dem Willen Gottes, vielmehr folgte er nur seiner persönlichen Milde und gab zur Unzeit und zu seinem eigenen Schaden dem Mitleid nach.« (6,137). Während Saul Agag verschonte, riss das Volk Groß- und Kleinvieh an sich und raubte noch andere Reichtümer (6,139; vgl. 1 Sam 15,9). Saul kehrte danach – scheinbar mit einem guten Gewissen – nach Hause zurück, »gerade als ob er nichts von dem außer acht gelassen, was ihm der Prophet befohlen hatte« (6,141). Gott missfiel dieses Verhalten sehr. Er ließ sich auch durch die Fürbitte Samuels nicht erweichen, denn durch nichts werde mehr »Vorschub geleistet … als durch eine zu große Nachsicht« (6,144). Als Saul Samuel begegnete, dankte er zunächst Gott für seinen Sieg (6,145) – was in der Bibel fehlt. Außerdem hob er hervor, dass nur König Agag am Leben gelassen worden sei. »Was mit ihm geschehen solle, das wolle er jetzt mit dem Propheten überlegen.« (6,146). Samuel reagierte mit einer Lektion über den Gehorsam gegenüber Gott, der wichtiger als alle Opfer sei (6,147–150). Am Ende ließ Samuel Agag töten (6,155). Saul hat sich danach durch allzu »humane« Motive – Schönheit oder Mitleid – ablenken lassen, ist der Hybris verfallen und in einen radikalen Gegensatz zu Gott geraten.

Dass Josephus aber nicht unkritisch ist, zeigt er bei der Erzählung über das Massaker an den Priestern von Nob (1 Sam 22,18.19). Während in der biblischen Erzählung nicht klar ist, ob Saul oder Doëg Männer und Frauen, Kinder und Tiere in Nob töteten (V. 19),

215

spricht Josephus klar von Saul, der außerdem die ganze Stadt verbrennen lässt (6,260). Das grausame Verhalten Sauls erklärt Josephus damit, dass seine Furcht so stark war, »dass er selbst *gerechter Entschuldigung* nicht glauben wollte« (6,259). Der entscheidende Unterschied gegenüber der biblischen Erzählung besteht allerdings darin, dass Josephus ausführlich über die Gründe dieses Massakers reflektiert.[244] Er blickt zum einen auf die Strafankündigungen zurück, die einst an den Priester Eli in Schilo ergangen waren (1 Sam 2,27–36 und 3,11–14). Gleichzeitig erklärt er das Verbrechen für seine hellenistisch gebildeten Leser. Daran könne man »der Menschen wahre Natur erkennen« (6,262).[245] Solange sie private Leute sind, suchen sie die Gerechtigkeit. »Sobald sie dagegen zu Macht und Würde gelangt sind, legen sie alle ihre Sitten und Gebräuche, wie der Schauspieler die Maske, ab und kehren Waghalsigkeit, Übermut und Verachtung aller göttlichen und menschlichen Einrichtungen hervor.« (6,264). Sie benehmen sich dann so übermütig, »als ob Gott sie nicht mehr sehe oder sogar sich vor ihrer Macht ängstige« (6,265). Am Ende der gesamten Saulgeschichte kommt Josephus noch einmal auf das Massaker in Nob zurück (6,378): Saul fiel auf dem Gebirge Gilboa nicht nur wegen des Ungehorsams gegenüber dem Banngebot (1 Sam 15), sondern auch »weil er das Geschlecht des Hohenpriesters Ahimelech, ihn selbst und die Stadt der Hohenpriester vernichtet hatte«. Wir finden also bei Josephus Überlegungen zu Schuld und Strafe, die wir in der biblischen Erzählung vermisst haben.

---

244 Nach C. T. BEGG, Massacre, 193, geht Josephus darin besonders auf die Interessen und die Vorstellungen seiner heidnischen Leser ein.

245 Vgl. zu dieser hellenistischen Argumentation L. H. FELDMAN, Portrait, 89 f.

Josephus bleibt aber bei diesem relativ harten Urteil nicht stehen. Er weist danach deutlich auf Reue und Umkehr Sauls hin. Als Saul zum ersten Mal erfuhr, dass David ihn verschont hat (1 Sam 24), stöhnte er und jammerte laut. In David lebe die Gerechtigkeit der Alten fort, die ebenfalls ihre gefangenen Feinde am Leben gelassen haben (6,290). Nach der zweiten Verschonung durch David zählte Saul alle seine eigenen Sünden genau auf (6,317): Er hat einen Mann verfolgt, der ihm alle Zeichen seiner Loyalität gegeben hat. Er hat ihn für lange Zeit ins Exil getrieben und damit von seinen Verwandten und Freunden getrennt. Saul sagt nach Josephus sogar, »dass er sich selbst nicht so liebe wie er von ihm [David] geliebt werde« (6,317).

Josephus hat keinesfalls die Absicht, Saul von allen Fehlern und Vergehen rein zu waschen. Im Falle des Massakers in Nob stellt er sogar Überlegungen an, die wir in der Bibel vermissen. Aber dadurch, dass er Sauls Reue so sehr hervorhebt, verstärkt er die Sympathie der Leser für diesen ersten König Israels.[246]

4. Saul in der Sicht der Rabbinen

Wie wird Saul im Talmud und in den Midraschim beurteilt? Folgen die Rabbinen Josephus oder nicht? Ist überhaupt mit einem einheitlichen Bild Sauls zu rechnen?

4.1. Die Gründe für die Erwählung Sauls

Aus welchen Gründen wurde Saul der erste König Israels? Die Rabbinen kennen fünf verschiedene Grün-

---

246   H. Feldman, Interpretation, 536.

de dafür.[247] Erstens hat sich Saul schon früh als militärischer Held erwiesen. Als Goliat beim ersten Kampf mit den Philistern die Gesetzestafeln erbeutet hatte, hat Saul sie ihm wieder entrissen. Er war auch der junge Mann aus Benjamin, der Eli die Nachricht von der Niederlage überbrachte (MShem 11,1; vgl. 1 Sam 4,12–17). Ein zweiter Grund für die Erwählung lag in der stattlichen Gestalt Sauls (Ber 48b). Als Saul die jungen Mädchen nach dem Seher fragte, versuchten sie ihn in ein längeres Gespräch zu verwickeln (MShem 13,8; 1 Sam 9,11–13). Als dritter Grund kann seine Bescheidenheit genannt werden. Er stellte sich mit seinem Diener auf eine Stufe, als er von der Sorge seines Vaters »um uns« sprach (Tosefta: Ber IV 18; vgl. 1 Sam 9,5). Als vierter Grund wird seine Unschuld genannt. Er war unschuldig wie ein einjähriges Kind (MShem 17,1; vgl. 1 Sam 13,1). Schließlich wird auf seine hervorragenden Vorfahren verwiesen (vgl. 1 Sam 9,1).

4.2. Sauls Wirksamkeit in rabbinischer Sicht

In den Augen der Rabbinen hat sich Saul tatkräftig für die Tora eingesetzt. Sauls erste Aktion als König war der erfolgreiche Angriff auf Nahasch, den König der Ammoniter. Dabei ging es um die Integrität des Gesetzes. Denn Nahasch hatte gefordert, dass die Verfügung aus dem Gesetz entfernt werde, nach der die Ammoniter nicht zur Versammlung Israels gehören sollten (Dtn 23,4; MShem 14,7). Der nächste Angriff

---

247 Vgl. die Encyclopedia Judaica 14, 914. Einen ersten Überblick über die rabbinische Sicht Sauls erhält man auch bei L. GINZBERG, Legends IV, 65–77. Ginzberg stützt sich allerdings auch auf fragwürdige Quellen.

galt den Philistern. Als das Volk die erbeuteten Tiere gierig verzehrte, achtete Saul nicht nur auf die Einhaltung des Schächtens, sondern auch auf die richtige Länge des Messers (vgl. 1 Sam 14,31–35). Dafür ließ ihn ein Engel ein Schwert finden, so dass er als einziger im Heer Israels über eine solche Waffe verfügte (MShem 17,2).

Nach dem Sieg gegen die Amalekiter wies Samuel zwar den König im Namen Gottes zurecht. Aber Saul wusste sich zu rechtfertigen: Selbst wenn die Amalekiter Sünder waren (1 Sam 15,18), musste man deshalb auch Kinder und Tiere töten? Darauf sagte eine Stimme aus dem Himmel: Sei nicht allzu gerecht! (Yom 22b). Saul hatte außerdem kein Interesse an der Beute, da er reich genug war. Es war aber falsch, dass er den amalekitischen König Agag verschonte. »Wer mitleidig gegen einen Grausamen ist, wird zuletzt grausam gegen die, welche Mitleid verdienen.« (MShem 18,4). Dieses Wort wirkte sich bei Saul so aus, dass er das Massaker an den Priestern von Nob und ihren Familien (1 Sam 22,18.19) verübte. Erneut ertönte eine Stimme aus dem Himmel. Sie sagte aber dieses Mal: Sei nicht allzu böse! (Yom 22b).

Nachdem Samuel gestorben war (1 Sam 25,1), fühlte niemand den Tod des Propheten schärfer als Saul. Da er die Priesterstadt Nob zerstört hatte, konnte er durch das Losorakel – Urim und Tummim – keine Auskunft über seine Zukunft erhalten. Darum begab er sich mit Abner und Amasa[248] zur »Hexe« von En-Dor (MShem 24,2). Der König enthüllte nicht seine Identität, aber die

---

248 Nach 1 Sam 28,8 und 23 war Saul nicht allein in En-Dor, sondern hatte zwei Begleiter bei sich. Die rabbinische Überlieferung identifiziert die anonymen Diener mit Sauls Cousin Abner (1 Sam 14,50) und mit Amasa – einem entfernten Verwandten Davids (2 Sam 17,25).

Frau erkannte ihn an der Art und Weise, wie Samuel erschien. Denn während bei gewöhnlichen Totenbeschwörungen die Toten mit dem Kopf nach unten und mit den Beinen nach oben auftraten, stand Samuel aufrecht (MShem 24,4).[249] Dadurch wusste die Frau, dass ein König um ihre Künste gebeten hatte. Samuel nutzte die Gelegenheit, Saul die volle Wahrheit zu sagen, da er von ihm nichts mehr befürchten brauchte. Falls Saul das Strafgericht auf sich zu nehmen bereit war, durfte er damit rechnen, bald mit seinen Söhnen bei Samuel zu sein. Saul wich dem Kampf nicht aus und nahm seine Söhne mit sich. Darüber herrschte im Himmel Verwunderung. Denn andere nehmen ihre Söhne nicht einmal zum Gastmahl mit, Saul setzte sich jedoch mit ihnen dem Strafgericht aus (MShem 24,6).

4.3. Schuldig und doch erwählt

Die Rabbinen haben Saul nicht rein gewaschen. Er ist wegen seiner Sünden gestorben (MShem 24,7): Er hat entgegen Samuels Auftrag nicht hinreichend gewartet und das Opfer selbst dargebracht (1 Sam 13,7b–15a). Er hat Agag, den König der Amalekiter, verschont (1 Sam 15,9). Er hat die Priesterstadt Nob zerstört (1 Sam 22,19). Und er hat schließlich die Totenbeschwörerin befragt (1 Sam 28,3–25). Die Strafe für diese und andere Taten konnte nicht ausbleiben.

Aber die Rabbinen haben nicht nur Schattenseiten an Saul entdeckt. In seinen letzten Tagen habe er die Bluttat in Nob ausdrücklich bereut und dafür auch die Vergebung erhalten (Berakot 12b). In ihren Augen war Saul in moralischer Hinsicht selbst David überlegen (MTeh zu Ps 7): Er war nur einmal verheiratet, er

---

249   Vgl. 1 Sam 28,14 in der Septuaginta.

engagierte sich mit seinem ganzen Vermögen beim Kampf gegen die Ammoniter (1 Sam 11,7), er war ein schneller und tapferer Kämpfer und blieb nicht zu Hause, wenn es gefährlich wurde. Als David seine sterblichen Überreste beisetzte (2 Sam 21,12–14), bezeichnete ihn eine Stimme vom Himmel ausdrücklich als »Erwählten des Herrn« (Ber 12b; vgl. 1 Sam 10,24).

5. Saul bei den Kirchenvätern

Haben sich die frühen Theologen überhaupt für Saul interessiert? Wir müssen zunächst davon ausgehen, dass sich die Väter der Kirche nur begrenzt mit den geschichtlichen Büchern des Alten Testaments befasst haben.

Eine Erzählung hat aber das besondere Interesse der frühen Theologen und Bischöfe erregt und zu heftigen Kontroversen geführt: die Beschwörung des toten Samuel durch die Frau in En-Dor. Dabei beschäftigte die Ausleger vor allem die Frage, ob Samuel wirklich erschienen war. Eine erste Gruppe sprach sich deutlich dafür aus: darunter Justin († um 165), Origenes († 253/254), Ambrosius († 397) und Augustinus (354–430). Eine zweite Gruppe meinte jedoch, dass nur ein Dämon auf den Befehl Gottes hin aufgetreten sei: Johannes Chrysostomus († 407) und Theodoret von Cyrus († 466). Eine dritte Gruppe vertrat die Ansicht, dass ein Dämon Saul getäuscht und ihm eine erfundene Prophetie übermittelt habe: Tertullian († nach 220), Eustathius von Antiochien († 337), Gregor von Nyssa († 394) und Hieronymus (347–420).[250]

Der Grund für diese Diskussion lässt sich leicht einsehen. Während sich die Kirche darum bemühte,

---

250 Vgl. K. A. D. Smelik, Witch, 162 f.

die Christen von Totenbeschwörung und Magie ab-
zubringen, schien die Bibel in 1 Sam 28 doch von einer
solchen Möglichkeit zu sprechen. Damit berühren wir
ein Problem, das sich die biblischen Erzähler selbst
noch nicht gestellt haben: Konnte sich Gott einer
Totenbeschwörerin bedienen, um durch den inzwischen verstorbenen Samuel dem König Saul das
verdiente Schicksal vorauszusagen? Warum schlug
Gott bei dieser Prophetie einen Weg ein, der durch das
Gesetz klar verboten war (Lev 19,31; 20,6.27; Dtn
18,11)?

Es ist daher verständlich, wenn man sich schon in
der frühen Kirche darum bemühte, die Totenbeschwörung des Samuel zu leugnen. Für Tertullian hat die
Frau nicht wirklich Samuel heraufbeschworen, sondern einen Dämon, der wie Samuel aussah.[251] Tertullian stützte sich dabei auf den römischen Schriftsteller
Josipos, der folgende Ansicht vertrat: Der gerechte
Samuel war nach seinem Tod für Totenbeschwörer und
Dämonen unerreichbar. Darum kann die Person, die
die Frau heraufsteigen ließ, gar nicht Samuel gewesen
sein, sondern nur ein Dämon, der so aussah wie der
verstorbene Prophet. Dabei ging Josipos davon aus,
dass sich auch der Satan als »Engel des Lichts« tarnen
kann (2 Kor 11,14). Die Frau von En-Dor lügt demnach,
wenn sie behauptet, Samuel gesehen zu haben.

Mit dieser Auffassung setzte sich Origenes auseinander. Er geht davon aus, dass die Prophetie
Samuels in 2 Sam 28,16–19 die kommenden Ereignisse
richtig voraussagt und dem Plan Gottes entspricht.[252]
Seinen Gegnern stellt er die Frage: Kann denn ein
kleiner Dämon wissen, dass Saul und seine Söhne

---

251 Tertullian, De anima 57,8–9.
252 Vgl. P. et M.-Th. Nautin, in: Origène, 84 f.

schon am nächsten Tag das Leben verlieren werden? Origenes kann sich darauf berufen, dass die biblische Erzählung ausdrücklich davon spricht, dass die Frau Samuel gesehen hat. Warum sagt der biblische Text nicht: »Die Frau sah einen Dämon, der sich für Samuel ausgab«?[253] Außerdem hat nach der biblischen Erzählung Samuel selbst gesprochen. »Die Schrift sagt es, und ihr muss man glauben.«[254] Origenes identifiziert die Stimme des Erzählers mit dem eigentlichen Autor der Heiligen Schrift, dem Heiligen Geist. Origenes schließt sich mit dieser Position dem Märtyrer Justin an, der bereits keinen Zweifel daran aufkommen ließ, dass die Frau wirklich Samuel heraufbeschworen hatte.[255]

Origenes hat nicht nur Gegner, auf die er zurückblickt. Er ist nach seiner ersten großen Homilie über die Frau von En-Dor bald angegriffen worden und hat sich mit einer zweiten Homilie verteidigt.[256] Er ist auch später noch heftig befehdet worden. Eine der gründlichsten Auseinandersetzungen verdanken wir Eustathius von Antiochien.[257] Eustathius vertritt die Ansicht, dass das Medium Saul getäuscht habe. In Wirklichkeit sei er gar nicht Samuel begegnet. Eustathius ist der Meinung, dass die Interpretation des Origenes die kirchliche Lehre und Praxis in Gefahr bringe. Denn erstens würden dadurch Christen ermutigt, ihre Zuflucht bei Magie und Nekromantik zu suchen. Zweitens würde man so die Macht Gottes herabsetzen, der allein einen Toten heraufholen könne. Drittens würde Origenes auch die Moral untergraben, wenn er davon

---

253 ORIGENES, ebd., V 4,36 f.
254 ORIGENES, ebd.,V 4,46.
255 JUSTIN, Dialog cum Tryphone Iudaeo 105,2–5.
256 Vgl. P. et M.-TH. NAUTIN, in: Origène, 210–213.
257 Vgl. J. W. TRIGG, Eustathius, 219–238.

ausginge, dass Gerechte und Ungerechte nach dem Tod am gleichen Ort wären. Origenes irre, wenn er die Äußerungen der Frau mit dem Heiligen Geist in Verbindung bringe. Wenn sie eine »Bauchrednerin« war, dann ist sie auch nicht glaubhaft. Der wirkliche Samuel hätte Saul außerdem nicht erlaubt, sich vor ihm niederzuwerfen (1 Sam 28,14). Schließlich sei Saul gar nicht – wie vorausgesagt (1 Sam 28,19) – schon am folgenden Tag, sondern erst einige Tage später auf dem Gilboa-Gebirge gefallen.

Wem sollen wir die Siegespalme in diesem Streit reichen? Es ist offenkundig, dass Eustathius von festen Voraussetzungen ausgeht, an denen er auch nicht rütteln lässt: Nekromantik ist verboten. Der gerechte Samuel konnte nicht mit dem Frevler Saul an den gleichen Ort kommen.[258] Dagegen nimmt Origenes das Zeugnis der Schrift ernst, die von einer wirklichen Erscheinung Samuels spricht (vgl. Sir 46,20). Er möchte von der Schrift etwas lernen, was er bisher noch nicht gekannt hat. Origenes nimmt es in Kauf, dass es in der Schrift Widersprüchliches gibt, das den intelligenten Interpreten anzuspornen vermag, nach dem eigentlichen Sinn zu fragen. Origenes blieb als Theologe auf der Suche nach der wirklichen Wahrheit.

6. Saul in Kunst und Literatur

Welche Rolle spielt Saul in Kunst und Literatur? Sieht man in ihm einen verworfenen oder einen tragisch gescheiterten König?

---

258   Vgl. J. W. Trigg, Eustathius, 237.

6.1. Saul in Ikonographie und Malerei

Das Interesse an Saul hat sich schon früh in der Buchmalerei niedergeschlagen.[259] Das bezeugen acht Bilder in den Fragmenten der Quedlinburger Itala aus dem 4. Jahrhundert, die von der Begegnung am Grab Rahels (1 Sam 10,2) bis zur Tötung Agags reichen (1 Sam 15,33).[260] Vergleicht man die Darstellungen Sauls in den mittelalterlichen Bibeln, dann fallen die Variationen auf: Einmal salbt Samuel den jungen Saul ohne Zeugen (Bibel von San Paolo fuori le mura), ein andermal ist der Knappe Sauls anwesend (Bibel von St. Gumbertus).[261] Salbung und Krönung können auch zwei verschiedene Akte bilden (Saint-Louis-Psautier).[262] Ähnliches lässt sich in der Szene beobachten, in der Saul den jungen David angreift: Die Lanze ist noch in der Hand Sauls, aber bereits auf David gerichtet (Harding-Bibel)[263] oder sie fliegt bereits, verfehlt aber ihr Ziel (Bibel von St. Gumbertus). Saul kann David jedoch auch mit einem Schwert bedrohen (Ingeborg-Psalter).[264] Varianten gibt es auch über das Ende Sauls: Er stürzt sich allein in sein Schwert (Ingeborg-Psalter), der Knappe begeht auch Selbstmord (Harding-Bibel), die Schlacht tritt ins Bild (Lambeth-Bibel; vgl. Abb. 9),[265] Saul wird durch die Philister enthauptet (Admonter-Bibel).[266] Die Ikonografie Sauls beschränkt sich nicht nur auf die Buch-

---

259 Vgl. J. Paul/W. Busch, Saul, 50–54.
260 H. Degerin/A. Boeckler, Itala-Fragmente.
261 Erlangen, Universitätsbibliothek, Ms. perg. 1.
262 Paris, Bibliothèque Nationale, Ms. lat. 10525.
263 Dijon, Bibliothèque municipale, Ms. 114.
264 Chantilly, Mus. Condé, Ms. 1695.
265 London, Lambeth Palace Library, Ms. 3.
266 Wien, Österreichische Nationalbibliothek, Cod. Ser. Nr. 2701.

Abb. 11: O. Kokoschka, David spielt vor Saul

illustration. Eine Gewölbemalerei im Kapitelsaal von Brauweiler veranschaulicht Sauls Sieg über die Ammoniter.[267] An einem Kapitell des Mittelportals von Sainte-Madelaine in Vézelay lässt sich erkennen, wie

---

267   TH. EHRENSTEIN, Testament XXIV Nr. 19.

Saul ein Opfer darbringt (1 Sam 13,9). Der Kelch von Trzemeszno stellt die Szene dar, in der Samuel Sauls Mantel zerreißt. Ein Fußbodenmosaik in der Kirche St. Gereon in Köln aus dem 12. Jahrhundert illustriert die Flucht Davids aus seinem Haus.[268]

Die Maler der Renaissance und der beginnenden Neuzeit lösen sich allmählich von den bisherigen Vorgaben.[269] Das zeigt sich besonders deutlich in der nächtlichen Szene von En-Dor. Die weise Frau wird zur Hexe, die mit einem Zauberstab Samuel aus der Unterwelt heraufholt. Rembrandt van Rijn (1606–1669) hat allerdings nicht diesen dramatischen Augenblick illustriert, sondern sich in zwei Zeichnungen für die ruhigere Schlussszene entschieden (1 Sam 28,20–25), in der die weise Frau dem verstört dreinblickenden Saul und seinen Begleitern eine Mahlzeit auftischt (vgl. Abb. 8). Rembrandt van Rijn verdanken wir weitere Gemälde und Zeichnungen zum biblischen Saul. Am bekanntesten sind die beiden Ölgemälde, auf denen David vor dem kranken Saul auf der Harfe spielt.[270] Wer den Eindruck hat, dass die biblische Gestalt des Saul heute keinen Maler zu fesseln vermag, hat sich noch nicht mit den 41 Kreidelithographien von Oskar Kokoschka (1886–1980) vertraut gemacht. Ihn hat im fortgeschrittenen Alter (1966–1968) der Gegensatz zwischen dem alten Saul und dem jungen David beschäftigt. Saul sei wütend geworden, weil er schon 80 war und nicht mehr 18 wie der junge David

---

268 Th. Ehrenstein, ebd. XXVI Nr. 17.
269 Eine erste Übersicht über die Gemälde vermittelt A. Pigler, Barockthemen, 132–146.
270 Das ältere Gemälde ist im sog. Städel, der 1815 gestifteten Gemäldegalerie in Frankfurt a. M., zu sehen, das jüngere im Mauritshuis von Den Haag.

(vgl. Abb. 11).[271] Der alternde Maler hat sich im
alternden Saul wiedererkannt.

6.2. Saul in der Musik

In der Musik wie in der Literatur erscheint Saul bereits in
der Ära der Renaissance.[272] Heinrich Schütz hat ein
Choralwerk »Saul« für drei Chöre und Instrumente
geschaffen. Von den späteren sollen hier nur noch zwei
Werke genannt sein. Das bekannte Oratorium von G. F.
Händel aus dem Jahr 1738 führt das harte Schicksal Sauls
auf seine eigenen Fehler zurück: »Elend und Qual hab'
ich selbst mir bereitet!« Der Trauermarsch zum Tod Sauls
gehört inzwischen zum Standardrepertoire solcher Mär-
sche. In der dänischen Oper »Saul og David« von Carl
Nielsen, die sich in Skandinavien besonderer Beliebtheit
erfreut, blickt man auf den tiefen Gegensatz zwischen
Gott und Saul, der in einem Monolog erklärt: »Der Herr
ist böse, und böse bin ich selbst, denn er hat mich böse
erschaffen. Hier steht Zorn gegen Zorn und Hass gegen
Hass. Seine Hand ist gegen mich gewandt, meine gegen
ihn geballt ... Doch sieh! Doch sieh! Er zieht des Todes-
engels Schwert. So sinke ich auf meine Knie. Die Rache
gehört dem Herrn, denn die Rache ist der Tod. Der Tod ist
die Ehre des Herrn. Der Tod ist die Macht des Herrn.«[273]

6.3. Saul in der Literatur des 20. Jahrhunderts

In der Literatur steht Saul natürlich auch im Schatten
des bedeutenderen David. Dennoch überrascht, dass

---

271 Zitiert von G. SELLO, David und Saul zugleich, in: »Die
     Zeit« (Hamburg) Nr. 9 vom 28. Februar 1971.
272 Encyclopaedia Judaica Band s. v. Saul, 916.
273 Über zahlreiche weitere musikalische Werke, die Saul ge-
     widmet sind, vgl. Encyclopaedia Judaica s. v. Saul 918.

z. B. Rainer Maria Rilke vier seiner »Neuen Gedichte« von 1907/1908 Saul und seinem Umfeld gewidmet hat.[274] R. M. Rilke achtet auf den Kontrast zwischen dem hoffnungsvollen Anfang der Herrschaft Sauls und seinem tragischen Ende, wie in der folgenden Strophe zum Ausdruck kommt:[275]

> »Und er, der in der Zeit, die ihm gelang,
> das Volk wie ein Feldzeichen überragte,
> fiel hin, bevor er noch zu klagen wagte:
> so sicher war sein Untergang.«

Neben R. M. Rilke waren es vor allem Lyrikerinnen – Else Lasker-Schüler, Nelly Sachs, Ricarda Huch und Dagmar Nick –, die sich für das Schicksal des Saul interessiert haben. Dabei sind sie meist zu einem ähnlichen Bild des ersten Königs Israels gelangt, wie eine Strophe aus der Ballade »Saul« von Ricarda Huch zeigt:

> »Wie unterm Sternenheer der Morgenstern,
> So unter Menschen strahlte Saul in Glück
> Und Kraft und Tugend; er gefiel dem Herrn.
> Doch ungebändigt, blindlings schreitet sein Geschick.«[276]

Aus dem Chor derer, die das blinde Schicksal Sauls in den Mittelpunkt stellen, schert aber das Vers-Drama »Saul« von Karl Wolfskehl aus dem Jahre 1905 aus. Darin tritt Samuel als Priester nach dem Sieg über die Amalekiter auf und fordert die Vernichtung all dessen, was lebt und atmet. Saul vermag das gar nicht zu glauben:

---

274 R. M. Rilke, Gedichte: »David singt vor Saul« (455 f.),
     »Klage um Jonathan« (517 f.), »Saul unter den Propheten«
     (519 f.) und »Samuels Erscheinung vor Saul« (520).
275 Die Strophe entstammt dem zuletzt genannten Gedicht
     »Samuels Erscheinung vor Saul«.
276 R. Huch, »Saul«, 126–128.

»Das ich dem volk seine lust liess beute zu haben
Fron zu sein des siegs – den helden schonte
Dessen glanz durch alle lande schimmert
Da er der kämpfer letzter vor mir klein ward:
Ist das ein gräul deinem Gott?«[277]

Der Priester Samuel lässt genau daran keinen Zweifel:
»Wie du dich lösest also lässt er dich … Einsam in die
Wüste stößt er dich.«[278] Dennoch wird dieser Konflikt
zwischen Samuel und Saul im Vergleich zur biblischen
Vorlage abgeschwächt. Samuel warnt Saul zwar davor,
sein Gewand zu fassen und zu zerreißen, weil ihm
dann auch die Herrschaft über das Volk entrissen
würde. Aber es kommt gar nicht dazu. Der Konflikt
mit David bricht nur einmal kurz hervor. Nachdem
Saul im Traum sich selbst im Kot der Straße, David
aber auf einem prächtigen Wagen gesehen hat, greift
Saul zum Speer, aber jemand lähmt seinen Arm.
Außerdem entweicht ihm David mit den Worten:
»Herr ich weiche dass du nicht fehltest.«[279] Auf-
schlussreich ist auch, dass sich der heraufbeschworene
Samuel auf die Worte beschränkt:

»Morgen du und dein haus bei mir!
Rüste dich! gürte dich! … Morgen bei mir!«[280]

Er überhäuft ihn also nicht mit Schimpf und Schande
wie in der biblischen Erzählung (1 Sam 28,15–18).

Im Drama von Max Zweig aus dem Jahr 1951 wird
die Frage nach Gott virulent. Max Zweig geht von
Sauls Schlacht gegen die Amalekiter aus. Saul hat nicht
nur selbst Mitleid mit dem Amalekiterkönig Agag, er
traut eine solche Regung auch seinem Gott zu. »Mein

---

277   K. Wolfskehl, Saul, 326.
278   K. Wolfskehl, ebd., 327.
279   K. Wolfskehl, ebd., 335.
280   K. Wolfskehl, Saul, 336.

Gott ist größer! ER vernichtet nicht den überwundenen Feind.« Aber Saul erkennt nicht den Konflikt zwischen Ethik und Religion. Der Gott Israels fordert Gehorsam, nicht Moral. Samuel sagt sich aus diesem Grund von Saul los: ».. . was ich dir gegeben habe, nehme ich von dir: die Gnade, die Kraft, das Reich«.[281] Damit macht uns der Cousin des berühmteren Schriftstellers Stefan Zweig auf die grundlegende religiöse Frage aufmerksam, die vor allem mit der Erzählung vom Amalekitersieg verbunden ist.

7. KREATIVE LEKTÜRE

Die Entstehung und die Wirkung der biblischen Erzählungen über Saul zeigt, dass seine Gestalt angesichts veränderter Erfahrungen immer wieder neu gesehen und »kreativ« beurteilt worden ist. Wir stehen einem vielstimmigen Chor gegenüber. Oder ist es am Ende gar ein Wirrwarr von Stimmen? Darf heute jeder heraus- und hineinlesen, was ihm beliebt?

Wer etwas genauer hinsieht, erkennt mühelos gemeinsame Grundüberzeugungen. *Erstens* wird in den Erzählungen selbst, aber auch in ihrer späteren Interpretation ein lebendiges Interesse an der Frage der gesellschaftlichen Ordnung, der äußeren Sicherheit und der Gerechtigkeit im Inneren vorausgesetzt. *Zweitens* zeigen gerade diese Erzählungen, dass Politik damals wie heute von Menschen gemacht wird. Mut, Tapferkeit, ja Faszination spielen ebenso eine Rolle wie

---

281   Zitiert nach G. LANGENHORST, Von heiligen Tänzern und Tempelbauern – Israels Könige, in: H. Schmidinger, Die Bibel in der deutschsprachigen Literatur des 20. Jahrhunderts. Band 2: Personen und Figuren, Mainz [2]2000, 155.

Argwohn, Eifersucht und Zorn. Die Frage nach der Bewertung politischer Macht wird nicht abstrakt abgehandelt, sondern es wird von konkreten Personen, ihrem Verhalten und ihrem Schicksal erzählt. *Drittens* wird die politische Macht an einer höheren Wirklichkeit gemessen. Saul, der von Gott erwählt ist, ist ihm gegenüber auch verantwortlich. Macht, die diese Bindung nicht akzeptiert, wird radikal verworfen (1 Sam 8,7b.8).

Wir leben in einer anderen geschichtlichen Situation als die israelitischen Erzähler oder ihre antiken Interpretatoren. Darum ist ein gewisses Maß an »kreativer Lektüre« berechtigt. Gleichzeitig werden wir nur sehr behutsam Schlussfolgerungen für das eigene Handeln aus diesen Erzählungen ableiten können. Gerade das vielstimmige Zeugnis der biblischen Texte und ihre Nachgeschichte warnen uns davor, allzu einseitig Partei zu ergreifen und für die Argumente der Gegner taub zu sein. An der biblischen Gestalt Sauls lässt sich außerdem ablesen, dass Politiker Menschen mit all ihren Stärken und Schwächen bleiben. Nur wer frei von eigener Schuld wäre, dürfte mit Steinen werfen. Das ist aber nicht als Freibrief für die zu verstehen, die ein öffentliches Amt anstreben und übernehmen. Menschliche Macht ist unter dem Aspekt des Glaubens nie in vollem Sinne souverän. Denn jede politische Gewalt ist uns nur für eine gewisse Zeit übertragen.

D. VERZEICHNISSE

1. LITERATURVERZEICHNIS

Das Literaturverzeichnis enthält nur eine begrenzte Anzahl von Werken, die zu einer vertieften Lektüre der Saulerzählungen herangezogen werden können. Die hier aufgeführten Kommentare und die übrigen Studien werden in den Anmerkungen lediglich mit einem Kurztitel zitiert. Die Abkürzungen richten sich nach S. Schwertner, Abkürzungsverzeichnis zur Theologischen Realenzyklopädie.

1.1. Quellen

CLEMENTZ, H., Des Flavius Josephus Jüdische Altertümer, Wiesbaden [11]1993.

DONNER, H./RÖLLIG, W., Kanaanäische und aramäische Inschriften, Wiesbaden 1973, Band II Nr. 181 (KAI).

HERODOT, Historien I, hg. von J. Feix (Tusculum), München 1963.

JOSEPHUS, Antiquitatum Judaicarum Libri VI–X, in: Flavii Josephi Opera II, ed. B. Niese, Berlin 1955.

NAUTIN, P. et M.-TH. (Eds.), Origène, Homélies sur Samuel (SC 328) Paris 1986.

WÜNSCHE, A. (Hg.), Der Midrasch Samuel, in: ders., Aus Israels Lehrhallen IV–V, Hildesheim 1967, V 1–170.

1.2. Kommentare

ANDERSON, A. A., 2 Samuel (Word Biblical Commentary), Dallas (Texas) 1989.

BUDDE, K., Die Bücher Samuel (KHC), Tübingen/Leipzig 1902.

CAQUOT, A./ROBERT, PH. DE, Les livres de Samuel (CAT VI), Genève 1994.

GORDON, R. P., 1 & 2 Samuel. A Commentary, Exeter 1986.

HENTSCHEL, G., 2 Samuel (NEB), Würzburg 1995.
HERTZBERG, H. W., Die Samuelbücher (ATD 10), Göttingen ⁴1968.
KLEIN, R. W., 1 Samuel (Word Biblical Commentary 10), Waco (Texas) 1983.
McCARTER, P. K., 1 Samuel (AncB), Garden City/New York 1980.
SCHARBERT, J., RUT/HENTSCHEL, G., 1 Samuel (NEB), Würzburg 1994.
SCHULZ, A., Die Bücher Samuel I (EHAT), Münster 1919.
SMITH, H. P., The Books of Samuel (ICC), Edinburgh 1977.
STOEBE, H. J., Das erste Buch Samuelis (KAT VIII/1), Gütersloh 1973.
STOLZ, F., Das erste und zweite Buch Samuel (ZBK), Zürich 1981.
ZYL, A. H. van, I Samuël. Deel I, Nijkerk 1988.

1.3. Studien zur Exegese

ALBREKTSON, B., Some Observations on Two Oracular Passages in 1 Sam, in: ASTI 11, 1977/78, 1–10.
ARNOLD, P. M., Gibeah. The Search for a Biblical City (JSOT SS 79), Sheffield 1990.
BARTLETT, J., Ammon und Israel, in: TRE 2, 1978, 455–463.
BERGES, U., Die Verwerfung Sauls. Eine thematische Untersuchung (FzB 61), Würzburg 1989.
BERLIN, A., Characterization in Biblical Narrative: David's Wives, in: JSOT 23, 1982, 69–85.
CLINES, D. J. A., Michal observed. An Introduction to Reading her Story, in: D. J. A. Clines and T. C. Eskenazi (Hg.), Telling Queen Michal's story. An experiment in comparative interpretation (JSOT SS 119), Sheffield 1991, 24–63.
CRÜSEMANN, F., Der Widerstand gegen das Königtum (WMANT 49), Neukirchen-Vluyn 1978.
DAVIES, Ph. R., In Search of »Ancient Israel« (JSOT SS 148), Sheffield 1992.
DIETRICH, W./NAUMANN, TH., Die Samuelbücher (EdF 287), Darmstadt 1995.

DIETRICH, W., David, Saul und die Propheten (BWANT 122), Stuttgart ²1992.

DIETRICH, W., Die Erzählungen von David und Goliath in 1 Sam 17, in: ZAW 108, 1996, 172–191.

DIETRICH, W., Die frühe Königszeit in Israel. 10. Jahrhundert v. Chr. (Biblische Enzyklopädie 3), Stuttgart 1997.

DONNER, H., Geschichte des Volkes Israel und seiner Nachbarn in Grundzügen (ATD Ergänzungsreihe 4/1), Göttingen ²1995.

DOTHAN, T. und M., Die Philister. Zivilisation und Kultur eines Seevolkes, München 1995.

EBACH, J./RÜTERSWÖRDEN, U., Unterweltsbeschwörung im Alten Testament, Teil I, in: UF 9, 1977, 57–70.

EDELMAN, D. V., Saul ben Kish in History and Tradition, in: V. Fritz & Ph. R. Davies, The Origins of the Ancient Israelite States (JSOT SS 228), Sheffield 1996.

EDELMAN, D. V., Saul's Battle against Amaleq (1 Sam. 15), in: JSOT 35, 1986, 71–84.

EDELMAN, D. V., The Authenticity of 2 Sam 1,26 in the Lament over Saul and Jonathan, in: Scandinavian Journal of the Old Testament 1, 1988, 66–75.

EDELMAN, D. V., King Saul in the Historiography of Juda (JSOT SS 121), Sheffield 1991.

FORESTI, F., The Rejection of Saul in the Perspective of the Deuteronomistic School, Rom 1984.

GÖRG, M., Bet-Schean, in: NBL I, 286 f.

GRØNBÆK, J. H., Die Geschichte vom Aufstieg Davids (1. Sam. 15–2. Sam 5). Tradition und Komposition (AThD 10), Copenhagen 1971.

HENTSCHEL, G., Die Elijaerzählungen. Zum Verhältnis von historischem Geschehen und geschichtlicher Erfahrung (EThSt 33), Leipzig 1977.

HOFFNER, H. A., 'ōb, in: ThWAT I, 141–145.

JEREMIAS, J., Die Reue Gottes. Aspekte alttestamentlicher Gottesvorstellung (Biblisch-theologische Studien 31), Neukirchen-Vluyn ²1997.

JOBLING, D., Saul's Fall and Jonathan's Rise: Tradition and Redaction in 1 Sam 14: 1–46, in: JBL 95, 1976, 367–376.

JOHNSON, B., ṣādaq, in: ThWAT VI 898–924.

KAMMERER, S., Die mißratenen Söhne Samuels, in: BN 88, 1997, 75–88.

KLEINER, M., Saul in En-Dor. Wahrsagung oder Totenbeschwörung? Eine synchrone und diachrone Analyse von 1 Sam 28,3–25 (EThSt 66), Leipzig 1995.

KOCH, K., ṣdq gemeinschaftstreu, heilvoll sein, in: THAT II, 507–530.

KOCH, K., Was ist Formgeschichte? Neue Wege der Bibelexegese, Neukirchen-Vluyn ³1974.

KREUZER, S., »Saul war noch zwei Jahre König...« – Textgeschichtliche, literarische und historische Beobachtungen zu 1. Sam 13,1, in: BZ 40, 1996, 263–270 (König).

KREUZER, S., »War Saul auch unter den Philistern?« Die Anfänge des Königtums in Israel, in: ZAW 113, 2001, 56–73 (Saul).

LINGEN, A. VAN DER, David en Saul in I Samuel 16 – II Samuel 5. Verhalen in politiek en religie, s'Gravenhage 1983.

LONG, V. P., The Reign and Rejection of King Saul. A Case for Literary and Theological Coherence (SBL DS 118), Atlanta (Georgia) 1989.

MADL, H., Literarkritische und formanalytische Untersuchungen zu 1 Sam 14 (Dissertation), Bonn 1974.

MARGALITH, O., Where Did the Philistines Come From?, in: ZAW 107, 1995, 101–109.

MOMMER, P., Ist auch Saul unter den Propheten? Ein Beitrag zu 1 Sam 19,18–24, in: BN 38/39, 1987, 53–61.

MOMMER, P., Samuel. Geschichte und Überlieferung (WMANT 65), Neukirchen-Vluyn 1991.

NEGEV, A. (Hg.), Archäologisches Bibel-Lexikon, Neuhausen/Stuttgart 1991.

NICHOLSON, S., Three Faces of Saul. An Intertextual Approach to Biblical Tragedy (JSOT SS 339), Sheffield 2002.

NIEMANN, H. M., Herrschaft, Königtum und Staat, Skizzen zur soziokulturellen Entwicklung im monarchischen Israel, Tübingen 1993.

NISSINEN, M., Die Liebe von David und Jonatan als Frage der modernen Exegese, in: Biblica 80, 1999, 250–263.

NITSCHE, S. A., David gegen Goliath. Die Geschichte der Geschichten einer Geschichte. Zur fachübergreifenden Rezeption einer biblischen Story (Altes Testament und Moderne 4), Münster 1998.

PISANO, S., Additions or Omissions in the Books of Samuel (OBO 57), Freiburg (Schweiz)/Göttingen 1984.

PRESTON, T. R., The Heroism of Saul. Patterns of Meaning in the Narrative of the Early Kingship, in: JSOT 24, 1982, 27–46.

RAD, G. von, Der Heilige Krieg im alten Israel, Göttingen ³1958.

RAD, G. von, Theologie des Alten Testaments I, München 1982.

RICHTER, W., Die sogenannten vorprophetischen Berufungsberichte. Eine literaturwissenschaftliche Studie zu 1 Sam 9,1–10,16, Ex 3 f. und Ri 6,11b–17 (FRLANT 101), Göttingen 1970.

RIEPL, C., Sind David und Saul berechenbar? Von der sprachlichen Analyse zur literarischen Struktur von 1 Sam 21 und 22 (ATS 39), St. Ottilien 1993.

SCHÄFER-LICHTENBERGER, C., Sociological and Biblical Views of the Early State, in: V. Fritz/Ph. R. Davies, The Origins of the Ancient Israelite State (JSOT SS 228), Sheffield 1996, 78–105.

SCHICKLBERGER, F., Jonatans Heldentat. Textlinguistische Beobachtungen zu 1 Sam xiv 1–23a, in: VT 24, 1974, 324–333.

SCHMIDT, L., Menschlicher Erfolg und Jahwes Initiative (WMANT 38), Neukirchen-Vluyn 1970.

SCHMITT, H.-CHR., Das sogenannte vorprophetische Berufungsschema. Zur »geistigen Heimat« des Berufungsformulars von Ex 3,9–12; Jdc 6,11–24 und I Sam 9,1–10,16, in: ZAW 104, 1992, 202–216.

SCHROER, S./STAUBLI, TH., Saul, David und Jonatan – eine Dreiecksgeschichte? Ein Beitrag zum Thema »Homosexualität im Ersten Testament«, in: BiKi 51, 1996, 15–22.

SEIDL, TH., David statt Saul. Göttliche Legitimation und menschliche Kompetenz des Königs als Motive der Redaktion von I Sam 16–18, in: ZAW 98, 1986, 39–55.

SMELIK, K. A. D., Saul. De voorstelling van Israels eerste koning in de Masoretische tekst van het Oude Testament, Amsterdam 1977.

STEIN, P., »Und man berichtete Saul... «. Text- und literar-kritische Untersuchungen zu 1. Samuelis 24 und 26, in: BN 90, 1997, 46–66.

STERNBERG, M., The Poetics of Biblical Narrative, Blooming-ton 1987.

STOEBE, H. J., David und Mikal. Überlegungen zur Jugend-geschichte Davids, in: ders., Geschichte, Schicksal, Schuld und Glaube (BBB 72), Frankfurt a. M. 1989, 91–110.

TOORN, K. VAN DEN/LEWIS, J. T., *t^erāpîm*, in: ThWAT VIII, 765–778.

TROPPER, J., Nekromantie. Totenbefragung im Alten Orient und im Alten Testament (AOAT 223), Neukirchen-Vluyn 1989.

VEIJOLA, T., Die ewige Dynastie. David und die Entstehung seiner Dynastie nach der deuteronomistischen Darstel-lung (AASF B 193), Helsinki 1975.

VERMEYLEN, J., La loi du plus fort. Histoire de la rédaction des récits davidiques de 1 Samuel 8 à 1 Rois 2 (BEThL 154), Leuven 2000.

ZWICKEL, W., 1 Sam 31,12–13 f. und der Quadratbau auf dem Flughafengelände bei Amman, in: ZAW 105, 1993, 165–174.

ZWICKEL, W., Bahurim und Nob, in: BN 61, 1992, 84–93

1.4. Studien zur Wirkungsgeschichte

BECKER, J., 1 Chronik (NEB), Würzburg 1986.

BEGG, C. T ., The Death of King Saul according to Josephus, in: Annali di storia dell'esegesi 16, 1999, 485–505.

BEGG, C. T., King Saul's first Sin according to Josephus, in: Antonianum 74, 1999, 685–696.

BEGG, C. T., Saul's War with Amalek according to Josephus, in: Laurentianum 37, 1996, 387–415.

BEGG, C. T., The Massacre of the Priests of Nob in Josephus and Pseudo-Philo, in: EstB 55, 1997, 171–198.

DERGERIN, H./BOECKLER, A., Quedlinburger Itala-Fragmen-te, Berlin 1932.

EHRENSTEIN, TH., Das Alte Testament im Bilde, Wien 1923.

FELDMAN, L. H., Josephus' Portrait of Saul, in: HUCA 53, 1982, 45–99.

FELDMAN, L. H., Josephus' Interpretation of the Bible, Berkeley/Los Angeles/London 1998.

GINZBERG, L., The Legends of the Jews. IV Bible Times and Characters. From Joshua to Esther, Philadelphia 1968.

GRILLET, B./LESTIENNE, M., Premier livre des Règnes (La Bible d'Alexandrie), Paris 1997.

HUCH, R., »Saul«, in: Gesammelte Werke V, Berlin 1971, 126–128.

JAPHET, S., 1 Chronik (HThKAT), Freiburg 2002.

KRIEGER, K.-S., Priester, Bandenchef, Geschichtsschreiber, in: BiKi 53, 1998, 50–54.

LANGENHORST, G., Von heiligen Tänzern und Tempelbauern – Israels Könige, in: H. Schmidinger, Die Bibel in der deutschsprachigen Literatur des 20. Jahrhunderts. Band 2: Personen und Figuren, Mainz ^{2}2000, 151–176.

PAUL, J./BUSCH, W., Saul, in: Lexikon der christlichen Ikonographie IV, Freiburg 1972, 50–54.

PIGLER, A., Barockthemen: eine Auswahl von Verzeichnissen zur Ikonographie des 17. und 18. Jahrhunderts, Berlin/Budapest 1956.

RILKE, R. M., Gedichte 1895–1910, in: Werke I, Frankfurt a. M. 1996.

SMELIK, K. A. D., The Witch of Endor. 1 Samuel 28 in Rabbinic and Christian Exegesis, in: VigChr 33, 1977, 160–179.

TRIGG, J. W., Eustathius of Antioch's Attack on Origen: What is at Issue in an Ancient Controversy?, in: JR 75, 1995, 219–238.

WOLFSKEHL, K., Saul, in: Gesammelte Werke I, Hamburg 1960, 323–343.

ZALEWSKI, S., The purpose of the story of the death of Saul in 1 Chronicles x, in: VT 39, 1989, 449–467.

ZWEIG, M., Saul. Tragödie in fünf Akten, in: ders.: Dramen, Wien 1961, 115–215.

2. ABBILDUNGSVERZEICHNIS

Abb. 1: Gefangene Philister, die Pharao Ramses III. nach seinem Sieg wegführt; B. Mazar, The Early Biblical Period. Historical Studies, Jerusalem 1986, 64.

Abb. 2: Torkammer in der Toranlage von Mizpa; A. Jepsen, Von Sinuhe bis Nebukadnezar, Berlin [4]1986, Abb. 49 im Anhang.

Abb. 3: Grundriss der Festung in Gibea; A. Jepsen, Sinuhe 132.

Abb. 4: Karte für den Angriff Jonatans auf eine Philisterstation; S. Herrmann, Geschichte Israels in alttestamentlicher Zeit, München 1973, Karte 7 (Karte der nördlichen Zugänge Jerusalems).

Abb. 5: Blut wird auf einem Relief aus dem Palast des Sanherib in Ninive sorgfältig aufgefangen; O. Keel, Welt 307 Abb. 439a.

Abb. 6: Ein ägyptischer Laierspieler aus einem Grab in Beni Hasan; O. Keel, Die Welt der altorientalischen Bildsymbolik und das Alte Testament, Zürich – Neukirchen [4]1984, 324 Abb. 467.

Abb. 7: Speerspitzen aus el-Khadr bei Betlehem; B. Mazar, The Early Biblical Period. Historical Studies, Jerusalem 1986, 88.

Abb. 8: Rembrandt, Federzeichnung um 1655: Die weise Frau bewirtet Saul und seine Diener; H. Hoekstra, Rembrandt. Bilder zur Bibel, Augsburg 1990, 119.

Abb. 9: Der Tod Sauls und seiner Söhne: Miniatur aus der Lambeth-Bibel um 1150; O. Pächt, Buchmalerei des Mittelalters. Eine Einführung, München 2000, 139.

Abb. 10: Anthropoider Sarkophag aus Bet-Shean; K. Galling, Biblisches Reallexikon, Tübingen [2]1977, 272 Abb. 7.

Abb. 11: O. Kokoschka, David spielt vor Saul; H. M. Wingler/F. Welz, Oskar Kokoschka. Das druckgraphische Werk, Salzburg 1975, 237 Nr. 399.

BIBLISCHE GESTALTEN

Bisher erschienen

Band 1
Rüdiger Lux: **Josef**
Der Auserwählte unter seinen Brüdern
2001, ISBN 3-374-01848-3

Band 2
Christfried Böttrich: **Petrus**
Fischer, Fels und Funktionär
2001, ISBN 3-374-01849-1

Band 3
Jürgen Ebach: **Noah**
Die Geschichte eines Überlebenden
2001, ISBN 3-374-01912-9

Band 4
Jürgen Becker: **Maria**
Mutter Jesu und erwählte Jungfrau
2001, ISBN 3-374-01932-3

Band 5
Manuel Vogel: **Herodes**
König der Juden, Freund der Römer
2002, ISBN 3-374-01945-5

Band 6
Ulrich B. Müller: **Johannes der Täufer**
Jüdischer Prophet und Wegbereiter Jesu
2002, ISBN 3-374-01993-5

Band 7
Georg Hentschel: **Saul**
Schuld, Reue und Tragik eines Gesalbten
2003, ISBN 3-374-02044-5

In Planung

Altes Testament	Neues Testament
Adam und Eva	Maria Magdalena
Abraham und Sara	Stephanus und sein Kreis
Rut	Timotheus und Titus
Mose	Judas
Salomo	Paulus
Daniel	Jakobus
Jeremia	Jesus
Elia	Barnabas
Simson	Der Lieblingsjünger
Jakob	Pilatus
David	Philippus
Hiob	Judith
Esra	Berenike und Lydia
Jesaja und seine Schüler	
Samuel	
Ester	
Jephta und seine Tochter	
Hosea und Amos	
Ezechiel	
Jona